AUSTRALIEN

FETTNÄPFCHENFÜHRER

WIE MAN DEM FÜNFTEN KONTINENT AUF DEN BUSCH KLOPFT

MARKUS LESWENG

MIX
Papier aus verantwortungsvollen Quellen
FSC
www.fsc.org
FSC® C083411

5., komplett überarbeitete und aktualisierte Auflage

www.conbook-verlag.de

Dieses Werk wurde vermittelt durch Aenne Glienke | Agentur für Autoren und Verlage, www.AenneGlienkeAgentur.de.
Lektorat: Ulrike Ritter
Einbandgestaltung: Weiß-Freiburg GmbH – Graphik & Buchgestaltung unter Verwendung eines Motivs von © istockphoto.com/binbeter
Satz: Röser MEDIA, Karlsruhe
Illustration: Diana Stanciulescu
Druck und Verarbeitung: CPI books GmbH, Leck

Printed in Germany

ISBN 978-3-95889-174-6

INHALT

VORWORT 9
Der Leser stellt eine Frage und blättert um

1 **AM FLUGHAFEN** 11
Lena steigt in ein Flugzeug und schmökert in ihrem Buch

2 **IM FLIEGER** 16
Steffen bekommt die kalte Schulter und kann nicht schlafen

3 **AM ZIEL** 22
Lena kreuzt ein Formular an und sieht einen Staubsauger

4 **IM HOTEL** 29
Steffen stellt seinen Koffer ab und geht flanieren

5 **IM HOSTEL** 35
Lena schläft mit fremden Männern und kommt nicht aus dem Bett

6 **IM ZUG** 41
Steffen steigt in die Bahn und sucht die passenden Worte

7 **ZUR FALSCHEN ZEIT** 45
Lena steht auf und entwickelt einen Plan

8 **IM (GUTEN) RESTAURANT** 51
Steffen möchte ein Steak essen und denkt an München

9 **IM (SCHLECHTEN) RESTAURANT** 58
Lena geht brunchen und stellt ein paar Fragen

10 **IM KONFERENZSAAL** 62
Steffen erzählt von der Oberstufe und setzt sich wieder hin

11 AUF ACHSE **67**
Lena und Jenny fahren mit dem Bus und langweilen sich

12 BEIM EINKAUF **75**
Steffen verschwendet Schokolade und geht leckere Bananen kaufen

13 IM ZOO **82**
Lena kuschelt mit einem Koala und ein Känguru schlackert mit den Ohren

14 ZU HAUSE **89**
Steffen trägt einen Eimer und begegnet dem Tod

15 AM TELEFON **97**
Lena denkt an Nudisten und Jenny erledigt ein paar Anrufe

16 IM PUB **104**
Steffen geht einen trinken und bestellt Fritten

17 MIT DEM BUS, DIE ZWEITE **109**
Lena und Jenny fahren schon wieder mit dem Bus und bereuen es

18 BEI DER KOLLEGIN **117**
Steffen verlässt das Haus und fühlt sich deplatziert

19 IN DIE WÜSTE **122**
Lena und Jenny sind zu langsam und machen einen Abstecher ins Gebüsch

20 AM GRILL **130**
Steffen trinkt ein Bier und steht neben einem BBQ

21 ZU GAST **135**
Lena und Jenny fühlen sich willkommen und essen einen Happen

22 AUF DER ARBEIT **142**
Steffen arbeitet länger und schaut anderen über die Schulter

23 IM BETT **146**
Jenny macht die Augen zu und Lena wird ausgelacht

24 ZWISCHEN TÜR UND ANGEL **153**
Steffen hat drei Ideen und kann sie für sich behalten

25 NACH DEM AUFSTEHEN **157**
Lena nimmt eine Dusche und Jenny isst ein Müsli

26 GEGEN EINEN KOLLEGEN **163**
Steffen sitzt am Schreibtisch und wird gestört

27 BEI DEN NACHBARN **167**
Lena schlüpft in ihre Schuhe und Jenny nimmt eine Einladung an

28 AM STRAND **172**
Steffen benutzt ein Automobil und geht baden

29 IM INTERNET **176**
Lena und Jenny gehen surfen und schreiben eine E-Mail

30 GEGEN EINE KOLLEGIN **183**
Steffen sagt etwas Falsches und kommt damit richtig an

31 GANZ WEIT DRAUSSEN **188**
Jenny sucht ein Badezimmer und Lena setzt einen Topf Wasser auf

32 ZU HAUSE, DIE ZWEITE **195**
Steffen tut nichts und fällt unangenehm auf

33 UNTER DER SONNE **200**
Lena wird es heiß und Jenny errötet

34 MIT ALLEN KOLLEGEN **206**
Steffen nimmt an einem Meeting teil und versteht nicht

35 AUF DER HÖHE **211**
Jenny macht große Augen und Lena errötet

36 BEIM CHEF **217**
Steffen fühlt sich geschmeichelt und hört zum ersten Mal das Wort »Oi«

37 UNTER EINFLUSS **222**
Jenny verflucht den Verkehr, und Lena verkehrt mit den falschen Leuten

38 HINTER DEN ERWARTUNGEN **229**
Steffen redet mit einem Mann und plant einen Ausflug

39 DAHEIM, DIE ERSTE **236**
Lena steht im Garten und denkt zurück

40 DAHEIM, DER ZWEITE **241**
Steffen packt einen großen Koffer und denkt nach vorn

ANHANG **245**
10 Dinge, die man getan haben muss

ANHANG **248**
10 Handlungen, mit denen man sich blamiert

GLOSSAR **251**

VORWORT

DER LESER STELLT EINE FRAGE UND BLÄTTERT UM

»Einen Fettnäpfchenführer über Australien? Braucht man so was überhaupt?«, fragt sich der Leser, als er den *Fettnäpfchenführer Australien* in die Hand nimmt.

»Aber natürlich!«, behauptet der Autor. Und beginnt zu erklären, weshalb.

Sicherlich stimmt die Beobachtung, Australien sei eine lockere Nation, die einem, zumindest zu einem gewissen Grad, Fehltritte nachsieht. Das Land ist schließlich nicht Heimat einer dieser Kulturen, in denen eine falsche Geste dafür sorgen kann, dass man samt allen Verwandten bis in die dritte Generation der Nachkommenschaft verdammt wird. Nein, viel wahrscheinlicher ist es, dass Ihnen der Australier vielleicht leise, vermutlich eher laut zu verstehen gibt, dass Sie sich gerade zum Ochsen machen. Oder sich und ihre Mitmenschen gefährden. Wer Erfahrungen dieser Art liebt, darf das Buch nun beiseitelegen; allen anderen sei das Schmökern empfohlen, denn die hier vorgestellten Fettnäpfchen sind äußerst praxisrelevant: Die meisten von ihnen sind so – oder so ähnlich – einem, äh, guten Freund von mir widerfahren, der Australien ausgiebig bereist hat.

Auch wenn Australier in der Tat ein sehr entspanntes Völkchen sind, heißt das nicht, dass sie keine Gefühle haben – *down under* gibt es *Dos & Don'ts* wie überall anders auch! Und die beziehen sich nicht nur auf die Gelegenheiten, bei denen man sich öffentlich die Blöße geben kann – nein, oft geht es schlicht und ergreifend um die Sicherheit. Nur weil das eigene Handeln im Ausland nicht gleich diplomatische Verwerfungen oder eine rituelle Stiefelung nach sich zieht, heißt das noch lange nicht, dass man sich auch angemessen verhalten hat. Oder wissen Sie auf Anhieb, welche Fallstricke auf einer einsamen Farm im Outback lauern?

Wenn man genauer darüber nachdenkt, ist es erstaunlich, wieso dermaßen viele Leute davon ausgehen, in Australien werde schon irgendwie alles glattgehen. Selbst wenn es um unsere Nachbarn geht, akzeptiert jeder, dass gewisse Dinge einfach *anders* laufen – sei es bei Ländern, die uns kulturell näher liegen (zum Beispiel Großbritannien), die direkte Nachbarn von uns sind (zum Beispiel Frankreich) oder die gar dieselbe Sprache teilen (zum Beispiel Deutschland vs. Schweiz). Eine Nation, die sich am anderen Ende der Welt weitestgehend unabhängig entwickelt hat, hat logischerweise auch ihre ganz eigene – und einzigartige – Kollektion an Fettnäpfchen. Und von diesen teils kuriosen Eigenarten handelt dieses Buch. Begleiten Sie unsere todesmutigen Hauptdarsteller Lena und Steffen, die das Abenteuer Australien wagen und dabei keine Gelegenheit auslassen, Land, Leute und Fettnäpfchen zu erkunden.

1 AM FLUGHAFEN

LENA STEIGT IN EIN FLUGZEUG UND SCHMÖKERT IN IHREM BUCH

Hauptsache, raus.

Die vergangenen Monate waren wirklich nicht einfach. Die letzten Prüfungen liegen endlich hinter Lena, und obwohl sie den Alltag an der Universität kein bisschen vermisst, fällt es ihr schwer, sich zu entspannen. Locker zu lassen. Einerseits hat sie immer noch die Sorge, jemand könnte ihr den Abschluss nachträglich aberkennen, wenn herauskommt, dass sie für eine unsägliche Jura-Klausur tatsächlich einen Spickzettel benutzt hat. Andererseits weiß sie gar nicht, wohin mit ihrer ganzen Freizeit: Es ist, als falle ihr die Decke auf den Kopf, als hätte sie sich an den verhassten Stress gewöhnt.

Zwei, drei Wochen macht Lena das Spielchen mit, bis sie sich entscheidet, die Zeit bis zum Einstieg ins Berufsleben sinnvoll zu nutzen und ganz nebenbei einen ihrer Kindheitsträume zu erfüllen: mit einer Reise durch Australien. Den ewigen Sommer erleben!

Eine Woche später sitzt sie am Flughafen, in der Hand ein Ticket nach Sydney. Und Lena fühlt sich wie im Traum. Zwar freut sie sich wie ein kleines Kind, dass es endlich losgeht, aber so recht begreifen kann sie es noch nicht. Erst als sie im Flieger sitzt, kann Lena entspannen. Eine gute Stunde nach Abflug hat sie Deutschland hinter sich gelassen, nach einer weiteren Stunde ist es bereits stockfinster.

Aber müde ist Lena noch nicht. Eine gute Gelegenheit also, ein wenig im Reiseführer zu blättern.

»Na? Auch eine Tour durch Australien geplant?«, fragt der Typ, der neben ihr sitzt und bis eben mit sich selbst beschäftigt schien.

»Mh«, bestätigt Lena. Sie ist sich nicht sicher, ob sie jetzt Lust auf Konversation hat – oder doch endlich mal ein wenig ihre Reise planen sollte.

»Ist es dein erstes Mal in Australien?«, folgt alsbald die nächste Frage.

»Ja«, antwortet sie. Und, um nicht unnötig einsilbig daherzukommen, fügt sie hinzu: »Ich musste einfach mal raus. Und nach Australien wollte ich ohnehin schon immer mal.«

»Und was hast du für eine Route geplant?«

»Noch nichts Genaues ... Vielleicht die Ostküste entlang«, sagt Lena und wedelt mit ihrem Reiseführer. »Ist ja auch nicht schlimm. Warm ist es schließlich immer und überall, und das ist die Hauptsache!«

Diese Ansicht scheint ihrem Mitreisenden fürs Erste zu genügen. Er erzählt, wie er für seine Firma ein paar Monate in Sydney arbeiten wird. Lena kann auf Unterlagen, die er vor sich liegen hat, erkennen, dass es um irgendwas Langweiliges mit Computern und Softwarelösungen geht. Typisch deutsch eben. Und sie ist umso dankbarer, als das Essen aufgetischt wird und sie wieder ihren Gedanken nachhängen kann.

Ein paar Stunden später, irgendwo über Russland, überkommt Lena dann die Müdigkeit. Sie fuchtelt ihre Kontaktlinsen heraus und macht es sich so bequem wie möglich.

BEWEISEN SIE WEITSICHTIGKEIT BEI KURZSICHTIGKEIT

Alle Kontaktlinsenträger sollten unbedingt erwägen, wenigstens eine Reservebrille mitzunehmen. Der Grund dafür: Je nachdem, wohin die Reise in Australien führt, ist es äußerst unangenehm, Kontaktlinsen zu tragen. Bei heißer Luft und starkem Wind fühlt man sich, als würde man den Kopf in den Backofen stecken, und zwar bei Umluft. Entsprechend schnell trocknen die Linsen aus, und das Tragen wird unkomfortabel, wenn nicht gar unmöglich.

Darüber hinaus sollten alle, die einen längeren Aufenthalt in Australien planen, einen ausreichenden Vorrat an Linsen mit sich tragen, denn Ersatz ist mitunter schwer zu beschaffen. Kontaktlinsen dürfen nicht »einfach so« verkauft werden, sondern bedürfen eines Rezeptes. Hat man das nicht, muss man erst einmal für viel Geld zum Optiker oder Augenarzt. Und selbst dann kosten die Linsen immer noch ein Vielfaches von dem, was man daheim dafür ausgeben muss. Notfalls kann man sich Ersatz aus der Heimat zuschicken lassen – doch das nimmt Zeit in Anspruch, da der australische Zoll derartige Päckchen ganz genau unter die Lupe nimmt!

Bloody hell! Was ist da schiefgelaufen?

Kann man schon ins erste Fettnäpfchen treten, bevor man das geliebte Heimatland überhaupt verlassen hat? Schwierig – aber wer es angeht wie Lena, der schafft eine hervorragende Basis dafür, dass der Australientrip in die Hose geht.

Das liegt vor allem an der unzureichenden Planung. Überraschend viele Reisende, die sich aufmachen, den fünften Kontinent zu besuchen, sind völlig unvorbereitet – und erwarten das Paradies auf Erden, in dem stets die Sonne scheint. So wie Lena. Doch die Reise ans ferne Ende der Welt nicht anders zu behandeln als die Pauschalreise nach Mallorca, rächt sich schnell. Daran schuld ist vor allem das australische **Klima**. Und doch sind die Flieger nach Australien voll mit Leuten, die glauben, *down under* sei immer alles gut, insbesondere das Wetter.

Prinzipiell ist Australien ein ganzjähriges Reiseziel. Das ist nicht weiter überraschend – der Kontinent ist schließlich so groß wie Europa, und irgendwo in Europa ist es zu jeder Jahreszeit schön. Aber es hat einen Grund, dass die wenigsten Menschen im Januar zum Baden an die Ostsee fahren würden. *Down under* ist es nicht anders – und die Wahl des richtigen Reiseziels zur richtigen Zeit entscheidet darüber, ob der Aufenthalt himmlisch wird oder doch eher höllisch.

Darum: Auch wer sich spontan nach Australien aufmacht, den ausgetretenen Touristenpfaden ausweichen möchte oder ohnehin genug Zeit mitbringt, um jede Ecke des Kontinents zu besuchen – ein wenig Voraussicht zahlt sich aus.

Was können Sie besser machen?

Der Schlüssel ist, sich mit den besten Reisezeiten vertraut zu machen!

Grundsätzlich gibt es in der südlichen Hälfte Australiens moderat ausgeprägte Jahreszeiten, wenn auch mit sechs Monaten Verzögerung. In der nördlichen Hälfte hingegen gibt es nur eine prägnante Regenzeit und entsprechend eine Trockenzeit. Sowohl zwischen den einzelnen Jahreszeiten als auch von Norden nach Süden sind die Übergänge fließend.

Vereinfacht lässt sich daher sagen: Die besten Reisezeiten für die nördlichen Regionen Australiens – von Cairns über Darwin bis hin nach Broome und weite Teile des Outbacks – sind die Wintermonate, also März bis September. Ab September kündigt sich durch den *build-up,* also heiße, schwüle und spannungsgeladene Tage, die kommende Regenzeit an. Diese Zeit gilt es zu meiden, während die eigentliche Regenzeit vor allem für diejenigen Reisenden interessant ist, die die Ruhe der Nebensaison schätzen und dem ein oder anderen kleinen apokalyptischen Schauer nicht abgeneigt sind. Allerdings: Zur Regenzeit sind viele Straßen kaum oder gar nicht passierbar, sodass es abseits der Highways nur wenige Möglichkeiten gibt, sich zu bewegen. Im Gegenzug ist es allerdings auch nicht zu empfehlen, nur an der Ostküste (gern umschrieben als »von Cairns nach Sydney«) zu kleben – schön ist die Route zwar, aber ihr mangelt es an der Abwechslung, die andere Regionen des Landes bieten können.

Die beste Reisezeit für die großen Städte – Brisbane, Sydney, Melbourne, Adelaide und Perth – liegt im Sommer (der Südhalbkugel). Allerdings ist auch hier Vorsicht geboten, denn zwischen Dezember und Februar kann es unangenehm heiß werden. Ideal sind die Übergangszeiten, die mit relativ wenig Niederschlag, angenehmen Temperaturen und hübschen Überraschungen – wie etwa der Blüte der Wildblumen in Westaustralien – punkten können.

Im Hochsommer zu empfehlen ist Tasmanien, das immer ein paar Grad kühler ist als das Festland. »Temperatur« ist ein gutes Stichwort, um darauf hinzuweisen, dass es in Australien auch unangenehm kalt werden kann – eine Überraschung für alle, die die Reise in Flipflops und T-Shirt antreten. Das gilt nicht nur für Tasmanien, sondern für die gesamte Südhälfte Australiens. Der Winter im mediterranen Perth bedeutet einstellige Temperaturen und üppige Niederschläge – nicht gerade das, was man sich von seinem Australienurlaub ersehnt. Und selbst im Outback, wenige Autostunden von der Küste entfernt, sind nächtliche Fröste häufig. Wer also die ewige Wärme sucht, ist an den Küsten Nordaustraliens bestens aufgehoben.

An dieser groben Übersicht kann man bereits ersehen, ob sich die eigene Wunschroute realisieren lässt. Grundsätzlich gilt aber, dass es sich lohnt, ein wenig Flexibilität zu bewahren. Auch in Australien sind die Jahreszeiten gerne launisch – und so manche Überraschung kann einem trotz gründlicher Planung in die Quere kommen. Ein Beispiel: Zu Beginn des Sommers werden viele Orte im Norden Queenslands für einige Wochen von einer Unzahl an *march flies,* also fiesen Pferdebremsen, heimgesucht. So ein Schwarm hungriger Insekten kann einem schon mal die Laune verderben – aber ein paar Kilometer weiter sieht die Lage womöglich schon wieder ganz anders aus.

Dass Lena als Frau allein reist, ist übrigens völlig normal. Australien ist so sicher, wie ein Reiseziel es nur sein kann, darum kann man sich auch jederzeit ohne Begleitung umherbewegen!

Kurzum: Grobe Planung im Voraus (welche Regionen und Sehenswürdigkeiten) ist ein Muss, Feinplanung vor Ort ist eine vernünftige Option.

2 IM FLIEGER

STEFFEN BEKOMMT DIE KALTE SCHULTER UND KANN NICHT SCHLAFEN

Steffen weiß immer noch nicht so recht, worauf er sich da eigentlich eingelassen hat.

»Schulz, Sie sind der richtige Mann für diesen Job!« Das waren die Worte seines Chefs, vorgetragen mit einem etwas zu festen Schlag auf die Schulter. Kurz darauf hatte er ihm etwas von »einem Job in Sydney« erzählt, wo er »für ein paar Monate« die Firma vertreten solle. »Nichts Wildes«, aber man brauche jemanden, der sein Handwerk verstehe.

Zuerst fühlte sich Steffen ein wenig überrumpelt. Australien – das ist verdammt weit weg. Und überhaupt, solche exotischen Destinationen sind üblicherweise nicht sein Ding. Weiter als bis auf die Kanaren ist Steffen nie gekommen, auch wenn er von einer Reise nach New York immer geträumt hat. Aber Australien – das ist ein ganz anderes Kaliber!

Doch nach einer Weile hatte sich Steffen mit dem Gedanken angefreundet. Für eine Zeit lang Deutschland den Rücken zu kehren und mal etwas anderes zu erleben, würde sicher nicht schaden. Außerdem ist die Bezahlung gut. Und in Australien ist schließlich auch noch nicht jeder gewesen! Es könnte sehr interessant werden, befand er, und der Karriere einen kleinen Schub geben.

Viel Zeit zum Organisieren blieb nicht. Die wichtigen Dinge – Flugticket, Visum, Unterkunft – wurden von der Firma erledigt.

Steffen blieb nur, seine Siebensachen zu packen und sich seelisch auf Australien vorzubereiten. Doch auch hier hatte sein Chef einen Ratschlag auf Lager: »Ach, Schulz, nun machen Sie sich mal keinen Kopf. Sie werden schon mit den Aussies klarkommen.« Unter vier Augen sagte er ihm sogar, er solle die Zeit genießen. Nur bloß nicht die Arbeit vergessen!

Am Flughafen stellt Steffen ein wenig enttäuscht fest, dass die Firma es versäumt hat, ihm einen Fensterplatz zu reservieren. Zumindest aber, so tröstet er sich, darf er für die erste Hälfte des Trips neben einem jungen Mädchen sitzen, das er durchaus ansehnlich findet.

Doch über ein steriles »Hallo« kommt er zunächst nicht hinaus. Entgegen der Empfehlungen seines Chefs gibt es zwei, drei Dinge, die er noch vorbereiten möchte, und da es im Flieger ohnehin nichts Spannendes gibt, widmet sich Steffen einem Problem mit dem Aufbau einer Software, das ihm in den letzten Wochen keine Ruhe gelassen hatte.

Steffen ist sehr zufrieden mit sich, als er zwei Stunden nach dem Abflug immerhin drei Ansätze entwickelt hat, die sein Problem lösen könnten. In dem Moment kommt vom Sitz neben ihm ein leichtes Seufzen. Die junge Dame, die bis eben die ganze Zeit aus dem Fenster gestarrt hat, sucht nun eine andere Beschäftigung. Offenbar ist es zu dunkel, um noch etwas zu erkennen. Oder Polen ist von oben betrachtet uninteressant.

Das ist die Gelegenheit!, erkennt Steffen, als sie zu ihrem Reiseführer greift.

»Na? Auch eine Tour durch Australien geplant?«, ist das Beste, was ihm auf Anhieb einfällt.

»Mh«, bestätigt das Mädchen.

»Ist es dein erstes Mal in Australien?«, fragt Steffen. Etwas enttäuscht ist er daraufhin, weil es sich offensichtlich doch nur um eine der Backpackerinnen handelt, die überhaupt nicht wissen, was in Australien auf sie wartet, sondern glauben, dass *down under* immer die Sonne scheine.

AUSTRALIEN ODER NEUSEELAND ODER BEIDES ODER …

Bei so manchem Reisenden ist man sich nicht sicher: Will er nach Australien – oder bloß möglichst weit weg von daheim? Das spiegelt sich auch in der Reiseplanung wieder, wenn Australien und das Nachbarland Neuseeland gerne in einen Topf geschmissen werden. Stellen Sie sich vor, jemand würde umgekehrt um die halbe Welt reisen und dann beim Besuch in der Schweiz oder in Österreich sagen, das Land sei ja genau wie Deutschland … Auch wenn vieles in Neuseeland ähnlich läuft wie in Australien, ist das Land dennoch völlig anders (Flora, Fauna und Landschaften haben so gut wie nichts mit Australien gemein) und daher eine eigene Reise wert. Was übrigens bei den meisten Trips zu Unrecht vollkommen übersehen wird, ist das kompakte, aber enorm vielfältige Tasmanien. Hier erwarten den Reisenden abwechslungsreiche Landschaften auf kleinstem Raum, randvoll mit dem australischen *wildlife*.

»Das klingt aber toll! Ich wünschte, ich könnte auch so spontan unterwegs sein«, kommentiert Steffen ihre Pläne mit einem Augenzwinkern. Doch als er ihr mit einfachen Worten zu erklären versucht, was er in Sydney machen wird, blickt er in ein Gesicht, das zu sagen scheint: Mit Computern kenn ich mich irgendwie nicht so gut aus.

Dummerweise unterbricht die Flugbegleiterin ihr Geplauder an dieser Stelle mit dem Abendessen. Und Steffen denkt sich: Hoffentlich sind die Leute in Australien wirklich etwas lockerer drauf. Deutsche Frauen erkennen einen Flirt ja nicht mal, wenn er sie im Clownskostüm anspringt.

Da seine Sitznachbarin kurz nach dem Essen keine Anstalten mehr macht, sich mit ihm zu unterhalten, beschließt Steffen, wenigstens ein paar Stunden zu schlafen. Es gelingt ihm mehr schlecht als recht.

Crap! Was ist da schiefgelaufen?

Mit den **Erwartungen** ist es so eine Sache. Nicht, dass man sich nicht auf Australien freuen sollte – das Gegenteil ist der Fall! –, aber es gilt, mit den richtigen Erwartungen an die Reise heranzugehen.

Die größte Überraschung für die meisten Reisenden ist in der Tat, dass Australien weniger exotisch ist als angenommen. Sicher, Flora und Fauna sind einzigartig, aber es ist gar nicht so leicht, beides außerhalb von Zoo und botanischem Garten kennenzulernen. Und wer von Stadt zu Stadt reist, wird Australien durchqueren können, ohne ein einziges Känguru zu sehen. Davon abgesehen: Es ist sehr leicht, sich bei den Distanzen zu verschätzen, die zwischen den einzelnen Sehenswürdigkeiten liegen. Das Bild, das Sie vielleicht gerade vom Outback im Kopf haben, liegt womöglich in einer sehr unzugänglichen Gegend, Tausende Kilometer von der nächsten Großstadt entfernt, und wurde vom Vollprofi fotografiert und nachbearbeitet.

Weniger exotisch als angenommen ist Australien auch, weil es schlichtweg keine ungewöhnliche Destination mehr ist. Das Land hat sich erfolgreich als Alternative zu den USA etabliert (»das bessere Amerika«) und zieht nicht nur deswegen Jahr für Jahr Millionen von Besuchern aus aller Welt an. Fast die Hälfte von ihnen kommt mit dem Ziel, Urlaub zu machen. Auch wenn sich das Land mittlerweile globaler Beliebtheit erfreut, gerade auch bei den Asiaten, wird man einer erstaunlichen Zahl von Touristen aus Westeuropa begegnen, vor allem auf den Backpackerpfaden an der Ostküste, wo es einige Hostels gibt, in denen Deutsch die Amtssprache zu sein scheint.

Von entscheidender Bedeutung ist die Frage, wie man den Aufenthalt in Australien organisiert oder, genauer gesagt, welches **Visum** man wählt. Australien bietet eine Vielzahl an Visa für so ziemlich jede erdenkliche Lebenssituation. Da Steffen von seiner Firma geschickt wurde (und das nicht als erster Mitarbeiter), kann er davon ausgehen, dass für ihn das richtige Arbeitsvisum ausgewählt wurde. Auch beim beliebten *Working Holiday Visa* kann man nicht viel falsch machen. Doch für alle anderen Anlässe gilt es, sich vorher schlauzumachen – und zwar gründlich, denn mit Detailfragen sind selbst die australischen Behörden gerne überfordert.

Was können Sie besser machen?

Diese Frage muss jeder für sich individuell beantworten. Wer zum Beispiel nach Australien reist, um sein Englisch zu trainieren, wird an den beliebten Destinationen der Ostküste womöglich enttäuscht. Da kann es schon mal passieren, dass keiner im Mehrbettzimmer vernünftig Englisch kann, die Dame von der Rezeption aber fließend Deutsch spricht. Wer also seine Fremdsprachenkenntnisse polieren möchte, muss den Kontakt mit den echten Australiern suchen, möglichst außerhalb der viel besuchten Orte.

Genauso sollte sich jeder Besucher fragen, was ihn eigentlich nach Australien zieht. Sind es die Sehenswürdigkeiten – oder vielleicht doch die Fauna? Wer Sightseeing betreiben will, ist in den Großstädten gut aufgehoben. Wer die australische Tierwelt kennenlernen möchte, muss raus aus der Stadt, hinein in den Busch – oder nach Tasmanien. In jedem Fall gilt: Es mag verlockend sein, Australien für einen Strandurlaub zu nutzen, aber das Land bietet viel zu viel, als dass man so eine reine Badetour empfehlen könnte.

Einfacher ist die Frage, was es beim Visum zu beachten gilt. Australien ist, anders als etwa das benachbarte Neuseeland, keine Nation, die jedermann einfach so mit offenen Armen empfängt. Pauschal gilt, dass jeder, der das Land betritt, ein Visum benötigt. Doch welches?

Wie oben bereits angedeutet: Das *Working Holiday Visa,* zugeschnitten auf junge Reisende, die nebenbei jobben möchten, ist eigentlich idiotensicher. Auch ein einfaches Transitvisum für wenige Tage lässt sich schnell organisieren. Mittlerweile geschieht dies natürlich online und, selbstverständlich, gegen üppige Vorauszahlungen per Kreditkarte, die auch dann nicht erstattet werden, wenn der Antrag abgelehnt wird.

Für alle anderen Anlässe empfiehlt sich die genaue Recherche. Und auch wenn die unbefriedigend ausfällt, sollte man sich nicht entmutigen lassen. Genau wie bei komplexeren Problemen: Kann ich von einem *Working Holiday* auf ein anderes Visum wechseln, ohne das Land verlassen zu müssen? Online steht vielleicht eine Info, am Telefon sagt man Ihnen was anderes, und per E-Mail erreicht Sie eine dritte Meinung. Man gewinnt den Eindruck, dass die Vielzahl an möglichen Visa auch die Behörden überfordert, vom Personal am Flughafen, das die Visa kontrollieren muss, ganz zu schweigen. Eine Kopie des Visums sollte man daher stets bei sich tragen – und man sollte exakt wissen, was drinsteht, damit man sich notfalls behaupten kann.

Es gilt folglich, bei Unstimmigkeiten hartnäckig nachzufragen, bis man zu einer zufriedenstellenden Lösung kommt. Keinesfalls aber sollte man die falsche Form der Aufmerksamkeit auf sich ziehen, denn mit der australischen Immigrationsbehörde ist nicht gut Kirschen essen. Sollte der Eindruck entstehen, man würde sich nicht an die Regularien seines Visums halten (etwa sich mit einem Urlaubsvisum ein paar Dollar dazuverdienen), wird es schnell unangenehm. Da kann es schon mal passieren, dass man aufgefordert wird, seine virtuellen Arschbacken zu spreizen und etwa seine E-Mail- und Facebook-Passwörter herauszugeben, damit ein paar Agenten genüsslich die persönlichen Nachrichten auf Hinweise durchforsten können, ob man etwas Unlauteres im Schilde führt.

Daher: Das falsche Visum auszuwählen, kann ärgerlich sein, sich nicht an die Visumsbedingungen zu halten, ist ein absolutes Tabu. Wer erwischt wird, fliegt – und das auf eigene Kosten.

3 AM ZIEL

LENA KREUZT EIN FORMULAR AN UND SIEHT EINEN STAUBSAUGER

Lenas erster Gedanke ist, dass sie sich strecken möchte. Lenas erste Erkenntnis ist, dass sie sich nicht strecken kann.

Noch immer, fast zwanzig Stunden nachdem sie deutschen Boden verlassen hat, steckt sie im Flugzeug fest – und das im wahrsten Sinne des Wortes. Zwar hat sie einen Fensterplatz, aber die zwei Passagiere, die sie vom Gang trennen, schlummern noch tief und fest, als Lena nach einer kurzen Nacht aufwacht.

THE LONGEST HOP

Die meisten Reisenden nach Australien fliegen über Asien oder den Nahen Osten nach Sydney. Für diese »Känguru-Route«, die historisch auch als *»The longest hop«* beworben wurde, braucht es ungefähr einen Tag. Der Name rührt übrigens noch aus den Zeiten, in denen zahlreiche Zwischenstopps notwendig waren – und die Flüge entsprechend kurze Sprünge!

Heute hat man als Reisender eher die Qual der Wahl, denn die Routen nach Australien werden von zahlreichen, meist erstklassigen Airlines bedient – und deren Wettbewerb sorgt dafür, dass die Flüge vergleichsweise günstig sind. Ab rund 1.000 Euro kann man sich den Ausflug nach Sydney leisten – mehr als 1.500 Euro sollte man aber nicht bezahlen, ebenso wenig sollte die Gesamtreisezeit 24 Stunden deutlich übersteigen.

Wie weit Australien aber wirklich von der Heimat entfernt ist, zeigt eine einfache Quizfrage: Welche EU-Hauptstadt liegt am nächsten an Sydney? Falls Sie Nikosia auf Zypern getippt haben – sehr gut. Aber wie sieht es mit dem Festland aus? Wenn Sie Athen vermuten, liegen Sie (knapp) daneben. In der Tat ist es Helsinki, im hohen Norden!

So gut es der enge Sitz zulässt, reckt und streckt sich Lena, bevor sie erleichtert feststellt, dass es keine zwei Stunden mehr bis nach Sydney sind. Als sie die Fensterblende nach oben schiebt, kann sie bereits den ersten Schimmer der Dämmerung erkennen.

Noch ist es recht still im Flieger, vom Summen der Triebwerke und ein paar vereinzelten Schnarchern einmal abgesehen. Damit bleibt Lena nichts anderes übrig, als die bisherige Reise Revue passieren zu lassen. Sie kommt zu dem Ergebnis, dass sie völlig verwirrt ist: Noch nie war sie auch nur annäherungsweise so weit weg von daheim; auch weiß sie nach zwei Nächten unterwegs nicht, ob sie sich gerade eher hungrig oder müde fühlen soll.

Glücklicherweise wird ihr die Entscheidung abgenommen: Kurz darauf werden ihre Mitreisenden unsanft geweckt und vor der Landung noch einmal mit einem kleinen Frühstück versorgt.

Als viel spannender entpuppt sich allerdings das, was sich draußen abspielt. Mit dem ersten Tageslicht kann Lena bereits die Küstenregion Australiens ausmachen – und von oben sieht das Land durchaus verlockend aus, wenn auch gar nicht so rot wie gedacht. Als es dann zur Landung nach Sydney geht, versperren dichte Wolken die Sicht. Wann immer es allerdings eine Lücke erlaubt, einen Blick auf den Boden zu erhaschen, sieht Lena ein Meer aus Häusern – scheinbar bis zum Horizont.

Pünktlich landet die Maschine schließlich am internationalen Terminal in Sydney. Der Blick nach draußen ist ernüchternd, selbst nach der Ansage des Kapitäns, das Wetter sei heute »nicht besonders«. Am Himmel hängen dunkle Wolken, vereinzelte Tropfen schlagen ans Fenster. Da fühlt man sich direkt wie zu Hause, denkt Lena.

Eigentlich hat sie mehr als genug Zeit, um ihren Anschlussflug zu erwischen. Eigentlich. Doch bis Lena endlich das Flugzeug verlassen kann, vergeht eine gefühlte Ewigkeit. Als Nächstes muss sie eine gewaltige Strecke zurücklegen, um das Gepäckband zu erreichen, doch zumindest fühlt es sich göttlich an, endlich wieder ein bisschen Bewegung zu bekommen. Lena lässt den Blick durchs Terminal schweifen; irgendwie schaut das alles noch ganz normal aus – das Ganze wirkt sehr viel vertrauter als gedacht.

Als sie sich mit ihren Hunderten Mitreisenden am Kofferband einfindet, ist von ihrem Gepäck noch keine Spur. Eine weitere gefühlte Ewigkeit dauert es, bis sich das Band gemächlich in Bewegung setzt. Innerlich schließt Lena bereits eine Wette mit sich ab, dass ihr Backpack der letzte sein wird, der ausgeliefert wird – und fast hätte sie gewonnen, denn erst nach der dritten gefühlten Ewigkeit liefert das Band den riesigen Rucksack samt Camping-Equipment.

Kaum hat sie ihr Gepäck vom Band gehievt, wartet die nächste Hürde auf Lena, dieses Mal eine auf vier Beinen. Ein zuckersüßer Beagle, der anscheinend seinen Beamten im Terminal ausführt, schaut sie mit großen Augen fragend an. Der Offizielle am anderen Ende der Leine deutet aufs Lenas Handgepäck und fragt:

»Haben Sie noch Lebensmittel da drin? Wurstbrötchen vielleicht?«

Nach kurzem Nachdenken muss Lena diese merkwürdige Frage bejahen. Sie stellt ihr Handgepäck ab. Der Beagle hüpft begeistert um es herum, als vermute er den besten Stock aller Zeiten darin. Lena fischt derweil ihre Notration aus dem Rucksack, darunter ein paar zerdrückte, angeschmolzene Schokoriegel und das letzte von ein paar Broten, die ihre Mutter ihr daheim noch aufgeschwatzt hatte. Doch die Stulle hat ihre Halbwertzeit schon lange überschritten.

»Die müssen wir leider entsorgen, die dürfen Sie nicht einführen!«, stellt der Offizielle knapp fest. Als er Lenas leicht irritierten Blick bemerkt, erkundigt er sich noch, ob sie denn die Hinweise zur Quarantäne nicht mitbekommen habe. Langsam fällt auch bei Lena der Groschen; vage entsinnt sie sich an den im Flieger gezeigten Film, der die Gefahren eingeschleppter Arten äußerst dramatisch dargestellt hat. Aber da war der Blick aus dem Fenster bereits viel, viel spannender. Für das Wurstbrot ist die Reise allerdings an dieser Stelle vorbei.

Woran sich Lena aber noch deutlich erinnern kann, ist die Einreisekarte. Auf der wurde nämlich auch gefragt, ob sie Essen dabeihabe – was Lena ordnungsgemäß mit *»yes«* beantwortet hat. Außerdem erkundigte sich der australische Staat bereits an dieser Stelle, ob sie vielleicht nicht auch Waffen, Steroide, Pornografie, Teile von Tieren oder Pflanzen, größere Summen von Bargeld oder etwa Honig einführen wolle. Das konnte nicht ernst gemeint gewesen sein – und doch studiert der zuständige Grenzbeamte nicht nur Lenas Pass kritisch, sondern auch besagte Einreisekarte. Offenbar gibt es nichts zu beanstanden, denn er stempelt Lenas Pass energisch ab und reicht ihn ihr mit einem Augenzwinkern zurück. *»Welcome to Australia. Next!«*

Lena glaubt bereits naiv, damit alle Formalitäten erledigt zu haben. Doch bevor sie endgültig im Land angekommen ist, muss sie sich schon wieder einreihen. Einmal mehr muss das Gepäck kontrolliert werden, einmal mehr wirft jemand einen kritischen Blick auf Lenas Einreisekarte. Eine taffe Dame fragt sie mit schwerem Akzent, ob ihre Campingausrüstung neu sei. Lena verneint. Sie habe sie schon ein paarmal genutzt, daheim in Deutschland. Genau wie die Wanderstiefel, die sie schlauerweise bereits eingelaufen hat. Daraufhin wird Lena zur Vorzugsbehandlung aus der Reihe abkommandiert.

Eigentlich hat Lena immer noch genug Zeit, ihren Anschlussflug zu erreichen. Eigentlich. Doch Lena wähnt sich im falschen Film, als sie zusehen muss, wie zwei Leute sich mit Inbrunst ihrem Zelt widmen, es akribisch auf Spuren von Dreck untersuchen und anschließend auch noch aussaugen. Prinzipiell ein guter Service, doch zum falschen Zeitpunkt. Nach gut zehn Minuten bekommt Lena ihr Zelt und ihre Wanderschuhe – mit blank geputzten Sohlen – zurück und weiß nicht so recht, ob sie sich bedanken soll. Die Zeit wird langsam knapp, und da hilft es nicht, dass sie nun erst einmal ihr Zelt wieder zusammenpacken darf, um dann – endlich! – als freier Mensch australischen Boden betreten zu dürfen.

Crikey! Was ist da schiefgelaufen?

Kurzum: Lena wähnte sich schon am Ziel, als es noch viel zu früh war. Sie hat die Rechnung ohne die australischen Behörden gemacht. Für die Einreise nach Australien gilt es, mindestens eine Stunde einzuplanen; lieber mehr als weniger.

Wie bereits in der vorigen Episode erwähnt, kann man nicht einfach nach Australien einreisen – es bedarf eines Visums. Dass der Pass dahingehend gründlich geprüft wird, darf daher nicht überraschen.

Sehr wohl überraschen dürften die Formalitäten, die darauf folgen. Die Regeln zur **Quarantäne** erscheinen dem Reisenden, der gerade einen ganzen Tag im Flugzeug gesessen hat, wie eine unnötige Schikane, doch haben sie eine ganz entscheidende Funktion: Sie sollen Tier- und Pflanzenarten, die nicht in Australien einheimisch sind, aus dem Land halten. Die australische Flora und Fauna sind einzigartig, aber auch empfindlich – und die Nation hat mehr als genug Erfahrung mit Plagegeistern gesammelt, die sich auf dem fünften Kontinent eingenistet haben, von Kaninchen bis hin zu Kröten (siehe Episode 21). Dass Lena die Quarantänevorschriften ignoriert – auch wenn sie es ohne böse Absicht tut –, stößt den Kontrolleuren natürlich sauer auf. Und dass sie nicht genug Zeit für die Einreise einplant, rächt sich fast damit, dass sie ihren Weiterflug verpasst.

Was können Sie besser machen?

Ganz einfach: die Quarantänebestimmungen lesen, allerspätestens im Flugzeug. Und nicht versuchen, die Beamten auszutricksen – da reagiert der Australier empfindlich!

Relevant ist dieser Hinweis vor allem für diejenigen, die sich eine Mahlzeit von daheim mitbringen – und sei sie noch so harmlos wie ein Bio-Apfel oder das gemeine Wurstbrötchen. Und er ist relevant für diejenigen, die vielleicht ein Mitbringsel dabeihaben – ein schönes Stück echter Räucherspeck wäre ein fantastisches Geschenk für Australier, doch den Speck ins Land zu kriegen, ist schwieriger, als vor Ort ein australisches Schwein einzufangen und ihn selbst zu produzieren. Speziell trainierte Hunde beschnüffeln das Gepäck, zudem wird es noch von Fachpersonal durchleuchtet. Sollte man versuchen, die Regeln zur Quarantäne zu umgehen, fällt es spätestens hier auf – und das wird teuer. Mindestens ein paar Hundert Dollar, vielleicht aber auch zehn Jahre Zuchthaus, vermutlich irgendwas dazwischen.

Und das betrifft nicht nur die Lebensmittel. Die kann man notfalls noch in speziell bereitgestellten Mülltonnen entsorgen. Aber was, wenn noch Dreck unter den Schuhen hängt? Oder unterm Fingernagel?

Grundsätzlich gilt, dass es nicht erlaubt ist, tierische und pflanzliche Produkte einzuführen. Darunter fallen also auch Honig, Milchprodukte und Eier – wer auch immer mit Eiern um die Welt reisen mag. Und natürlich Nüsse! Problemlos sind im Regelfall abgepackte Speisen; ein Erdnussriegel wird einen also nicht hinter Gitter bringen.

Sorge bereitet aber auch das Pflanzenmaterial unter den Schuhen, denn auch so könnten Samen ins Land getragen werden. Darum, Sparfüchse und Faulpelze aufgepasst: Wer keine Lust hat, seine Schuhe selbst zu putzen oder für die Reinigung zu bezahlen, kann an der Kontrollstelle einfach angeben, erst kürzlich auf einem ausländischen Bauernhof spazieren gegangen zu sein.

Wichtig in diesem Zusammenhang: Es ist nicht so, als wäre alles paletti, sobald man die Grenzkontrolle hinter sich gelassen hat. Zwischen den einzelnen *states* in Australien herrschen ebenfalls strenge Quarantäneregeln – und wehe dem, der versucht, einen Apfel von Darwin nach Perth zu tragen!

Ergo: Es lohnt sich, dem Einreiseschein und den Quarantäneregeln drei Minuten Aufmerksamkeit zu widmen – und sich nicht von den teils albernen Fragen ablenken zu lassen. Die Quarantäne hat ihren Zweck, und sie funktioniert, weshalb sich auch jegliche Diskussionen erübrigen. Nach der Kontrolle ist es üblich, die gerade noch unglaublich wichtige Einreisekarte auf den Boden zu werfen und zu seinem Anschlussflug zu hetzen, denn die ganze Prozedur dauert verdammt lang!

4 IM HOTEL

STEFFEN STELLT SEINEN KOFFER AB UND GEHT FLANIEREN

»Schulz, kommen Sie doch erst einmal an. Leben Sie sich ein bisschen ein!«

Weise Worte seines Chefs, denkt Steffen. Wie ein artiger Mitarbeiter hat er bei der ersten Gelegenheit gemeldet, dass er wohlbehalten in Australien angekommen ist.

Doch so einfach ist das natürlich nicht mit dem Ankommen und dem Einleben. Seine eigentliche Unterkunft ist erst zum Monatsanfang bezugsfertig, sodass er die ersten Tage in einem durchaus schicken Hotel verbringen darf. Und zumindest da hat es jemand gut mit ihm gemeint, befindet Steffen. Sein Hotel liegt in Bondi, unweit des weltberühmten Strandes. Es hat viele Sterne und sehr einladende Betten – eine Wohltat nach dem langen Flug. Nur kommt es, wie es kommen muss: Im Flieger hat Steffen noch Glück gehabt, doch im Hotel hat er offenbar ein schreiendes Baby im Nachbarzimmer. Oder nicht nur eins, sondern gleich zwei, so, wie da geknatscht wird …

STRAND DER DINGE

Dass Steffen glaubt, von schreienden Babys umgeben zu sein, ist übrigens kein Zufall, sondern eine typisch australische pragmatische Lösung für ein einfaches Problem. Da die Kosten, frischgebackene Mütter im Krankenhaus unterzubringen, so immens hoch sind, werden sie kurzerhand für eine Woche in ein Fünf-Sterne-Hotel geschickt. Das ist in der Tat günstiger – und vermutlich sogar angenehmer für alle Beteiligten!

Dass Steffen in Bondi einquartiert wurde, dürfte ein Glücksfall sein. Der Strand zählt zu den berühmtesten der Welt – auch wenn er nicht anders ist als die Strände ein paar Hundert Meter weiter. Dennoch illustriert der »Mythos Bondi« wunderbar, dass sich das Leben in Australien draußen abspielt – und zwar nicht irgendwo, sondern am Strand.

Irgendwie ist es viel zu früh, um schlafen zu gehen. Und irgendwie müsste Steffen seinen ersten Tag *down under* auch feiern. Andererseits ist er viel zu müde, um noch etwas Großes zu unternehmen. Daher entscheidet er sich am frühen Abend, zumindest für ein Stündchen spazieren zu gehen: einmal die Strandpromenade entlang, mal sehen, was Australien so bietet.

Und es gefällt ihm. Zwar ist Steffen auf Anhieb nicht klar, was Bondi so besonders machen soll, aber ein schöner Strand ist es allemal. Auch ist er ein wenig erleichtert, dass zumindest Sydney nicht so exotisch ist, wie er es sich vorgestellt hat. Weit und breit keine Kängurus, dafür viele Asiaten, die auch hier zu wohnen scheinen. Und natürlich Touristen ohne Ende.

Doch eine gute Stunde voll erster Eindrücke sind an diesem Tag genug. Nach einem kurzen Happen im Hotel (auf Firmenkosten) entschließt sich Steffen, der Versuchung nachzugeben und erst einmal vernünftig zu schlafen. Minuten nachdem er sich ins Bett geworfen hat, schläft er ein.

Und dann wacht er wieder auf. Lange geschlafen hat er, tief und ohne Unterbrechung. Ausgeschlafen fühlt er sich auch, doch auf der Uhr auf dem Nachttisch lacht ihm »4:21 AM« entgegen. Och nö, denkt Steffen und dreht sich noch einmal um. Draußen ist es noch dunkel und still – bis auf das Meeresrauschen –, doch einschlafen kann er nicht mehr. Gute zwei Stunden kämpft er mit Kissen und Decke, dann gibt er auf und beschließt, den Tag mit einem üppigen Frühstück zu beginnen – der ersten richtigen Mahlzeit, seit er Deutschland verlassen hat, und das muss vor … drei Tagen gewesen sein!?

Im Frühstücksraum angekommen, ist er ohne Zweifel der erste Gast. Empfangen wird er von demselben Kellner, der ihn am Vortag schräg angeguckt hat, als Steffen erfolglos versucht hat, zu seinem Sandwich ein Sprudelwasser zu ordern. Nun weist er ihm einen Tisch direkt an der Fensterfront zu, an dem Steffen die Aussicht aufs Meer genießen kann. Der Himmel ist noch immer wolkenverhangen, es ist ziemlich windig und Regen liegt in der Luft. Dabei hieß es gestern noch, es solle aufklaren. So hatte er sich das in Sydney aber auch nicht vorgestellt …

»Meinen Sie, es wird heute regnen?«, fragt er den Kellner.

»Vielleicht. Ich bin da nicht sicher«, lautet seine knappe, aber professionell höfliche Antwort, bevor er davontippelt, um Kaffee zu holen. Steffen lädt in der Zwischenzeit seinen Teller voll mit Speck, Eiern, Bohnen und etwas, was ihn an die Rösti aus der Tiefkühltruhe erinnert, die man in Deutschland bekommt. Dazu noch Toast und – wie Steffen entzückt feststellt – Vegemite. Davon hat er schon gehört: Angeblich seien Australier verrückt nach dem Zeug! Also muss etwas dran sein, denkt sich Steffen, und verteilt eine großzügige Portion auf seinem Toast.

Einen Biss später ist sein erstes australisches Trauma perfekt. Es ist, als würde er einen Brühwürfel lutschen – und das auch noch zum Frühstück, auf nüchternen Magen.

»DELIKATESSEN«

Keine Frage, gutes Essen findet sich auch in Australien. Dennoch ist es für den Neuankömmling faszinierend bis schockierend, mit der ur-australischen »Küche« konfrontiert zu werden. Ob Australiens *Vegemite* oder das faktisch identische *Marmite* aus Neuseeland besser schmeckt, ist Thematik unzähliger Diskussionen zwischen den Einwohnern beider Nationen. Ebenso streitet man sich leidenschaftlich darüber, welches Land die *Pavlova* erfunden hat – eine nach einer russischen Tänzerin benannte Sahnetorte mit Früchten, über die man sich nach Ansicht Außenstehender wahrlich nicht streiten müsste. Die Schuld für die Erfindung von *Lamingtons* liegt aber alleine bei den Australiern: Dabei handelt es sich um einen Biskuitkuchen mit Schokolade und Kokosnussraspeln, der im Idealfall mit Sahne und Erdbeermarmelade »verfeinert« wird.

Zum Glück ist niemand im Raum, der sehen kann, wie Steffen den Bissen unansehnlich in einer Papierserviette entsorgt und danach mit viel Saft versucht, den salzigen Nachgeschmack aus seinem Mund zu spülen. Der Kellner scheint etwas zu ahnen, als er kurz darauf den Kaffee serviert. Schon wieder guckt er Steffen so komisch an. Und es wird nicht besser, als Steffen fragt, ob es denn auch Brot gäbe.

Doch, klar, weißes und braunes, erklärt der Kellner und deutet auf den Toast am Buffet. Dann trottet er von dannen und lässt Steffen mit seinem Kaffee und seinen Gedanken allein.

Komisch, denkt Steffen. Draußen klatschen die ersten Regentropfen an die Scheibe.

What an arse! Was ist da schiefgelaufen?

Ganz einfach: Steffen hat noch nicht realisiert, dass er jetzt am anderen Ende der Welt ist. Dort, wo die Sonne einen halben Tag früher aufgeht und wo die Leute einen anderen/komischen Geschmack haben.

Kurzum: Australien ist nicht für sein gutes **Essen** berühmt. Sollten Sie bei Ihrer nächsten Weltreise Hunger verspüren, empfiehlt sich der Umweg über Australien nicht aus kulinarischen Gründen. Dafür ist der Einfluss der britischen Küche zu stark, und noch hat sich keine eigenständige australische Küche etabliert. Ein Nationalgericht etwa existiert *down under* nicht – das »gute Essen« ist international, vor allem asiatisch.

Was es dafür aber in rauen Mengen gibt, sind mehr oder weniger zweifelhafte Delikatessen. Dazu zählt auch das von Steffen todesmutig gekostete Vegemite.

Zu dick aufzutragen, ist natürlich ein Anfängerfehler, der einen als unwissenden Ausländer entpuppt. Das allein fände der Australier – hier repräsentiert durch den Kellner – sicher noch komisch, doch bedient Steffen der Reihe nach alle **Klischees** des typisch deutschen Reisenden. Der will Sprudel, den es nicht gibt, »echtes« Brot, das es genauso wenig gibt, und steten Sonnenschein, den es natürlich auch nicht gibt. Damit bedient er genau die Stereotype, die Australier nerven, die mit Touristen zu tun haben (und das sind viele!).

Was können Sie besser machen?

Tja, gekostet haben sollte man Vegemite schon. *Do as the locals do,* heißt es doch so schön. Und der Australier behauptet auch, Vegemite sei gesund – schließlich enthalte das Hefeextrakt ungezählte Vitamine, die die Kinder groß und stark und pausbäckig werden lassen. Wer das Abenteuer wagen möchte, braucht eine Schutzbrille und zwei Gummihandschuhe. Dann kann man die Paste hauchdünn (!) auf seinen Toast auftragen und, äh, genießen. Direkten Hautkontakt gilt es zu vermeiden. Wer das Erlebnis daheim nachstellen möchte, kann mit Maggi gurgeln.

Vegemite steht aber nur stellvertretend für die australische Küche. Sicher, auch hier gibt es unzählige internationale Restaurants, in denen man lecker essen kann – aber die einheimische Kost bleibt meist hinter den Erwartungen zurück. Wundern Sie sich also nicht, wenn man Ihnen mit viel Trara Speisen serviert, die zehnmal besser aussehen, als sie schmecken.

Zu den Klischees: Australier lieben Klischees. Über jedes Land, das bei ihnen zu Besuch ist, gibt es welche. Auch das wird Steffen noch auf die harte Tour lernen (siehe Episode 34). Doch irgendwann ist es auch gut, und wenn er zum 127. Mal im Monat gefragt wird, warum es denn kein Brot gebe, ist auch der charmanteste Kellner genervt. In Deutschland fänden Sie es auch albern, wenn man sie zum 127. Mal fragt, wo denn die Ramen-Nudeln seien. Oder warum Sie denn gar keine Lederhosen tragen.

Dazu noch der Hinweis: Unter Brot *(bread)* versteht der Australier Toast; unter *toast* versteht er getoasteten Toast. Wer als Deutscher aber nicht auf seinen täglichen Fix Backwaren verzichten mag, kann sich an die deutschen Bäckereien halten, die in den Großstädten wie Pilze aus dem Boden schießen (einfach der Nase nach!). Und Sprudel ist in Australien eine Rarität; wer Wasser bestellt, bekommt stilles Mineralwasser.

Wichtig ist nur, locker zu lassen. Wir sind nicht mehr in Deutschland – und Teil des Spaßes ist es auch, seine *comfort zone* zu verlassen, samt Selters und der Wettervorhersage nach der *Tagesschau.*

5 IM HOSTEL

LENA SCHLÄFT MIT FREMDEN MÄNNERN UND KOMMT NICHT AUS DEM BETT

Lena nähert sich immer mehr einem Zustand leichter Verzweiflung. Schon wieder muss sie Schlange stehen – und das nur, um ihr Gepäck wieder aufzugeben. Und das Zeitfenster, um ihren Anschlussflug noch zu erreichen, schmilzt munter vor sich hin.

Doch irgendwie klappt es dann. Chaotisch, auf den letzten Drücker, aber es klappt. Mit einem erleichterten Seufzer lässt sich Lena als einer der letzten Passagiere auf ihrem Sitz nieder, und kurz darauf geht es los. Nur rund drei Stunden trennen sie jetzt noch von ihrem ersten Ziel: Cairns, dem tropischen Backpackerparadies. Der Reiseführer verspricht eine *»laid-back atmosphere«* und garantiert jede Menge Entertainment. Und natürlich den Sommer, den es in Sydney gerade nicht gibt.

Einen Teil der Strecke fliegt Lena nun wieder zurück nach Norden, entlang der australischen Ostküste, doch dieses Mal fühlt es sich gleich viel besser an. Zwar kann sich Lenas Gehirn immer noch nicht festlegen, ob es nun Schlaf oder Kalorien fordern möchte, aber die Stimmung ist wesentlich entspannter. An Bord befinden sich viele Urlauber, draußen scheint die pralle Sonne und das Meer sieht von oben unwiderstehlich einladend aus.

Wären nicht die Rückenschmerzen, würde der Flug wie im Flug vergehen. Doch so ziehen sich die drei Stunden. Zum Glück wartet am Ende der langen Reise die Belohnung, denkt sich Lena und döst den Flug über vor sich hin.

Nach der zweiten Landung an diesem Tag hat Lena das Gefühl, endlich in Australien angekommen zu sein. In Cairns gibt es keine Spur mehr vom uninspirierten Nieselregen – stattdessen läuft Lena in eine Wand aus heißer, feuchter Luft. Es duftet exotisch, und so weit das Auge reicht, sieht sie mit dichtem, saftigem Grün bewachsene Hügel. *Das* ist Australien, denkt Lena – und gerät augenblicklich ins Schwitzen.

Auch danach läuft es viel geschmeidiger als bei der Einreise. Auf ihr Gepäck muss sie kaum warten, und auch ein Shuttle zur nahegelegenen Stadt ist schnell organisiert. Lena hat sich zwar bewusst vorgenommen, auf ihrer Reise möglichst wenig penibel im Voraus zu planen (sie ist schließlich nicht mit ihren Eltern unterwegs …), aber für ihre ersten Tage hat sie bereits ein Hostel ausgewählt, das vom Reiseführer empfohlen wurde.

Zum Glück ist der Minivan, der Lena zum Hostel ihrer Wahl chauffiert, klimatisiert. Draußen ist es so warm und feucht, dass Lena das Gefühl hat, gar keine Luft zu bekommen. Hoffentlich ist mein Zimmer ebenfalls klimatisiert, denkt Lena, als sie sich an der Rezeption einschreibt. Aber … für diesen Preis?

DISCOUNT, PLEASE

Viele der australischen Hostels sind Teil der Youth Hostelling Association (YHA) Australiens. Sparfüchse können eine Mitgliedskarte dieses Verbandes kaufen und bekommen dann in allen zugehörigen Hostels einen Rabatt; meist rentiert sich diese Investition bereits nach wenigen Nächten. Darüber hinaus gibt es immer mehr Möglichkeiten, diese Karte als Rabattkarte in ganz Australien zu nutzen – wie für günstigere Mietautos oder reduzierte Bustickets. Unter Umständen lohnt sich die Mitgliedschaft sogar für Reisende, die überhaupt nicht vorhaben, im Hostel zu nächtigen!

Auf dem Zimmer angekommen stellt sie erleichtert fest, dass es in der Tat eine Klimaanlage gibt, auch wenn sie gerade nicht läuft. Entsprechend riecht es muffig und nach verschwitzten Klamotten. Kein Wunder, denn zwei der vier Betten scheinen belegt zu sein, und ihre gerade abwesenden Mitbewohner haben ihr Zeug großflächig im Zimmer verteilt. Lena bemerkt darunter auch modisch fragwürdige, weil grelle Shorts und riesige Turnschuhe. Männerklamotten, wundert sich Lena noch, bevor sie ihre Sachen ablegt und sich frisch macht.

Die Verlockung, im Bett einmal Probe zu liegen, ist gewaltig. Doch Lena entscheidet sich stattdessen, sich ein wenig die Beine zu vertreten. Während sie an Cairns' Promenade entlangschlendert, entscheidet sich Lenas Gehirn endgültig, es sei nun Zeit, etwas zu essen. Und als sie kurz darauf mit einem ungesunden Burger und fettigen Fritten auf einer Bank sitzt und die Aussicht aufs Meer genießt, unter der prallen Sonne mit ein paar ausgesprochen fluffigen Wolken, ist zum ersten Mal alles gut. Einfach gut.

Für ein paar Stunden gelingt es Lena nach dem Burger noch, die Augen offen zu halten. Danach fordert der Jetlag aber seinen Tribut und Lena beschließt, einen langen (oder doch kurzen?) Tag zu beenden. Wieder im Hostel angekommen, stößt sie auf zwei Gestalten, die sich in ihrem Zimmer herumtreiben.

»*Hi! Where are you from?*«, wird sie gleich von einem der beiden überfallen. Lena ist noch ein wenig irritiert, was zwei Jungs auf ihrem Zimmer verloren haben, realisiert aber dann, dass es ihre Mitbewohner sind. Artig antwortet Lena, sie sei aus Deutschland. Doch ihr ist so gar nicht nach Konversation zumute, schon gar nicht mit so heruntergekommenen Typen: Der eine, der sie in wenigen Momenten zulabern wird, trägt ein Prachtexemplar aus seiner Kollektion geschmackloser Achselshirts; sein Kumpel punktet mit einem knalligen T-Shirt, das Lena humorvoll zugleich über seine sexuellen und alkoholischen Vorlieben informiert. Beide tragen alberne Bärte, die ihnen absolut nicht stehen.

»*We are from England*«, erklärt der Größere der beiden und versorgt Lena mit einem Strom aus mäßig interessanten Informationen über die zwei und ihre Abenteuer in Cairns – und natürlich über die spannenden Dinge, die sie für heute Nacht geplant haben. Schließlich sei es Cairns, nicht wahr, wie er augenzwinkernd und mit einem britisch unterzahnten Lächeln hinzufügt. Lenas Taktik, möglichst einsilbig zu antworten, fruchtet nur bedingt, weshalb sie beschließt, nicht mehr gut Englisch zu sprechen: *»I speak English not so good. Sorry!«* Doch erst als sie sich demonstrativ dem Auspacken widmet, lassen die beiden Engländer von ihr ab und konzentrieren sich wieder auf ihren Abend, der, wenn Lena es richtig versteht, absolut *»wicked«* und *»epic«* werden wird.

Mindestens drei Kreuze schlägt Lena, als die beiden sich verabschieden und endlich Ruhe einkehrt. Worauf habe ich mich da eingelassen, fragt sich Lena noch, als sie sich auf die durchgelegene Matratze schmeißt. Kurz darauf fallen ihr endgültig die Augen zu. Ihr Schlaf ist tief, fest und traumlos.

***Oh, cock!* Was ist da schiefgelaufen?**

Lena hat die Erfahrung gemacht, die auf die meisten Backpacker wartet, die nicht im Voraus planen – wie bereits erläutert, gibt es für jede Region Australiens dankbare und weniger dankbare Reisezeiten (siehe Episode 1). Lena befindet sich in Cairns zu Beginn der eher unvorteilhaften Saison. Zwar ist es noch auszuhalten, aber die hohen Temperaturen und die schwüle Luft sind immer eine Herausforderung, insbesondere dann, wenn man in ein solches Wetter hineinreist, ohne ansatzweise akklimatisiert zu sein.

Ein bisschen schlauer war Lena, als sie bereits im Voraus ein passendes **Hostel** ausgewählt hat. Allerdings war sie nicht so klug, auch das passende Zimmer vorher zu reservieren – in Spitzenzeiten sind die besten Etablissements nämlich gerne ausgebucht. Für Alleinreisende findet sich oft noch eine Lücke, aber wer zu zweit oder gar in der Gruppe reist, verbringt dann unnötig viel Zeit auf der Suche nach einer freien Unterkunft.

Lena wusste also, wo sie hinwollte, aber mit einem hat sie nicht gerechnet – dass man ihr ein paar Typen aufs Zimmer packt, die sie mit der Kneifzange nicht anfassen würde. Doch genau das ist in Australien gang und gäbe; *mixed dorms* stehen in vielen Hostels zur Verfügung und wer – einmal mehr – nicht im Voraus bucht, muss/kann dann auch mit dem anderen Geschlecht im Raum untergebracht werden.

Was können Sie besser machen?

In diesem Fall ist die Antwort leicht: Für die ersten paar Tage gilt es, einen oder gleich zwei Gänge zurückzuschalten – und sich möglichst viele Dinge zu ersparen, die stressig werden können. Nahezu alle Australienreisenden haben einen der längsten Flüge ihres Lebens hinter sich und stehen, je nach Destination, vor einem mittelschweren Klimaschock. Vom Jetlag (siehe Episode 7) noch ganz zu schweigen. Die Empfehlung daher auch an alle spontanen Backpacker: für die ersten Nächte unbedingt ein passendes Hostel auswählen und ein Zimmer reservieren.

Aber welches? In Australien bieten die Hostels Unmengen an verschiedenen Zimmern an. *Single rooms* für Alleinreisende sind eher rar, aber für Duos ist meist gesorgt. Wichtig dabei: Ein *twin* ist mit zwei separaten Betten ausgestattet, das *double* ist nur für die Paare, die auch kuscheln möchten. Gelegentlich gibt es auch noch *triples*, bei denen allerdings nicht immer klar ist, ob es auch drei separate Betten gibt.

Eine eigene Matratze für jeden, meist gut eingelegen, gibt es in den *dorm rooms*. Das Minimum hier sind vier Betten pro Zimmer, nach oben sind der Fantasie keine Grenzen gesetzt. Je mehr Etagenbetten im Raum sind, desto billiger wird die Nacht. Wer also vollkommen schmerzfrei ist, kann sich mit bis zu einem guten Dutzend anderer Leute eine Unterkunft teilen und dafür ein paar Dollar sparen.

Wie bereits angedeutet, ist es dabei durchaus üblich, Männlein und Weiblein im gleichen Zimmer einzuquartieren. Wer da empfindlich ist, muss darauf achten, dass er oder sie im Voraus explizit auf ein *female* bzw. *male dorm* besteht. Wer einfach ins Hostel hineinmarschiert, wird natürlich ins nächstbeste freie Bett verfrachtet, und das befindet sich wahrscheinlich in einem *mixed dorm.*

Wichtig ist noch, darauf zu achten, ob eine Klimaanlage vorhanden ist – und ob sie auch funktionstüchtig ist. In den nördlichen Breiten ist das fast immer der Fall, doch es lohnt sich, nachzufragen. Selbst wenn eine Klimaanlage vorhanden ist, müssen Sie darauf achten, dass sie auch angeschaltet bleibt – es gibt immer wieder ein paar Weltretter, die die Anlage nachts ausschalten, um Strom zu sparen. Doch wenn sich ein Dutzend Leute bei dreißig Grad einen kleinen Raum zum Schlafen teilt, wird daraus bald ein olfaktorisches Erlebnis, das seinesgleichen sucht. Lüften ist auch nicht immer so einfach – wer in einfachen Hostels nächtigt, dem kann es passieren, dass er ein Zimmer ohne Fenster bekommt …

Klimaanlagen laufen ins Australien viel und oft, aber eher selten werden sie so stark eingestellt, dass man sich eine Jacke anziehen muss – wie das in vielen anderen tropischen Ländern der Fall ist. Das reduziert das Risiko, sich auch noch eine Erkältung einzufangen, zumindest deutlich.

Folglich: Es lohnt sich, zumindest für die ersten Tage eine Vorauswahl für die Unterkunft zu treffen, auf Basis von Reiseführern (gut), dem Internet (besser) oder persönlichen Empfehlungen (am besten). Auch der erste Eindruck entscheidet, ob man sich in einem Land wohlfühlen und seine Reise genießen wird. Das ist wesentlich schwerer, wenn man nach langer Suche mit Gepäck bei dreißig Grad durch die Stadt schlurft und dann nur noch ein fensterloses Zimmer findet, das man mit mehr Leuten teilen muss, als man Finger hat.

6 IM ZUG

STEFFEN STEIGT IN DIE BAHN UND SUCHT DIE PASSENDEN WORTE

»Ja, da kann ich Ihnen die Blue Mountains empfehlen …, wenn Sie da noch nicht gewesen sind?«

Steffen schüttelt den Kopf. Er hat noch keine richtige Tour unternommen.

»Die sind auch nicht weit von hier!«, sagt die Dame an der Rezeption und erklärt ihm mit Karte und Stift, wie er die Blue Mountains am besten erreichen kann. Kurz darauf macht sich Steffen auf den Weg zum Bahnhof, wo er den Zug besteigt, der ihn in zwei Stunden nach Katoomba bringen soll. Es ist ein herrlicher Tag für einen Ausflug. Ganz Sydney muss arbeiten, nur Steffen scheint Zeit zu haben, in die Berge zu fahren, um dort in der Sonne umherzuspazieren. Und: Vom Dauerregen ist auch keine Spur mehr.

MITTEN INS BLAUE

Die nächstliegende Empfehlung für einen schönen Tagestrip aus Sydney heraus ist auch die am nächsten liegende: Nur gute zwei Zugstunden von den Toren der Metropole entfernt befinden sich die Blue Mountains, eine große Hügelkette, die dem ziemlich ähnlich sehen dürfte, was die meisten Menschen sich spontan unter Australien vorstellen.

Für viele Reisende ist es die erste Begegnung mit der australischen Wildnis und das erste Mal, dass sie vor einem Panorama stehen und zufrieden »Ah!« sagen können. Der Name Blue Mountains ist übrigens auf die Eukalyptusbäume zurückzuführen, deren Ausdünstungen die Luft blau zu färben scheinen.

Zwar sind die großen Orte in den Blue Mountains – allen voran Katoomba – touristisch voll erschlossen, aber dennoch gehen nur wenige Meilen davon entfernt in den scheinbar endlosen Wäldern regelmäßig Wanderer verloren, manchmal auch für immer. Der Ausflug lohnt sich in jedem Fall – aber seien Sie vorbereitet: In den Bergen kann der Nebel sehr hartnäckig sein.

Nach einer guten halben Stunde Fahrt ist Steffen tief in Gedanken versunken. Er starrt aus dem Fenster auf die vorbeiziehenden Häuser und realisiert, dass Sydney wirklich riesig sein muss.

»Hallo – ist hier noch frei?«, wird er aus seinen Tagträumen gerissen.

»Äh, ja, natürlich«, antwortet Steffen. Etwas ungelenk kommt sein Englisch noch daher, aber schließlich ist er neu im Land.

»Du bist nicht von hier, oder?«, fragt ihn die Frau, als sie sich ihm gegenüber hinsetzt. Irritiert stellt Steffen fest, dass es sich nicht nur um eine äußerst hübsche Frau handelt, sondern dass *sie* mit *ihm* plaudern möchte – und nicht umgekehrt.

»Nein. Ich komme aus Deutschland – aber woher wusstest du …«

»Der Akzent verrät dich!«, sagt sie und lacht. »Aber mach dir nichts draus. *No worries!*«

Und schon ist Steffen verloren in der Wunderwelt des australischen Small Talks. Für die nächste Stunde fragt ihn seine Mitreisende über seine Pläne aus und gibt ihm im Gegenzug ein paar Tipps. Katoomba, ja, das sei nett, aber so touristisch … da gebe es wirklich noch ein paar einsamere Fleckchen. Und überhaupt gebe es in Sydney so viel zu sehen und zu tun … Steffen erzählt noch ein bisschen über seine Arbeit, sie plaudert von ihrem Literaturstudium.

»Huch, ich muss gleich aussteigen!«, stellt sie dann überrascht fest. »Da haben wir uns wohl festgequatscht.« Hastig verabschiedet sie sich und lässt Steffen wieder allein – und der wundert sich über das, was gerade passiert ist. Ob alle Australier so drauf sind?

In Katoomba angekommen ist es kurz nach Mittag – aber dem Jetlag sei Dank ist Steffen bereits wieder äußerst hungrig. Sein Appetit treibt ihn in einen unscheinbaren Imbissladen, wo ihn die Bedienung mit einem begeisterten »*Hello!*« empfängt.

Steffen entscheidet sich für ein belegtes Brötchen, zum Mitnehmen. Kaum ist die Bestellung aufgegeben, fragt ihn die Bedienung, wie denn sein Tag so verlaufen sei.

»Hm?«

»Na, haben Sie einen guten Tag?«

Für einen Moment muss Steffen nachdenken. Dann wird ihm klar: Ja. Gut. Sehr gut sogar. Er kann gar nicht klagen. Auch hier wird er nun nach seinen Plänen für den Tag gefragt und bekommt ein paar Tipps mit auf den Weg – und zum Schluss sein belegtes Brötchen. Zwar bleibt das hinter den Erwartungen zurück, aber spätestens bei der Aussicht auf die Blue Mountains ist das vergessen. Steffens erster Eindruck von Australien ist: ziemlich gut.

That's a beaut! Was ist da richtig gelaufen?

In diesem Fall: fast alles. Denn Steffen hat die beste Seite der Australier kennengelernt: ihre freundliche, aufgeschlossene und unkomplizierte Art.

Das Fettnäpfchen lauert an dieser Stelle eher dort, wo diese **Freundlichkeit** missinterpretiert wird. Überraschend oft hört man Nonsens à la »Ich habe mal gehört, australische Frauen fänden deutsche Männer toll«, auch mit vertauschten Geschlechterrollen. Da ist natürlich der Wunsch Vater des Gedankens (man schätzt Mitteleuropa für vieles, aber ein sexy Image hat keine der Nationen nirgendwo, erst recht nicht in Australien), doch ist dieses Missverständnis verzeihlich. Denn wie Steffen wird es den meisten Reisenden irgendwann passieren, dass sie in eine Konversation verwickelt werden, die freundlich ist und unaufdringlich – und das kennt man aus heimischen Gefilden eher dann, wenn der andere Hintergedanken hat. Doch in Australien ist es Bestandteil der Kultur. Plaudern, auch mit Wildfremden, gehört einfach dazu.

Was können Sie noch besser machen?

Fleißig mitmischen! Anfangs ist es ein wenig schwer, sich daran zu gewöhnen, dass die meisten Aussies einem Schwätzchen nicht abgeneigt sind, sei es – wie hier – im Zug oder auf dem Campingplatz oder in der Bank oder beim Metzger.

Zwar bleibt die Unterhaltung oft oberflächlich, aber wer sich an Land und Leuten interessiert zeigt, gewinnt hier die besten Einsichten. Von der Sprachbarriere sollte man sich keinesfalls abhalten lassen, auch wenn viele Australier schnell genervt sind, wenn es denn mit dem Englischen nicht so hinhaut (siehe Episode 15).

Doch bleibt es nicht nur bei der Unterhaltung. Schnell wird man feststellen, dass die meisten Australier auch hilfsbereit sind. Keine Hemmungen also, wenn man sich verlaufen hat – oder gar Schlimmeres passiert. Auch wenn es unangenehm ist: In kaum einem anderen Land der Welt muss man sich so wenig Sorgen machen, wenn man an einem einsamen Highway liegen bleibt. Dass man anderen hilft, ist in so einer Situation für Australier selbstverständlich. Die Hilfsbereitschaft und Offenheit, die manche dabei an den Tag legen, ist wirklich erstaunlich. Jeder Australienreisende kennt so eine Geschichte, in der etwa ein paar Leute nachts keine Unterkunft mehr finden – und dann von einem Australier in seinem Haus aufgenommen werden, einfach so, ohne Gegenleistung.

Es gilt also: Übung macht den Meister. Und auch Small Talk will gelernt sein. Wer aber an dieser Stelle über seinen Schatten springt, wird nicht nur sein Englisch verbessern, sondern auch die besten Tipps für seine Reise mit auf den Weg bekommen. Und zu guter Letzt gilt es, die Gastfreundschaft auch zu genießen!

7 ZUR FALSCHEN ZEIT

LENA STEHT AUF UND ENTWICKELT EINEN PLAN

Drei Tage und drei Nächte sind vergangen, seitdem Lena in Cairns aus dem Flugzeug gestiegen ist. Damals dachte sie, sie sei endlich angekommen. Mittlerweile hat sie eher das Gefühl, dass das doch noch nicht der Fall ist.

Die erste Nacht war noch ziemlich erholsam – zumindest die erste Hälfte. Ihre Mitbewohner waren es, die sie zu einer (australischen) Unzeit unsanft geweckt haben, als sie sturzbetrunken im Zimmer umherstolperten. Dummerweise aber lief Lenas innere Uhr immer noch auf deutscher Zeit, sodass es ihr nicht mehr gelang, wieder einzuschlafen. Stattdessen lag sie wach, lauschte dem Schnarchen ihrer Zimmergenossen und inhalierte die schweiß- und alkoholgeschwängerte Luft. Ein Traum!

Nach drei solchen Nächten beschließt Lena, dass sich etwas ändern muss. Doch so einfach ist das gar nicht: Irgendwie fühlt es sich viel natürlicher an, morgens lange auszuschlafen und erst mitten in der Nacht ins Bett zu gehen, wenn – zumindest gefühlt – die Hitze des Tages ein wenig abgeflaut ist. Außerdem ist Cairns nachts viel spannender als tagsüber …

Viel zu sehen, findet Lena, gibt es nämlich nicht. Im Norden der Stadt soll es ein paar bilderbuchschöne Strände geben – aber es ist

Quallensaison, sagte man ihr, also dürfe man ohnehin nicht ins Wasser. Und selbst wenn man schwimmen gehen würde, weiß man nie, ob sich nicht vielleicht auch Krokodile in der Nähe aufhalten. Der Ausflug ins Hinterland war toll, aber auch sehr auf Massentourismus ausgelegt. Perfekt organisiert, sehenswert, aber eben nicht sonderlich individuell.

Während Lena also an ihrem vierten Tag gegen halb elf morgens immer noch im Bett liegt und darüber sinniert, wie sie diesen Tag am besten angehen soll, platzt die Tür ihres Hostelzimmers auf und herein tritt eine junge Frau, die ungefähr Lenas Alter haben müsste. Innerlich ist Lena dankbar, dass sie jetzt nicht mehr als einzige Frau im Zimmer dem Team aus England gegenübertreten muss.

»Hello, how are you?«, stellt sich die Fremde vor. *»I'm Jenny.«* Ihr Akzent verrät, dass sie aus Deutschland stammen muss.

»Wir können auch deutsch reden. Ich bin Lena«, kommt die Antwort mit noch leicht beschlagener Stimme.

»Überall Deutsche hier – ist ja schlimmer als auf Ibiza«, stellt Jenny augenzwinkernd fest.

Die beiden tauschen die wichtigsten Infos aus, auch bekannt als »Wie lange bist du schon hier?«, »Wo möchtest du als nächstes hin?« und »Was gibt es hier zu sehen?«.

Es stellt sich heraus, dass Jenny schon ein paar Wochen in Australien ist und sich daher bereits bestens akklimatisiert hat. Lena hängt hingegen immer noch in den Seilen. Als sie auf ihren Jetlag zu sprechen kommt, schlägt Jenny eine intensive Koffeintherapie vor.

»Wie wär's – ich packe hier mal meine Sachen aus, und dann ziehen wir in einer halben Stunde oder so los. Du brauchst vor allem Kaffee, damit du in die Gänge kommst.«

Lena muss nicht lange überlegen. Obwohl sie erst ein paar Tage hier ist, macht es Spaß, mal wieder ein paar Worte in einer vertrauten Sprache zu wechseln. Sie schält sich aus ihren Laken und verschwindet ins Bad. Eine halbe Stunde später schreitet eine Lena aus besagtem Bad, die sich zwar nicht wach fühlt, aber zumindest einen aufgeweckten Eindruck macht.

Die beiden ziehen los, scheinbar planlos, doch es dauert nicht lange, bis sie den ersten Coffeeshop ausmachen. Lena ist – zumindest daheim – kein großer Kaffeetrinker, begnügt sich mit der gelegentlichen Tasse Filterkaffee, Milch und Zucker, danke schön. Eigentlich bevorzugt sie Tee, aber das Argument mit dem Koffein klingt nun mal überzeugend.

RECHTS SO!

Früher oder später läuft man an einer Mall vorbei. Und in besagter Mall befindet sich mit ziemlicher Sicherheit auch ein Coffeeshop. In Cairns mag es vielleicht nicht so hektisch zugehen wie in den größeren Städten, aber dennoch gilt drinnen wie draußen, auf den Rolltreppen wie auf dem Gehweg: Links stehen, rechts gehen (bzw. überholen).

Jenny bestellt etwas *»to go«*, und wenn Lena es nicht falsch verstanden hat, war es ein *»flat white«*, was auch immer das sein mag. Die Bedienung scheint zu wissen, worum es geht, denn direkt darauf fragt sie Lena: *»Hello – how are you today – what is your name?«*

»Uhm …« Will der mich anmachen?!

»Hello, uhm. What would you like?«

»One coffee, please, to go«, sagt Lena in dem naiven Glauben, diese Information würde der Bedienung genügen. Doch sie bekommt nur einen fragenden Blick zurück. Zum Glück ist Jenny da, um Lena in wenigen Sätzen zu erklären, wie Kaffee *down under* geordert wird. Etwas überrumpelt entscheidet sich Lena für einen identischen *flat white*, der ihr dann auch nach ein paar Minuten in einem großen Plastikbecher serviert wird, auf dem in der Tat *»uhm«* steht. Lena muss feststellen, dass sie sich noch nicht an den australischen Humor gewöhnt hat.

Mit dem ersten Kaffee des Tages in der Hand schlendern die beiden an der Promenade entlang. Gerade ist Ebbe, und vor ihnen liegt nur ein großes Feld aus Schlamm, in dem sich angeblich Krokodile verstecken. Lena hat sich zwar in den vergangenen Tagen gut amüsiert, aber so ganz ist Australien noch nicht das, was sie sich vorgestellt hat.

»Na ja, was hast du dir denn vorgestellt?«, fragt Jenny. Lena ist sich selbst nicht ganz sicher. Aber als Jenny erzählt, wie sie in den letzten Wochen durch den einsamen Nordwesten Australiens gereist ist, klingt das durchaus nach etwas, was ihr auch Spaß machen könnte. Sonne, einsame Straßen und jede Menge Leben im Busch. Vielleicht ist es einfach an der Zeit, langsam aus Cairns loszuziehen und die Küste zu erkunden?

Der erste Kaffee ist kaum ausgetrunken, schon wird Nachschub organisiert. Dieses Mal ist es ein anderer Laden, aber das Prinzip bleibt gleich – und Lena weiß nun, wie man ans geliebte Koffein kommt, ohne komische Blicke zu kassieren.

Quatschend verbringen die beiden den frühen Nachmittag und beschließen, in wenigen Tagen Cairns zu verlassen – erst mal in Richtung Süden. Dorthin, wo es etwas kühler ist, aber nicht so wirklich kühl. Vielleicht auf Jobsuche gehen, um ein bisschen Geld in die Urlaubskasse zu bekommen.

Doch die restlichen Nächte gilt es noch auszukosten, und Jenny bestätigt, dass das Nachtleben von Cairns locker mit dem großer Städte mithalten kann. Genau wie Lena findet sie es herrlich international und irgendwie feiert es sich gleich viel entspannter, wenn man weit weg ist von daheim.

Geez! Was ist da schiefgelaufen?

Ja, Cairns ist ein feiner Ort, aber viel zu bieten hat die Stadt in der Tat nicht. Mehr als alles andere ist Cairns ein Sprungbrett für Ausflüge in der ganzen Region. Und doch ist die Stadt wie ein Magnet für Backpacker, die – im weitesten Sinne – Spaß suchen. Das heißt aber auch, dass man eine Vielzahl von Typen um sich hat, die nur Party machen möchten, die supercool herumschleichen und Dinge sagen wie »*shit was cash*«, das englische Äquivalent zu »geilomat«.

Was Cairns für Lena aber gefährlich macht, ist das verlockende Nachtleben. Denn Lena leidet noch mächtig unter ihrem **Jetlag**. Und nächtliches Feiern ist tödlich, wenn es darum geht, in den australischen Rhythmus zu kommen – immerhin ist Australien Europa bis zu zehn Stunden voraus.

Auch die eingeschlagene Koffeintherapie ist da eher von zweifelhaftem Nutzen. Das eigentliche Fettnäpfchen lauert aber darin, dass Lena den Betrieb aufhält, nur weil sie nicht weiß, wie **Kaffeetrinken** *down under* funktioniert. Australien ist eine der koffeinabhängigen Nationen dieser Welt, hat aber eigene Spielregeln fürs Heißgetränk.

Vielleicht kennen Sie den Schlag Leute: Morgens, auf dem Weg zur Arbeit, beim Umsteigen von einer Bahn in die andere, möchte man noch schnell zum Bäcker. Vor einem eine lange Schlange, die zügig abgearbeitet wird. Doch obwohl man mehrere Minuten warten muss, hat man vor sich einen Typen, der erst dann, wenn er dran ist, anfängt zu überlegen, was er eigentlich will. Und bestenfalls noch ein paar dämliche Fragen zu Preisen und Inhaltsstoffen stellt. Das ist Lena in diesem Beispiel. Seien Sie nicht Lena.

Was können Sie besser machen?

Jetlags, das ist eine Wissenschaft für sich. Es kursieren Tausende Tipps und Rezepte, wie man die Effekte angeblich mildern kann, doch die Ratschläge sind oft verwirrend und teils widersprüchlich. Und dazu kommt: Jeder reagiert sehr individuell auf den großen Zeitunterschied. Es gibt Menschen, die gar nicht wissen, was ein Jetlag ist – und andere, die nach zwei Wochen immer noch auf dem Zahnfleisch kriechen.

Weitestgehender Konsens scheint allerdings darüber zu bestehen, dass man sich möglichst schnell (und möglichst ohne Medikamente) an den »echten« Rhythmus des Ziellandes anpassen soll. Sprich, möglichst bald zu den richtigen Zeiten zu essen und zu den richtigen Zeiten zu schlafen. Das ist natürlich einfacher gesagt als getan – etwa dann, wenn einen schon mittags die Müdigkeit erschlägt.

Glücklicherweise gibt es aber ein völlig legales Hilfsmittel, dessen Wirksamkeit belegt ist, und davon gibt es in Australien reichlich. Sonne – oder, allgemeiner: Licht – hilft dem Körper, seinen Hormonhaushalt schneller umzustellen. Das Beste ist es also, sich möglichst viel draußen aufzuhalten (nicht unbedingt in der prallen Sonne, aber draußen). Das Fatalste ist es, wie Lena die Hälfte des Tages zu verschlafen und dafür die Nacht zum Tag zu machen.

Natürlich hilft es auch, wenn man gleich vernünftig schlafen kann. Für alle, die in Hostels nächtigen, sind Ohrstöpsel daher ein Muss. Anfangs ist es ungewohnt, gar störend, mit ihnen zu schlafen; daher empfiehlt es sich, die ersten Nächte, in denen man wahrscheinlich todmüde ist, zur Eingewöhnung zu nutzen. Ohropax helfen, enorm viele der störenden Geräusche zu filtern, die die lieben Mitbewohner so produzieren. Und wer wie Lena nicht schlau im Voraus bucht, maximiert seine Chancen, das *dorm* mit einem Schnarcher zu teilen.

Zweifelhaft ist dagegen Jennys Ansatz, Lena mit Koffein auf Touren zu bringen. Sicherlich ist das verlockend – ein leckerer Fix, und danach ist man wach –, doch der Körper gewöhnt sich sehr schnell ans Koffein und kommt ohne es dann gar nicht mehr zum Laufen. Daher empfiehlt sich der Kaffee nur als Genuss- und nicht als Aufputschmittel.

Bei der Bestellung erlebt Lena dann zum ersten Mal einen Anflug von australischem Humor (auf den wir in Episode 11 ausführlicher zu sprechen kommen werden), doch das eigentliche Problem liegt darin, dass *down under* andere Bezeichnungen für den Kaffee üblich sind. Natürlich gibt es Dutzende von Bezeichnungen für die exklusivsten Kaffeekreationen, wichtig sind aber der *flat white* (Espresso mit heißer Milch, also nahe am Milchkaffee) und der *long black* (Espresso mit heißem Wasser, also nahe am schwarzen Kaffee). Wer Milchschaum auf seinem *flat white* möchte, bestellt bitte den *latte;* wer nur Milchschaum zum Espresso will, einen *macchiato.* Üblich ist aber in jedem Fall, dass der Kaffee mit teuer aussehenden Hightech-Maschinen frisch zubereitet wird. Die Kanne mit warm gehaltenem Filterkaffee wird man ebenso vergeblich suchen wie Kaffee aus der Kapsel.

8 IM (GUTEN) RESTAURANT

STEFFEN MÖCHTE EIN STEAK ESSEN UND DENKT AN MÜNCHEN

»Und? Wie steht es mit deinem Hunger?«

Mels Frage reißt Steffen aus seinen Gedanken. Gefühlt sitzt er noch keine zehn Minuten auf seinem neuen Stuhl an seinem neuen Schreibtisch und versucht, seinen neuen Rechner zu organisieren. Doch ein Blick auf die Uhr verrät: Es ist in der Tat schon fast halb eins. Und die Einladung seiner Assistentin kommt ihm durchaus gelegen.

»Mittagspause, da bin ich dabei! Wann soll es denn losgehen?«, fragt er.

»Du hast noch fünf Minuten, dann marschieren wir los!«

Diese fünf Minuten nutzt Steffen noch, um eine Mail in die Heimat zu schicken – seine Kollegen werden sich sicher freuen, dass er ab sofort wieder ganz normal zu erreichen ist. Kaum hat er die Mail verfasst, steht Mel auch schon in der Tür, mit einer Handvoll Kollegen im Schlepptau, deren Namen Steffen zu seiner Schande bereits wieder vergessen hat. Es ist eben sein erster Tag. Erinnern kann er sich nur an seinen Chef, der die Niederlassung in Sydney im Alleingang aufgebaut hat und von den Kollegen deshalb liebevoll Bob, *the builder* genannt wird.

»Auf geht's!«, sagt Mel. »Zur Feier des Tages gehen wir in ein richtiges Restaurant – einverstanden?«

Natürlich ist Steffen einverstanden, und die Truppe trottet los. Auf den vollen Straßen der Innenstadt Sydneys navigieren sie durch Menschenmassen in Richtung Hafen, als Steffen bei Mel nachfragt: »Geht ihr normalerweise nicht in Restaurants essen?«

»Normalerweise gehen wir in einen *foodcourt* in der Nähe«, erklärt Mel und deutet auf ein unscheinbares Hochhaus. »Da hinten beispielsweise ist ein brauchbarer, den wirst du sicher noch kennenlernen.«

KANTINENALTERNATIVEN

In großen Malls oder Bürogebäuden finden sich sehr zuverlässig *foodcourts* – die Alternativen zur guten deutschen Kantine. Das Prinzip ist einfach: Fast Food verschiedenster Art, von klassischen Burgern bis hin zu exotischen Currys, wird an einem zentralen Marktplatz angeboten. Stühle und Tische stehen für alle Stände gleichermaßen bereit, sodass man mit Kollegen essen gehen kann, ohne sich auf Italienisch/Chinesisch/Döner etc. einigen zu müssen – jeder organisiert, was ihm beliebt.

Zwar bieten die meisten *foodcourts* relativ wenig Ambiente, dafür aber eine große Auswahl an Speisen zu verhältnismäßig günstigen Preisen.

Steffen ist immer noch fasziniert von Sydney. Obwohl es proppenvoll ist und heiß, scheinen die meisten Leute entspannt. Mel spielt derweil die Fremdenführerin und verrät, wo es in Sydney versteckte Sehenswürdigkeiten gibt. Bald schon erreichen sie allesamt ein schickes Restaurant nahe der Bucht, und Bob – Kavalier alter Schule – hält die Tür für Mel und den Rest der Truppe auf. Und sie haben Glück: Steffen entdeckt sofort einen freien Platz an der Fensterfront. Zielstrebig marschiert er auf den großen Tisch zu – er scheint nicht reserviert zu sein – und stellt begeistert fest, dass man mit ein wenig Nackenverrenken sogar einen Blick aufs Wasser erhaschen kann. Doch die Kollegen stehen noch verloren am Eingang – erst als Steffen sie frenetisch herbeiwinkt, folgen sie ihm zögernd.

»Möchtet ihr lieber woanders sitzen?« Steffen ist leicht verunsichert – das ist doch offensichtlich der beste Tisch? Oder zieht die Klimaanlage hier zu sehr? Die Kollegen aber versichern, er habe recht, und sobald alle ihren Platz eingenommen haben, taucht aus dem Nichts ein zackiger Kellner auf und reicht Speisekarten herum. Es ist eine vielversprechende Auswahl, die alsbald bestellt wird.

»Und woher aus Deutschland kommst du?«, eröffnet einer der Kollegen das Gespräch. Steffen erzählt, dass er eigentlich aus Köln stamme, aber aus beruflichen Gründen schon in vielen deutschen Städten gewohnt habe. Bei vielen der Städtenamen, die er aufzählt, nicken die Kollegen; als er München erwähnt, erzählt Bob, wie er die Stadt vor ewigen Zeiten einmal besucht hat: »Eine schöne Stadt. Und so gutes Bier!«, schwärmt er. Steffen fürchtet schon, Bob würde auf Lederhosen und Oktoberfest zu sprechen kommen, doch glücklicherweise passiert das nicht. Stattdessen fragen die Kollegen ihn über das Leben in Deutschland aus – und stellen ihm die wichtigste Frage von allen: wie es ihm denn in Australien so gefalle. Und freuen sich, als er sagt, sein erster Eindruck sei »großartig«.

Wieder taucht der zackige Kellner wie aus dem Nichts auf; dieses Mal bringt er mit einer Kollegin im Schlepptau das Essen heran. Kaum ist jeder der Kollegen versorgt, futtern sie vergnügt los. Steffen zögert noch kurz, wirft ein leises *»Enjoy your meal«* in die Runde und macht sich dann an sein Steak.

»Schmeckt's?«, erkundigt sich Mel nach den ersten Bissen, ganz die sorgenvolle Assistentin.

»Das Steak ist wunderbar … aber die Beilagen sind ein bisschen … schwach«, antwortet Steffen. In der Tat: Den Kartoffeln fehlt das Salz, das Gemüse ist noch weit von al dente entfernt.

»It's the way we like it«, lautet Mels knappe Antwort auf Steffens kulinarische Kritik. »So mögen wir es halt.« Doch Steffen ist ein

wenig enttäuscht. Erhofft hatte er Sprudel, bekommen hat er fades stilles Wasser – mit Eis, was kein Mensch braucht. Das Essen ist zwar in Ordnung, aber für den Preis hätte er mehr erwartet. Als er umrechnet, was das Steak in Euro gekostet hätte, kann er nur noch staunen.

WECHSELJAHRE

Dass Steffen staunen muss, liegt nicht nur an den hohen Lebenshaltungskosten, die in Australien öfters zum Politikum werden. Es liegt auch daran, dass er Australien zu einer Zeit bereist, wo er für einen Euro bloß 1,50 australische Dollar bekommt.

Wäre er im Jahr 2009 nach Australien gekommen, hätte er ganze zwei Dollar bekommen – und bei der Rechnung nicht mal mit der Wimper gezuckt. Dagegen wäre ihm Mitte 2012 wohl der Unterkiefer heruntergeklappt, als ein historisches Tief von unter 1,20 Dollar erreicht wurde. Zu beachten ist außerdem, dass manche Restaurants einen *holiday surcharge* (Zuschlag an Feiertagen) erheben, den man leicht übersieht.

Am einfachsten ist es übrigens, am australischen ATM sein Bargeld zu ziehen. Der Besuch in der Wechselstube ist überflüssig und sollte vor allem an den Flughäfen vermieden werden – leichter ist es, das Geld einfach zum Fenster rauszuwerfen.

Und staunen muss er auch, als er ein Pärchen sieht, das das Restaurant betritt – mit einer Flasche Wein unterm Arm. Steffen beobachtet, wie die beiden den Kellner offensichtlich bequatschen wollen, dass sie ihren mitgebrachten Wein im Restaurant trinken dürfen. Amüsiert stupst er Mel an und deutet auf das Pärchen, doch sie scheint gar nicht zu verstehen, was daran so komisch sein soll …

Ein paar Fragen über das Leben in Deutschland später ist es Zeit für die Rechnung – im Büro wartet schließlich noch einiges an Arbeit. Steffen zückt das Portemonnaie und erkundigt sich, ob man getrennt bezahlen wolle. Mit seiner Frage erntet er nur irritierte Blicke, bis Bob erklärt: »Das geht heute auf die Firma – zur Feier des Tages.« Sprach's und bezahlte die Rechnung. Doch Steffen bemerkt, dass Bob gar kein Trinkgeld gibt – dabei macht er eigentlich gar nicht den Eindruck eines Geizkragens …

Shit, son! Was ist da schiefgelaufen?

Wie in vermutlich jedem fremden Land lauern auch in Australien jede Menge Fettnäpfchen bei der gemeinsamen Mahlzeit – und Steffen hat sie so ziemlich alle auf einen Schlag kennengelernt.

Zunächst ist es bei australischen **Restaurants** üblich, dass man am Eingang vom Manager empfangen wird – und von ihm einen Tisch zugewiesen bekommt. Entsprechend unhöflich ist es, selbst einen Platz in Beschlag zu nehmen, so verlockend das auch sein mag. Steffen hatte in diesem Fall das Glück, dass das Restaurant nicht voll und der Tisch in der Tat nicht reserviert gewesen ist – ansonsten wäre es wirklich peinlich geworden.

Auch bei der Bezahlung läuft es anders als in Deutschland. Natürlich kommt es vor, dass jemand nach getrennten Rechnungen fragt, aber es ist absolut unüblich – eher lässt man sich dieses Mal einladen und lädt beim nächsten Mal umgekehrt ein, ohne auf Cent- und Dollarbeträge zu achten. Das fehlende Trinkgeld ist keinesfalls ein Zeichen von Geiz – schließlich hat Bob die gesamte Clique gerade zu einem üppigen Essen eingeladen. Es ist vielmehr die australische Haltung zum Trinkgeld, die man als sehr einfach und unkompliziert beschreiben muss: Trinkgelder werden nie erwartet, aber sehr geschätzt – und nur für wirklich guten Service gegeben.

Genauso wenig ist es ein Zeichen von Geiz, seinen eigenen Wein einzuschenken. In Australien benötigen Restaurants eine Lizenz, um überhaupt Alkohol ausschenken zu dürfen, und selbst wenn sie diese besitzen, stellen viele Restaurants den Kunden frei, ihre eigenen Getränke mitzubringen. Genau dafür steht der Hinweis *BYO* –

bring your own. Im Gegenzug berechnen die Restaurants dann eine *corkage fee* zum Öffnen der Flasche (selbst wenn die nur einen Drehverschluss hat), und diese Gebühr kann zwischen einem symbolischen und schmerzhaften fünfzig Dollar liegen. *BYO* ist jedenfalls gang und gäbe in Australien – es kann also nicht verwundern, dass Mel gar nicht verstanden hat, was Steffen so amüsiert hat.

Was es in Australien allerdings so gut wie gar nicht gibt, ist Sprudel. *Sparkling water* mundet den meisten Aussies nicht, daher bekommt man bei der Bestellung von *water* oder *mineral water* stilles Wasser, zumeist mit Eis gekühlt.

Was können Sie besser machen?

Was die Verhaltensweisen im Restaurant angeht, ist die Antwort einfach: am Empfang warten (*»Please wait to be seated«* ist ein häufiger Hinweis) und am Ende gemeinsam die Rechnung begleichen. Trinkgeld darf für guten Service gegeben werden, ist aber keinesfalls ein Muss – so einfach ist das. Und: Lassen Sie sich nicht irritieren, dass es im Englischen/Australischen kein »Guten Appetit« gibt – sobald jeder versorgt ist, geht's los, auch wenn das für einen als Deutschen ungewohnt ist. Ein *»Enjoy your meal«* fällt aber keineswegs negativ auf, im Gegenteil.

Angemessene Kleidung ist meistens unproblematisch; wenn ein Schild vor dem Restaurant darauf hinweist, man möge bitte anständig angezogen sein, gilt das denen, die im luftigen Achselshirt und in schimmeligen Flipflops umherlaufen – den strengen Dresscode fürs Restaurant gibt es nur in Ausnahmefällen.

Was Steffen (unabsichtlich) gut gesteuert hat, ist die Konversation beim Mittagessen. Australien zu loben, ist für Australier, wie hinter dem Ohr gekrault zu werden. Umso schwerer wiegt dagegen jegliche Kritik, wie etwa am Essen. Mels knapper Kommentar zu den für den europäischen Gaumen mauen Beilagen ist ein erstes Indiz dafür, dass man mit Kritik *down under* äußerst sparsam und vorsichtig umgehen muss (siehe Episode 24).

In jedem Gespräch muss man als Gast in Australien auf zwei Fragen vorbereitet sein: wie einem Australien so gefalle und woher man komme. Gerade was die eigene Herkunft angeht, bietet sich ein kleines Mitbringsel an. Australier sind vergleichsweise weit gereiste Menschen, und so manche werden den Namen Ihrer Heimatstadt kennen oder gar einmal in Deutschland gewesen sein – aber dennoch ist dem gemeinen Australier der Alltag in unseren Breiten genauso fremd wie umgekehrt. Daher kann es nicht schaden, etwa ein paar Fotos vom Leben daheim parat zu haben. Unterschiede zwischen den beiden Ländern sind zudem ein unschlagbares Thema, um das Eis zu brechen. Vermeiden Sie nur, den Australiern erklären zu wollen, was sie in ihrem Land besser organisieren könnten …

9 IM (SCHLECHTEN) RESTAURANT

LENA GEHT BRUNCHEN UND STELLT EIN PAAR FRAGEN

1.948 Kilometer, fast genau nördlich von Steffen, sitzen auch Lena und Jenny zur (fast) gleichen Zeit im Restaurant. Nur ist es bei ihnen ein einfacheres Etablissement – ein normales Grillrestaurant mit ein paar Tischen, die auf einer großen Veranda stehen und als »al fresco« angepriesen werden. Die beiden haben sich nicht für ein pünktliches Mittagessen entschieden, sondern für ein spätes Frühstück. Eine weitere lange Nacht des Feierns fordert ihren Tribut; den Folgen wollen die beiden mit reichlich Kalorien entgegentreten. Zum mittlerweile obligatorischen Kaffee gibt es das *full Australian breakfast*. Alles verschwimmt auf dem Teller zu einer undefinierbaren Mischung, die unverschämt gut schmeckt.

Obwohl die beiden schon seit einer Weile fertig sind und das Lokal um diese Zeit alles andere als voll ist, kann das die Bedienung nicht aus der Ruhe bringen. So dauert es, bis Lena und Jenny ihren Wunsch nach einem Zweitkaffee platzieren können. Kaum hat die Kellnerin abgeräumt und den Tisch verlassen, platzt es aus Lena heraus: »Mit dem Service haben die es hier aber nicht so, hm?«

Jenny teilt die Einschätzung – aber das sei normal in Australien. »Die meinen das gar nicht mal böse. Und die wirken auch nicht arrogant dabei. Aber so einen richtigen Servicegedanken kennen die hier unten, glaube ich, gar nicht.«

Genau das ist auch Lenas Eindruck. Nett ist man, aber auch ein wenig … gleichgültig. Ob es daran liegt, dass man hier ohnehin kaum Trinkgeld bekommt?

Die Kellnerin bringt die heiß ersehnten Kaffees, und Jenny und Lena machen sich an die Planung der nächsten Tage und Wochen. Bereits nach so kurzer Zeit verstehen sich die beiden so prächtig, dass es für Lena völlig selbstredend ist, gemeinsam weiterzureisen. Spätestens ab dem Zeitpunkt, als Jenny den beiden aufdringlichen Engländern auf ihrem Zimmer – den »Flachpfeifen von der Insel«, wie sie sie getauft hatte – sehr deutlich die Meinung geigte, war Lena davon überzeugt, die richtige Person gefunden zu haben für ihren Trip.

Lena ist sich nicht sicher, wie weit sie nach Süden möchte – und vor allem, wann. Jenny dagegen schlägt einen ziemlich großen Sprung vor. »Ich glaube, Brisbane ist ein hervorragendes Sprungbrett für die ganze Region hier«, sagt sie und pikt die Landkarte genau dort, wo die Worte »Gold Coast« und »Sunshine Coast« aufgedruckt sind. »Außerdem kann man von dort ins Outback, falls du darauf Lust hast«, ergänzt sie.

JWD

Mit dem Outback ist das so eine Sache. Vor allem mit dem Begriff an sich – denn jeder hat seine eigene Vorstellung, was »Outback« bedeutet, und eine eindeutige, unumstößliche Definition gibt es nicht. Für die einen beginnt das Outback am Stadtrand von Sydney, für andere beschreibt das Wort nur die extremsten, entlegensten Regionen in ganz Australien.

Für die meisten Menschen ist es etwas dazwischen, lose definiert durch das raue Klima und die Einsamkeit. Daher ein pragmatischer Vorschlag: Wenn Sie sich auf die Zehenspitzen stellen, bis zum Horizont gucken können, aber weit und breit keinen Hinweis auf die Zivilisation erkennen – dann stehen Sie im Outback.

»Und wann?«, fragt Lena. »Ich meine, ich habe hier noch nicht viel gesehen, aber so wirklich viel scheint es ja auch nicht zu geben.«

»Gibt es auch nicht – in Cairns selbst herumzuhängen, bringt es auf Dauer nicht. Ich bin schon viel zu lange hier! Siehst du das hier?«, fragt Jenny und deutet auf kleine Wunden rund um ihren Mund, die auch als einfache Pickel hätten durchgehen können. »Das, meine Liebe, sind *bedbugs.* Solltest du jemals mit solchen Bissen aufwachen, nimm deine Siebensachen und lauf. Lauf, ohne dich umzusehen.«

Lena macht sich die entsprechende geistige Notiz. Und schlägt eine kreative Lösung für das Problem vor: zelten. Ihre Campingausrüstung will sie schließlich nicht umsonst mitgeschleppt haben. Also beschließen die beiden, sich in zwei Tagen – da sind die Tickets aus irgendwelchen Gründen noch günstiger – nach Brisbane aufzumachen. Damit der Trip nicht so lang ist, entscheiden sie sich, auf halber Strecke eine Pause einzulegen. Ein »Da soll es toll sein« reicht aus, Airlie Beach als idealen Ort für den Stopover auszuwählen. Auf die Entscheidung wird mit einem feierlichen Kaffee angestoßen.

Good grief! **Was ist da schiefgelaufen?**

Besser als Jenny kann man es eigentlich nicht zusammenfassen. »Einen richtigen Servicegedanken kennen die hier unten, glaube ich, gar nicht«, sagt sie – und trifft damit den Nagel irgendwie auf den Kopf.

Was das Problem mit dem **Service** ist, ist nicht leicht zu beschreiben. Wie bereits erklärt, ist der Australier sehr offen und hilfsbereit; Australien ist daher keine Servicewüste in dem Sinne, dass man das Gefühl hat, als Kunde zu stören. Es ist vielmehr so, dass man oft den Eindruck hat, zu viel Service wäre den Leuten unangenehm. Was geliefert wird, ist eher Hilfe zur Selbsthilfe. Gepaart mit der teils saloppen Art, mit der man im Land willkommen geheißen wird, kann da schon mal der Eindruck entstehen, Aussies hätten keine Ahnung, wie Dienstleistung richtig geht. Besonders hart trifft dies natürlich Besucher aus asiatischen Ländern, wie etwa Japan, in denen Etikette von noch viel höherer Bedeutung ist als in Europa. Solche Reisende sind regelmäßig irritiert oder gar geschockt von der australischen Art.

Der zweite Fehler in dieser Episode wurde von Jenny begangen. Auf der Suche nach einem Schnäppchen hat sie sich fürs Übernachten ein (womöglich) zweifelhaftes Etablissement ausgesucht, was sich mit dem Besuch von *bedbugs* gerächt hat – kleinen, beißfreudigen Insekten, die sich nachts an dem Blut nichts ahnender Schlafmützen gütlich tun.

Was können Sie besser machen?

Was die Frage nach dem Service angeht, ist die Antwort so einfach wie ernüchternd: ziemlich wenig. Die Hoffnung, dass man Australier umerziehen oder auch nur dazu bewegen könnte, mehr auf die Gepflogenheiten ihrer Gäste einzugehen, gilt es zu begraben. Damit bleiben nur zwei Möglichkeiten. Entweder man schraubt die Erwartungen herunter und findet sich damit ab, dass einem *down under* der Hintern nicht gepudert wird. Oder man bezahlt für die richtig guten Etablissements – und dann blecht man entsprechend viel.

Einfacher zu lösen ist Jennys Problem. Die Bettwanzen sind ein in Australien weitverbreitetes Problem, gerade in billigen Hostels. Prinzipiell kann es jede Unterkunft treffen; nicht einmal im Fünf-Sterne-Hotel ist man sicher, auch wenn dort die Chancen deutlich besser stehen, unbehelligt zu bleiben. Das liegt zum einen an der Sauberkeit und Prävention, zum anderen an der Reaktion auf Bettwanzen, falls sie dann doch mal auftauchen. Die Wanzen sind auch der Grund dafür, dass in allen seriösen Unterkünften der Gebrauch von Schlafsäcken untersagt ist!

Jenny hat, zumindest teilweise, das Richtige getan – und ist bei der ersten Gelegenheit aus ihrem Hostel geflohen. Dass sie Bettwanzen im Zimmer hat, kann sie leicht an den Bissen rund um ihre Lippen erkennen, die wie Mückenstiche jucken. Doch ihre Flucht kann auch zur Verbreitung der *bedbugs* beitragen, denn die nisten sich auch im Gepäck ein und reisen auf diese Weise mit ihr durch Australien. Es gilt also beim Verdacht auf *bedbugs,* die Rezeption zu alarmieren, alles großzügig mit speziellen Insektenvernichtungsmitteln einzusprühen und die Kleidung bei hohen Temperaturen zu waschen.

10 IM KONFERENZ-SAAL

STEFFEN ERZÄHLT VON DER OBERSTUFE UND SETZT SICH WIEDER HIN

Der Hunger ist gestillt, aber die wichtigste Aufgabe des Tages steht Steffen noch bevor. Es geht um seine Vorstellung bei den Kollegen, und zwar diesmal in der großen Runde.

Zwar schafft es nicht jeder der rund fünfzig Mitarbeiter, heute an der Vorstellungsrunde teilzunehmen, doch als Steffen den größten Konferenzraum betritt, ist der bereits mehr als gut gefüllt. Viele Gesichter hat er an diesem Tag schon gesehen, einigen wurde er schon vorgestellt – die meisten sind ihm aber noch unbekannt.

Steffen ist nicht sonderlich nervös. Er weiß schließlich um seine Qualifikationen – es hat ja einen Grund, warum sein Chef ihn ausgewählt hat, um ihn nach Australien zu schicken. Außerdem kennt er die Hierarchie der Firma und weiß, dass er zumindest nicht ganz unten anfangen muss.

Als Bob mit einem »Dann lasst uns mal anfangen!« den Raum betritt, erstirbt das Gemurmel und Gelächter. Bob hat extra den monatlichen Jour fixe verschoben, damit er mit Steffens Ankunft zusammenfällt; dennoch gibt es zunächst ein paar administrative Neuigkeiten, mit denen Bob die Belegschaft versorgt. Das bietet Steffen die Gelegenheit, die Menge ein wenig genauer unter die

Lupe zu nehmen. Ein sehr entspannter Haufen, denkt er sich. Die meisten sitzen lässig auf ihren Stühlen, kritzeln auf die Papiere, die vor ihnen liegen, und scheinen sich trotz der trockenen Materie irgendwie zu amüsieren.

Dann ist es so weit. »Einige von euch werden ihn bereits kennengelernt haben, unseren neuen Mann aus Deutschland.« Bob betont das Wort Deutschland, aber Steffen ist sich nicht sicher, ob es respektvoll oder ironisch klingen sollte.

GOOD DAY TO YOU, SIR

… ist das, was Sie mit ziemlicher Sicherheit nicht hören werden. Auch im Geschäftsleben ist es völlig üblich, sich selbst nach kurzer Bekanntschaft mit dem Vornamen anzusprechen. Da es im Englischen auch kein Äquivalent zum Siezen gibt, ist man damit in Windeseile auf Augenhöhe. Ausnahme sind freilich die hochpreisigen Etablissements – wer im Fünf-Sterne-Hotel nächtigt oder im Drei-Sterne-Restaurant einkehrt, wird natürlich auch förmlich angesprochen.

»Bitte seid nett zu ihm. Zumindest noch für den Rest des Tages!« Dieser Kommentar erntet noch einige Lacher, dann fordert Bob Steffen auf, ein paar Worte über sich selbst zu sagen.

»Nun, zunächst einmal vielen Dank für die freundliche Aufnahme hier«, beginnt Steffen – und meint es ernst. Kurz schwadroniert er danach, wie sehr er sich auf die »gute Zusammenarbeit« und die »vielfältigen Herausforderungen« freut, doch bevor er das Interesse des Publikums verliert, erzählt er von seinem Werdegang. Und da er schließlich von vornherein klarstellen möchte, dass er sein Metier beherrscht, lässt er dabei kein Detail aus. Der Computerclub in der Oberstufe, die stufenbesten Leistungen in Informatik, das Studium an einer der angesehensten Universitäten im deutschsprachigen Raum, zwei Praktika bei den ganz großen

Namen der Branche (eines davon in England, immerhin für drei Monate) mit herausragendem Feedback, freiwillige Fortbildungen in mehreren Programmiersprachen und sogar im Projektmanagement … Steffen trägt dick auf, spricht aber souverän.

Doch zu seiner Überraschung scheinen seine Zuhörer wenig beeindruckt. Während seiner Kurzvorstellung kann er ein einziges anerkennendes Nicken ausmachen, ansonsten zeigt sich sein Publikum neutral wie die Schweiz. Als Steffen seine Ausführungen beendet – nach gut fünf Minuten ist er bei den letzten erfolgreichen Projekten seiner Firma angekommen –, bedankt er sich artig fürs Zuhören. Dafür erntet er ein pflichtbewusstes Klopfen auf den Tisch, dann geht es über zum nächsten Tagesordnungspunkt – und Steffen kann endlich wieder entspannen.

Während Bob über den Stand eines Projektes berichtet, das Steffen nicht betrifft, sucht der den Blickkontakt zu Mel, die ein paar Stühle weiter sitzt. Mit fragendem Gesichtsausdruck streckt er seinen Daumen nach oben, als wolle er fragen: »Gut gelaufen?«

Doch Mel tippt nur auf die Uhr: »Später!«

Warum sie nicht begeistert erscheint, erschließt sich Steffen nicht. Sein Vortrag war kurz und knackig, es gab keine langweiligen Powerpoint-Folien, und seine Kompetenzen sind – für sein Alter allemal – beeindruckend. Und doch kam sein Auftritt nicht so gut an wie erhofft – oder sind die neuen Kollegen bloß schwer zu durchschauen?

What a tosser! Was ist da schiefgelaufen?

Steffen ist über einen der populärsten Fallstricke gestolpert, die die australische Gesellschaft für Fremde aufspannt. Es geht um das, was gemeinhin als das ***tall poppy syndrome*** bekannt ist: Australien versteht sich als egalitäres Land – und in einem solchen Land ist es nicht gern gesehen, wenn sich jemand als etwas Besonderes sieht oder darstellt. Steffens Intentionen mögen nachvollziehbar sein – er will zeigen, dass er es seinen Leistungen und seinen Kompetenzen zu verdanken hat, dass er es dorthin geschafft hat, wo er heute ist, doch präsentiert er sich auf diese Weise als den Tollsten, den Schönsten, den Besten. Und genau das stößt seinem Publikum sauer auf. Sie sehen in Steffen die große Mohnblume *(tall poppy)*, die versucht, sich über die anderen Mohnblumen im Feld zu erheben und von oben auf sie herabzuschauen. Darauf folgt konsequenterweise der Versuch, die hohe Blume wieder zurechtzustutzen – etwa durch konsequente Ächtung.

Das *tall poppy syndrome* durchzieht viele Lebensbereiche. Immer dann, wenn es um Leistungen (im weitesten Sinne) geht, muss man darauf achten, leisezutreten. Besonders deutlich wird dies aber in der Tat bei der **Bildung**. Nicht, dass australische Bildung pauschal schlecht wäre, aber in gewissen Belangen – wie etwa den Fremdsprachen (siehe Episode 15) – hinken die Aussies weit hinterher. So kann es dann auch passieren, dass »normale« Leistungen wie Grundkenntnisse in Spanisch als der Versuch angesehen werden, sich als besonders zu verkaufen; und diese Form von Individualismus wird nicht gemocht.

Was können Sie besser machen?

Wie man aus der Beschreibung dieses Fettnäpfchens sicher entnehmen kann, ist das *tall poppy syndrome* nicht sonderlich leicht zu durchschauen – und auch nicht sonderlich konsequent. Am besten zeigt sich das im Sport: Natürlich wäre dem ganzen Land lieb, man würde jedes Rugby- und Cricketmatch haushoch gewinnen. Doch das wäre ja eine herausragende Leistung, weshalb man auch von Sportlern erwartet, dass sie nach substanziellen Erfolgen vor die Mikrofone treten und lässig sagen: Ach, das war doch nichts! Understatement ist der Schlüssel zum Erfolg.

Das beschränkt sich allerdings nicht auf öffentliche Personen. Nicht nur Leistungssportler, Politiker oder Schauspieler müssen Bescheidenheit an den Tag legen. Bodenständigkeit wird auch von ganz normalen Leuten erwartet – wie Steffen.

Dessen Qualifikationen sind in der Tat beeindruckend, an seiner Selbstwahrnehmung ist nicht zu mäkeln. Das Problem liegt darin, dass er versucht hat, das Team quasi offensiv zu beeindrucken. Er hätte genau das aber subtiler tun müssen, zum Beispiel indem er dafür sorgt, dass sein deutscher Chef seinem australischen Chef seinen Lebenslauf zukommen lässt. Und dann hätte Steffen lieber etwas über seine Leidenschaft für Computer erzählt und womöglich einen Witz über Sport gemacht – damit wäre er deutlich besser gefahren. Aber, wie gesagt, während es durchaus angenehm ist, dass auch Amts- und Würdenträger mit beiden Beinen auf dem Boden bleiben, kann das im privaten Rahmen schon einmal anstrengend werden. Der Gedanke einer Elite ist für die Australier im wahrsten Sinne des Wortes undenkbar.

In diesem Sinne: Es empfiehlt sich, auf Tauchstation zu bleiben, bis man mit den Leuten in seinem Umfeld ein wenig vertraut ist. Wenn man sich gut kennt, werden der Individualismus und auch das Streben nach herausragenden Leistungen eher verziehen. Und falls Sie doch, ganz aus Versehen, einmal brillieren, denken Sie dran: Sie haben nur Glück gehabt, allein hätten Sie das nie geschafft, und so schwer war's eigentlich gar nicht.

11 AUF ACHSE

LENA UND JENNY FAHREN MIT DEM BUS UND LANGWEILEN SICH

»Anderthalb Tage«, stellt Lena trocken fest, »ist schon lange, hm?«

Jenny hat zu dieser Uhrzeit bloß ein schlaffes Nicken übrig. Wohl wissend, dass sie für den Rest des Tages im Bus sitzen würden, haben beide auf ihre mittlerweile rituelle Dosis Morgenkoffein verzichtet – zwar hat Jenny versichert, es gäbe organisierte Pinkelpausen auf der Strecke, aber es ist doch besser, kein Risiko einzugehen.

Es ist sieben Uhr morgens an einem hübschen, aber immer noch schwülen Tag in Cairns. Die heftigen, teils apokalyptischen Regenfälle der letzten beiden Tage liegen noch immer in der Luft und selbst zu dieser frühen Stunde können es beide kaum erwarten, in den klimatisierten Bus zu steigen. Nun stehen sie an der Haltestelle – wie gebeten, mindestens zwanzig Minuten vor Abfahrt – und warten, dass etwas passiert. Abgesehen davon, dass sich ein Träubchen aus Reisenden aus aller Herren Länder bildet, passiert allerdings nichts. Erst kurz vor der planmäßigen Abfahrt taucht der Bus auf. Der Fahrer und sein Kollege scheinen dennoch darauf bedacht, pünktlich loszukommen. Während einer von beiden das Gepäck verlädt, kontrolliert der andere die Tickets. Lena und Jenny zücken ihre Fahrkarte nach Airlie Beach, die sie zwei Tage vorher im Reisebüro gekauft haben.

»*Sorry, girls*«, sagt der Busfahrer. »Das ist das falsche Datum.«

Beiden fällt das Kinn herunter. »Das kann nicht sein … Wir haben es doch erst vorgestern gebucht … Ist heute nicht Mittwoch?!« Jenny ist verwirrt.

»Doch, aber ihr habt für das falsche Jahr gebucht. Das Ticket ist erst in 365 Tagen gültig. Hier, schaut«, sagt der Busfahrer und gibt ihnen das Ticket zurück.

Jenny und Lena können es nicht glauben. Eine Weile brauchen sie, um alle relevanten Informationen auf dem Ticket zu prüfen – doch überall steht die richtige Jahreszahl, vom richtigen Datum und der richtigen Zeit ganz zu schweigen. Erst als sie wieder aufblicken, um dem Busfahrer eine solide Erwiderung entgegenzubringen, sehen sie, wie er sie kackfrech angrinst.

»Ihr Deutschen seid immer so ernst. Lacht doch mal!«, amüsiert er sich. »Nun aber rein mit euch.«

Weder Jenny noch Lena teilen seine Vorstellung von einem gelungenen Gag, vor allem nicht so früh am Morgen und ohne Koffein im System. Lena will sich in einer der ersten Reihen niederlassen, doch Jenny weist sie darauf hin, dass – wie früher in der Schule – die coolen Kinder hinten sitzen. Sie entscheiden sich für eine der letzten Reihen und machen es sich bequem. Da der Bus bei Weitem nicht ausgebucht ist, hat jeder eine Zweierreihe für sich. Aus dem Fenster kann Lena beobachten, wie der Busfahrer seinen Scherz nach und nach bei mehreren der Reisenden ausprobiert. Vor allem eine Gruppe aus drei Asiatinnen hat sichtliche Schwierigkeiten, den Humor der Situation zu schätzen: Sie fuchteln irritiert mit dem Ticket herum und selbst als der Busfahrer sie auffordert, einfach einzusteigen, scheinen sie immer noch nicht begriffen zu haben, was gerade passiert ist.

Erstaunlicherweise fährt der Bus doch noch pünktlich los. Mit dem ersten Verkehr der morgendlichen Rushhour rollt der Bus gen Süden aus Cairns heraus und hat die kleine Ortschaft schnell hinter sich gelassen. Jenny sitzt auf der eigentlich besseren Seite – die mit dem Meerblick –, ist aber bereits nach dreißig Minuten eingeschlafen und hängt nun, nur mehr von ihrem Gurt gehalten, in ihrem Sitz wie der sprichwörtliche Schluck Wasser in der Kurve. Lena beschließt, es ihr gleichzutun. Immerhin haben sie noch einen halben Tag Fahrt vor sich, bevor sie auch nur das erste Etappenziel erreichen.

HEALTH AND SAFETY GONE MAAAD!

So – oder so ähnlich – äußern sich viele Australier regelmäßig. Oder sie denken es zumindest, heimlich.

Der Grund dafür ist, dass viele Kleinigkeiten im Land sehr detailliert geregelt sind – ein Berg aus Geboten und Verboten diktiert unter dem Vorwand der Sicherheit zahlreiche Situationen im Alltag. Als Fahrradfahrer müssen Sie einen Helm tragen. Ins Auto gehört eine Warnweste. Sie dürfen in öffentlichen Gebäuden nicht rauchen, stellenweise auch draußen nicht. Sie dürfen nur drinnen ungestört trinken, draußen gibt es häufig *dry zones*. Und so weiter und so fort … Daher kann es auch nicht verwundern, dass Jenny bequem im Gurt hängen kann, denn selbstverständlich muss man sich auch im Reisebus anschnallen.

Ein paar Stunden später, zu einer wesentlich zivilisierteren Zeit, wie Jenny betont, werden beide zum ersten Mal an diesem Tag wirklich wach. Draußen hat sich die Landschaft ein wenig verändert; die Wälder scheinen nicht mehr so grün und saftig, die Hügel werden flacher. Als Lena versucht, sich zu orientieren, stellt sie fest, dass sie kaum ein Viertel der Strecke zurückgelegt haben. Auf eine Landkarte übersetzt entspricht das kaum einer Fingernagelbreite – und doch tut ihr schon alles weh wie seit dem Hinflug aus Deutschland nicht mehr.

Jenny gibt an, etwas hartgesottener zu sein. »Ist deine erste lange Fahrt, hm? Ich habe mittlerweile Sitzfleisch für rund acht Stunden, danach wird es auch mir unangenehm. Aber keine Sorge, da kommst du auch noch hin …«

Dabei dachte Lena eigentlich, sie hätte schon ein paar lange Touren unternommen. Eine der organisierten Fahrten ins Hinterland hatte mehr als zwei Stunden über gewundene Straßen in Anspruch genommen.

»In Deutschland würde ich niemals auf die Idee kommen, so lange mit dem Bus zu fahren. Dann lieber mit dem Zug«, gesteht Lena.

»Die Leute hier ticken einfach anders. Entfernungen unter ein paar Stunden sind nun mal ein kurzer Trip«, erklärt Jenny und erzählt von den wirklich langen Fahrten durch das einsame Outback, wo es – anders als hier an der Ostküste – nicht alle naselang etwas zu sehen gibt. Die Vorstellung findet Lena gleichermaßen reizvoll und abstoßend. Obwohl, probieren sollte sie es vielleicht doch einmal?

Am frühen Nachmittag erreicht der Bus Townsville, eine der größeren Städte auf ihrer Route. Eine halbstündige Rast erlaubt es, sich die Beine zu vertreten. Ein bisschen öde ist es schon, befinden beide, trotz Kartenspielen und Lästereien über andere Mitreisende. Zum Glück sind es nur noch wenige Stunden bis nach Airlie Beach – wo sie dann nach fast zwölf Stunden Fahrt mit nur wenigen Minuten Verspätung, aber pünktlich zum Sonnenuntergang eintreffen.

Der Weg zum Zeltplatz ist schnell gefunden, doch Lena ist sich nicht sicher, ob sie jetzt ein bequemes Bett doch vorziehen würde. Jenny stapft aber so zielsicher vor ihr her, dass sie keinen Widerspruch einlegt. Im Zwielicht bauen sie ihre Zelte auf einem hübschen Campingplatz auf, der Aussicht aufs Meer verspricht – direkt aus dem Schlafsack heraus.

ZELTENE GELEGENHEIT

Sollten Sie vorhaben, in Australien zu zelten, überlegen Sie sich das gut. Nicht, dass es nicht reizvoll wäre, aber je nach Klima ist es sehr anstrengend. Die Sonne geht schließlich, abhängig von Ort und Jahreszeit, schon gegen vier Uhr auf! Außerdem kann man mit dem Camping nur bedingt Geld sparen – die Preise für einen Zeltplatz sind vergleichsweise hoch, sodass es kaum einen Unterschied macht, ob man ins Hostel geht oder in den eigenen Schlafsack kriecht.

Vielleicht liegt es an der Erschöpfung vom Nichtstun, vielleicht auch an der frischen Brise oder dem Rauschen des Meeres – jedenfalls schläft Lena so gut wie schon lange nicht mehr, auch ganz ohne bequeme Matratze und Klimaanlage. Geweckt wird sie erst durch die ersten Sonnenstrahlen am nächsten Morgen, die ihr Zelt innerhalb von Minuten in einen Backofen verwandeln. Ein Rascheln und ein unterdrückter Fluch aus dem Nachbarzelt verraten ihr, dass auch Jenny bereits wach ist.

Obwohl beide früher aufstehen als normal, fühlen sie sich ausgeschlafen. Es bleibt nach dem Packen sogar genügend Zeit, um die kleine Ortschaft zu erkunden – der Bus soll erst um die Mittagszeit losfahren. Es ist ein nettes Fleckchen: Fast bereut Lena, nicht ein wenig mehr Zeit hier verbringen zu können, aber schließlich wartet Brisbane auf sie – und damit auch die Aussicht, einen interessanten Job zu finden.

Überpünktlich erreichen die beiden wieder die Bushaltestelle. Als der Bus nach zwanzig Minuten nicht auftaucht, kann sie das noch nicht aus der Ruhe bringen. Aber nach weiteren zwanzig Minuten sind sie doch ein wenig genervt. Erst nach einer weiteren halben Stunde biegt quietschend der ersehnte Bus um die Ecke und kommt zum Stehen. Lena ist irritiert, dass der Bus eine andere Nummer trägt als die, die auf ihrem Ticket steht – aber da er nach Brisbane fährt, wird's schon stimmen.

Als sie ihr Gepäck einladen wollen, sagt der Busfahrer: »Mädels, das ist das falsche Ticket. Ihr habt einen anderen Bus gebucht.«

»Haha, sehr witzig«, kontert Jenny und macht sich daran, ihr Gepäck zu verstauen.

»Nein, wirklich. Schau her, das ist für den Bus heute Nacht«, erklärt der Busfahrer. Und er hat recht: Jenny und Lena haben eine Verbindung gekauft, die Airlie Beach um Mitternacht verlässt. Dieser Bus ist daher gar nicht ihrer – und nicht einmal zu spät, sondern pünktlich wie die Schweizer Eisenbahn.

Jenny und Lena kommen sich reichlich dämlich vor, einen solchen Anfängerfehler begangen zu haben. Ob man nicht umbuchen könne, fragen sie. Das gehe bei diesem Tarif nicht, erklärt der Busfahrer. Nur die nicht umbuchbaren Nachtfahrten seien so günstig.

Als der Busfahrer ihnen geduldig erklärt, wie viel sie nachzahlen müssten, um mit seinem Bus weiterfahren zu können, ist das Fiasko perfekt. Jenny und Lena entscheiden sich murrend, bis zum Nachtbus zu warten. Kaum ist der Bus ohne sie abgefahren, schwören sie sich, niemals jemandem von dieser Peinlichkeit zu erzählen.

Oh, you drongo! Was ist da schiefgelaufen?

Zunächst einmal haben die beiden das falsche **Transportmittel** gewählt. Mit den australischen Fernbussen ist zwar alles in Ordnung – meist sind sie pünktlich und es gibt durchaus gute oder gar hervorragende Angebote, wenn man den Kontinent durchqueren möchte und dabei hier und da Station machen will –, doch für eine »Rennstrecke« zwischen den großen Städten – wie etwa Cairns und Brisbane – können die Busse kaum mit dem Flugzeug mithalten. Wer, wie unsere beiden, erst spontan ein Ticket bucht, wird nicht einmal günstiger davonkommen. Und für die Strecke, die das Flugzeug in zwei Stunden schafft, müssen sie zwei Tage opfern. Zwar ist es richtig, dass man im Flugzeug nicht so viel vom Land sieht, aber zum einen muss man sehr große Entfernungen zurücklegen, damit sich die Ostküste »sichtbar« verändert, und zum anderen sind die Marathonfahrten mit dem Bus anstrengend und starten teilweise zu so unchristlichen Zeiten, dass man die Landschaft womöglich nicht mehr so wertschätzen kann, wie sie es eigentlich verdient hat.

Außerdem sind die beiden über den australischen **Humor** gestolpert. Oder, besser gesagt, über die australische Eigenart, die Gäste im Land ein wenig zu veräppeln – denn australischer Humor ist keinesfalls stets so flach wie in diesem Beispiel. Es ist völlig gang und gäbe, Reisende mal hier und da ein wenig durch den Kakao zu ziehen. Das kann so passieren wie mit dem Gag des Busfahrers in dieser Episode – oder etwa mit albernen Geschichten über Kängurus, die die menschenleere Innenstadt von Sydney am Wochenende unsicher machen und zur Vermeidung eines Verkehrschaos dann am Montagmorgen wieder verscheucht werden müssen. Fällt man drauf rein, freut sich der Australier. Lacht man mit, weiß er, dass man in Ordnung ist.

Last, but not least sind die Mädels einer Besonderheit des angloamerikanischen Raums auf den Leim gegangen: Auch heute wird in Australien gerne noch von AM/PM gesprochen. Zwar sind zum Beispiel Buchungsportale im Internet mittlerweile nutzerfreundlicher, indem sie auch die richtige 24-Stunden-Schreibweise verwenden, aber am Telefon oder »live« am Schalter ist die Verwechslungsgefahr durchaus gegeben – zumal man vielleicht naiv glaubt, kein Bus fahre um drei Uhr morgens los. Doch genau das ist der Fall!

Was können Sie besser machen?

Der Reihe nach: Die Wahl des Transportmittels ist in Australien eigentlich recht simpel. Wer kein eigenes Auto hat, hat fast immer nur die Wahl zwischen Bus und Flugzeug. Zwar gibt es auch vereinzelte Züge, aber die sind weitaus weniger populär als die Busse. In und um die Großstädte werden Sie vielleicht die Bahnen noch nutzen können, aber außerhalb der Ballungsräume sind die Verbindungen mit dem Bus haushoch überlegen: häufiger, billiger und dabei nicht einmal langsamer oder unzuverlässiger als der Zug. Wer plant, etwa die Ostküste entlangzureisen, sollte sich vorher über Hop-on-hop-off-Tickets informieren, mit denen man substanziell sparen kann. Auch ohne Namen zu nennen: Zwar ist die größte und populärste Busgesellschaft in Australien bedingungslos weiterzuempfehlen, aber das soll nicht heißen, dass sie die einzige ist; gerade im Südosten tummeln sich noch andere Gesellschaften, die das Gleiche zum halben Preis anbieten!

Wenn es um lange Strecken geht, ist das Flugzeug klarer Favorit, insbesondere dann, wenn man nur eine vergleichsweise kurze Zeit in Australien verbringt. Wie angedeutet, macht das Fliegen vor allem dann Sinn, wenn man von einer der größeren Städte zur nächsten möchte, ohne auf den Dörfern Halt zu machen. Seit die großen australischen Fluggesellschaften in einen Preiskrieg gestartet sind und auch noch Konkurrenz von Billiganbietern bekommen haben, kann es passieren, dass der Flieger günstiger ist als der Bus.

Zwei Ausnahmen von diesen Regeln gibt es. Da sind zum einen die Züge, die den australischen Kontinent durchqueren – von Ost nach West (Indian Pacific) und von Nord nach Süd (The Ghan). Bei diesen Zügen ist aber der Weg das Ziel; wer das entsprechende Budget und ein paar Tage Zeit hat, kann sich diese Spritztouren durchaus gönnen. Zum anderen: Wer Flugangst hat und dennoch nach Tasmanien möchte, kann mit einer halbtägigen Überfahrt die Insel auch per Fähre erreichen. Es sei jedoch an dieser Stelle darauf hingewiesen, dass die Bass Strait, die Tasmanien vom Festland trennt, nicht für spiegelglatte See bekannt ist, sondern für stürmisches Wetter.

Das andere große Thema, der Humor, ist schnell abgehandelt. Australier testen mit ihren Scherzen und Sprüchen, ob man aus dem richtigen Holz geschnitzt ist. Seien Sie versichert, dass das alles nicht persönlich gemeint ist. Lachen Sie mit oder – noch viel besser – kontern Sie. Wenn man sich gegenseitig (auf nette Weise) veräppeln kann, ist Ihnen die Wertschätzung der Australier sicher. Seien Sie nur auf der Hut – wenn Ihnen jemand Geschichten erzählt, die unglaublich kurios klingen, sind sie vielleicht erfunden …, aber, und das macht die Reise durch Australien so unterhaltsam, auch oft wahr.

Und zuletzt: Wahrscheinlich denken Sie, keiner würde mehr auf diese Sache mit AM/PM hereinfallen. Aber testen Sie sich selbst: Wie spät ist es, wenn die Uhr 12:00 AM anzeigt? Also, besser zweimal nachschauen und dreimal nachfragen, es passiert öfter, als man glauben mag. In diesem Sinne sei auch darauf hingewiesen, dass Australier zwei Ziffern etwas anders notieren, als wir es aus dem deutschsprachigen Raum gewohnt sind: Die »1« wird zu einer »I«, während die »7« keinen Querstrich hat, wie er hierzulande zumindest in der Schreibschrift üblich ist. Auch hier sollte man meinen, die Verwechslungsgefahr sei gering, bis man einen Zettel mit einer Telefonnummer in der Hand hält … und sich wundert, warum am anderen Ende immer der Falsche rangeht. Öfter sind es aber die Australier, die sich umgekehrt beschweren, warum die europäischen Einsen und Siebenen so merkwürdig ausschauen …

12 BEIM EINKAUF

STEFFEN VERSCHWENDET SCHOKOLADE UND GEHT LECKERE BANANEN KAUFEN

Irgendwas hat sie, findet Steffen. Könnte das gewisse Etwas sein.

Wieder einmal tagträumt Steffen vor sich hin, während der Computer unter seinen Finger leise surrt und auf den nächsten Befehl wartet. Ein Außenstehender würde vielleicht vermuten, Steffen sei gerade dabei, eine ganz harte Nuss zu knacken – und nicht wagen, ihn aus seiner Konzentration zu reißen. Doch in Wahrheit überlegt er nur, ob es taktisch klug ist, Mel vielleicht ein wenig näher kennenzulernen. Schließlich … hat sie was.

Dann hat Steffen eine Idee: ein kleines Dankeschön für ihre Unterstützung in seiner ersten Woche. Dafür, dass sie ihn ans Händchen genommen hat. Schokolade! Und nicht irgendwelche, sondern eine der Tafeln von dem guten Zeug, dass sich Steffen in weiser Voraussicht aus Deutschland mitgebracht hat. Es fällt ihm nicht ganz leicht, sich gleich von 100 Gramm des wertvollen Stoffes zu trennen – wer weiß, ob die australische Schokolade überhaupt genießbar ist –, aber er beschließt, dieses Opfer zu bringen. Hoffentlich mag sie wenigstens Schokolade, denkt er noch, als er sich auf den Weg zu ihrem Schreibtisch macht.

Mit einem leisen Klopfen an den Türrahmen reißt er Mel aus ihrer Arbeit heraus. »Störe ich?«

»Nein, keine Sorge. Immer rein mit dir!«

»Ich hab dir was mitgebracht. Als kleines Dankeschön für deine Hilfe …«

»Das wäre aber nicht nötig gewesen«, sagt Mel der Vollständigkeit halber noch, bevor Steffen hinter seinem Rücken die Tafel Schokolade hervorzaubert.

Eigentlich wollte er noch ein wenig darüber schwadronieren, dass dies die gute Schweizer Schokolade sei, und irgendwas über eine berühmte Kuh mit Pigmentstörung erzählen. Doch aus Mel rutscht schon ein »Uhh … danke!« heraus, als sie die Tafel an sich nimmt. »Das ist auch meine Lieblingssorte!«

Gekonnt öffnet sie die Packung und schiebt sich sofort einen ganzen Riegel in den Mund. »Ich weiß, man soll nicht so viel auf einmal nehmen …«, glaubt Steffen zu verstehen. Zumindest mag sie Schokolade, stellt er befriedigt fest.

»Magst du auch was, Betsy?«, fragt Mel.

Betsy? Ist das nicht die fette Sekretärin, denkt Steffen, und als er sich umdreht, steht in der Tat die fette Sekretärin in der Tür. »Ich lieeebe Schokolade …«, sagt sie, bevor sie sich großzügig an der Tafel bedient. Steffen muss hilflos mit ansehen, wie seine wertvolle Schokolade in Betsys Rachen verschwindet. »Mmmmmmh«, kommentiert sie die Schokolade und verschwindet wieder aus dem Raum. Steffen fehlen die richtigen Worte; offenbar ist Mel sich nicht so ganz bewusst, was für eine Rarität sie hier vor sich liegen hat. Aber er kann ihr schließlich schlecht sagen, die Schokolade sei ein höchst persönliches Geschenk, das es nicht mit übergewichtigen Sekretärinnen zu teilen gelte. Daher entscheidet sich Steffen für ein diplomatisches »Ich gehe dann mal wieder an die Arbeit« und schleicht davon.

Erst vier Stunden und siebenundzwanzig Minuten später wird Steffen klar, warum seine große Geste so wenig gewürdigt wurde. Zu diesem Zeitpunkt steht er zum ersten Mal in einem der größeren Supermärkte, eigentlich mit dem Ziel, frisches Obst zu kaufen. Nach ein wenig Schlendern durch die Gänge landet Steffen dann aber in der Süßwarenabteilung und muss mit einer Mischung aus Schrecken und Erleichterung feststellen, dass seine aus Europa importierte Schokolade gar keine Rarität ist. Vor ihm steht ein Regal, das von oben bis unten mit den gleichen Süßigkeiten gefüllt ist wie in seinem Supermarkt des Vertrauens daheim in Deutschland. Heute im Angebot: exakt die Sorte Schokolade, die Steffen Mel überreicht hat. *Buy 3, get 1 free.*

Das reicht Steffen, um sich für einen kurzen Moment dämlich zu fühlen. Dann entscheidet er sich aber, das Ganze positiv zu sehen, und packt vier Tafeln ein. Zusammen mit dem Obst und ein paar Kleinigkeiten geht Steffen dann zur Kasse.

Dort stößt er auf den *self check-out* für alle, die weniger als zwölf Sachen in ihrem Einkaufskorb herumtragen. Klingt gut, denkt sich Steffen, und stellt sich in die Schlange – die ihn direkt zu Automaten führt, an denen er ganz allein bezahlen kann. Zwar hat er einen solchen *self check-out* noch nie benutzt, aber Steffen findet, ihm als halbem Informatiker sollte das gelingen.

Der Automat erklärt ihm mit mechanischer Stimme, was er zu tun hat. Also stellt Steffen seinen Rucksack ab und beginnt, seine Einkäufe über den Scanner zu führen – ganz so, wie er es Tausende Male bei den Kassiererinnen gesehen hat. Zunächst läuft es noch reibungslos, doch dann stellt sich die Technik gegen ihn. Nach dem Wiegen seiner Bananen schellt es ihm entgegen: »*PLEASE PLACE ITEM IN BAGGING AREA*«. Nanu? Habe ich doch!?, denkt sich Steffen noch. Doch der Automat wiederholt sich nur: »*PLEASE PLACE ITEM IN BAGGING AREA*«. Vielleicht hat er die Bananen nicht erkannt, denkt Steffen und fischt sie wieder aus dem Rucksack heraus. Daraufhin ändert der Automat seine Meinung und kommentiert knapp: »*UNEXPECTED ITEM IN BAGGING AREA*«. Als Steffen die Bananen zurücklegt, ist jegliche Hoffnung verloren. Nach einem erneuten »*UNEXPECTED ITEM IN BAGGING AREA*« und einer Aufforderung, sich ans Personal zu wenden, wird es Steffen zu dumm. Er packt seine Sachen und läuft zu einer der normalen Kassen, an der ihm noch ein Mensch aus Fleisch und Blut gegenübersitzt. Er wählt die Schlange mit der attraktivsten Kassiererin und keine drei Minuten später sind alle Artikel gewogen und gescannt, ganz ohne Probleme.

»Cash oder EFTPOS?«, fragt die Kassiererin.

»Hm?«

»Möchten sie in bar bezahlen oder mit Karte?«

Da Steffen nicht mehr allzu viel Geld im Portemonnaie hat, entscheidet er sich, seine neue Karte einzuweihen. Doch auch mit der nächsten Frage ist er überfordert.

»*Cheque, savings or credit?*«, zwitschert ihm die Kassiererin entgegen. Einmal mehr bringt Steffen nicht mehr als ein »Hm?« hervor.

»*Cheque, savings or credit?*«, wiederholt die junge Dame, dieses Mal mit einem schärferen Unterton.

»Was ist denn der Unterschied?«, fragt Steffen – doch seine naive Frage stößt auf wenig Verständnis. Zwei Leute hinter ihm schütteln genervt den Kopf und der Gesichtsausdruck der Kassiererin verrät, dass sie Steffen nun für minderbemittelt hält.

Zonked! Was ist da schiefgelaufen?

Tja, da hat Steffen die Australier wohl ein wenig falsch eingeschätzt. Naiv ist er davon ausgegangen, dass die Australier keine Auswahl haben, was ihre Süßigkeiten angeht. Vielleicht dachte er, bei der Hitze sei nicht gut Schokolade essen? Jedenfalls zeigt sich, dass jeder durchschnittliche Supermarkt – selbst die, die sehr abgelegene Regionen bedienen – mehr als locker mit ihren deutschen Pendants mithalten können. In den meisten Fällen werden sie sogar ein deutlich größeres Sortiment feilbieten, darunter auch viele **Produkte**, die man vielleicht von daheim vermisst. Schwierig wird es allenfalls bei Wurst und Käse (gerade bei Käse lautet die Frage in Australien oftmals »ob« und nicht »welcher«) und bei sehr speziellen Spezialitäten, wie Sauerkraut, Knödeln und Laugenbrezeln, um nur mal eine Handvoll kulinarischer Klischees zu bedienen. Die gute Nachricht ist aber, dass sich auch die exklusivsten Allergiker keine

Sorgen machen müssen – die meisten Läden haben ein mehr als üppiges Angebot, das auch die laktoseintoleranten Veganer zufriedenstellt, die aus Glaubensgründen Gluten meiden.

Doch blamiert hat sich Steffen mit seinem Schokoladenirrtum glücklicherweise nicht. Mel wird sich womöglich gewundert haben, warum Steffen ihr die Schokolade so feierlich überreicht, es aber im Zweifel als »niedlich« zu seinen Gunsten auslegen.

So gesehen ist es auch gut, dass Steffen nicht eingeschritten ist, als die fette Sekretärin sich die heiß begehrte Schokolade einverleibt hat. Dann wäre es hochnotpeinlich geworden. Generell aber hätte er ihr gegenüber durchaus einen Spruch riskieren dürfen, denn Australien ist eine in den **Sport** vernarrte Nation, die nicht nur gern zuschaut, sondern noch viel lieber mitmacht. Sich sportlich zu ertüchtigen, gilt daher fast als Pflicht – »das tut den Kindern gut« – und wer üppig zu viel auf den Hüften hat, wird in Australien noch sehr kritisch beäugt. Nicht nur weil der Australier davon ausgeht, dass sich da jemand nicht so ganz unter Kontrolle hat, sondern auch weil er der Ansicht ist, dass jemand mit einem offensichtlich ungesunden Lebenswandel früher oder später der Allgemeinheit zu Lasten fällt. Und das kann man schließlich vermeiden.

Unangenehm wurde es dann für Steffen im Supermarkt, genauer gesagt bei der **Bezahlung**. Zum einen, weil er am *self check-out* gescheitert ist – und alle es sehen konnten. Zum anderen, weil er (zumindest in den Augen der Leute, die mit ihm an der Kasse standen) nicht einmal in der Lage war, die einfachste aller Finanztransaktionen zu bewältigen: den Kauf von Süßigkeiten.

Was können Sie besser machen?

Was Mitbringsel und Geschenke angeht, lag Steffen mit der Schokolade durchaus richtig. Australier sind Naschkatzen und stolz auf ihre lokalen Marken. Völlig zu Recht vernarrt sind sie etwa in TimTams, ein Schokoladenbiskuit, das gerne zum Heißgetränk genossen wird. Weniger Auswahl gibt es im Bereich Gummibärchen, im Englischen irritierenderweise *lollies* genannt. Dafür aber Kekse ohne Ende: *Chocolate, Double Chocolate, Triple Chocolate* oder gar *Quadruple Chocolate* – was auch immer das sein mag! Steffen wird aber im Laufe seines Aufenthaltes noch einmal grübeln, was es für angemessene Mitbringsel gibt und dann glorreicher scheitern (siehe Episode 20).

Zum Thema Sport: Es hilft unheimlich, wenn man eine Sportart betreibt. Insbesondere dann, wenn es ein Sport ist, für den sich auch Australier begeistern können (allen voran Rugby, Cricket, Schwimmen). Notfalls tut es aber auch eine exotische Sportart wie etwa der sogenannte »Fußball« – wichtig ist, dass man darüber fachsimpeln kann, denn Sport ist nicht nur das Lieblingsthema der Australier, sondern in einigen Bereichen eine Ersatzreligion wie hierzulande besagter Fußball. In einer Sportart versiert zu sein, sichert Ihnen zumindest den Respekt der männlichen Bevölkerung, ganz so, wie es das Klischee möchte.

Wer selbst keinen Sport betreibt, sollte sich zumindest für eine Sportart interessieren oder das Interesse vortäuschen. Denn dass Cricket langweilig ist und Rugby dröge, das hören die Australier gar nicht gerne, auch wenn's stimmt. Und zu sagen, dass man sich nicht für Sport interessiert, macht einen sofort verdächtig, insbesondere dann, wenn man ein paar Speckrollen zu viel mit auf die Reise genommen hat.

Beim Thema Bezahlung ist zu beachten, dass Australien zu den Nationen gehört, in denen sehr viel »mit Karte« bezahlt wird. Zwar sind schon die kleinsten Münzen aussortiert worden, um den Zahlungsprozess zu beschleunigen (Preise werden gerundet), aber mittlerweile kann man selbst beim Bäcker um die Ecke mit Karte bezahlen. Das ganze schimpft sich *electronic funds transfer at point of sale* oder kurz EFTPOS. Dieser Service ist im ganzen Land fast uneingeschränkt verfügbar; nur in Einzelfällen legen kleinere Läden einen Mindestumsatz – etwa fünf Dollar – für die Nutzung fest.

EFTPOS erfreut sich höchster Beliebtheit, weil es Bargeld faktisch überflüssig macht. Und alle, die einen längeren Aufenthalt in Australien planen – insbesondere die, die auch arbeiten möchten –, werden in den Genuss kommen, ein australisches Konto zu eröffnen und am virtuellen Zahlungsverkehr teilzuhaben.

Doch was hat es mit der Frage »*Cheque, savings or credit?*« auf sich? Üblicherweise gibt es drei verschiedene Zahlungsmethoden für jede Karte. Für den gemeinen Urlauber erschließt sich der Unterschied auch nach längerem Aufenthalt nicht, da er beliebig auswählen kann, welches Knöpfchen er drückt. Der Teufel liegt hier im Detail.

Die Bankkarte funktioniert nämlich auch als Kreditkarte; nutzt man sie als solche, nimmt man gar nicht am EFTPOS-System teil, sondern transferiert Gelder über Visa, MasterCard und Konsorten. Das ist vorteilhaft für den Kunden, wenn er vielleicht sein Geld zurückbekommen möchte (nehmen wir an, die Ware war fehlerhaft), ist aber bei den Verkäufern weniger beliebt, da hinter den Kulissen ein paar Cent mehr an Verarbeitungsgebühr bezahlt werden müssen. Das wiederum gefällt natürlich den Banken!

Die Optionen Scheck *(cheque)* und Erspartes *(savings)* sind nur dann unterschiedlich, wenn man bei der Kontoeröffnung zwei verschiedene »Subkonten« auf der Karte vereint – eben ein Scheckkonto und eines zum Sparen. Ansonsten besteht hier kein Unterschied, aber da man EFTPOS nutzt, wird das Geld umgehend vom eigenen Konto abgebucht. Damit spart man sich die unangenehmen Überraschungen am Monatsende!

13 IM ZOO

LENA KUSCHELT MIT EINEM KOALA UND EIN KÄNGURU SCHLACKERT MIT DEN OHREN

Im zweiten Anlauf klappt es besser. Zwar wussten Lena und Jenny nicht so recht, was sie mit den zwölf geschenkten Stunden in Airlie Beach genau anfangen sollten – aber gemessen daran verging die Zeit dann doch relativ schnell.

Pünktlich um Mitternacht stehen die beiden nun an der Bushaltestelle. Um diese Zeit ist es ziemlich einsam, still und verlassen – und so kündigt sich der Bus schon aus der Entfernung mit einem Röhren an. Beide sind froh, dass es endlich losgeht, aber genervt, dass sie eine lange Nacht und gleich noch einen langen Tag an Bord eines Busses verbringen müssen. Doch das Schicksal meint es gnädig mit ihnen: Wieder sind genügend Plätze frei, um sich zu fläzen.

An richtigen Schlaf ist dennoch nicht zu denken. Zwar überkommt Lena die Müdigkeit, doch mehr als Dösen ist bei dem Geschaukel einfach nicht drin. Außerdem, so hat sie das Gefühl, häufen sich die Stopps – und jedes Mal wird sie von ein- und aussteigenden Passagieren geweckt. Im Morgengrauen ist gerade mal ein Drittel der Strecke geschafft. Nach weiteren sechs Stunden, bei rund zwei Dritteln der Strecke, schwören sich Jenny und Lena, solche Strecken in Zukunft mit dem Flugzeug zurückzulegen.

Zumindest kommen sie abends um sieben zu einer sehr zivilen Zeit in Brisbane an. Auch eine vernünftige Unterkunft ist schnell gefunden; damit bleibt nur, beim Abendessen die Pläne für den morgigen Tag durchzugehen.

»Ich müsste dringend mal meine Wäsche waschen«, erklärt Lena.

»Das klingt nach jeder Menge Spaß, willst du das nicht schnell noch heute Abend machen?«

Schnell? Lena ist irritiert. »Ich wollte heute nicht lange aufbleiben, nur um auf meine Wäsche zu warten …«

»Man merkt, dass du wirklich noch nicht lang in Australien bist«, kontert Jenny und klärt Lena über die australischen Waschmaschinen auf.

EINFALLSINSEL

Fragen Sie einen Aussie nach den berühmtesten australischen Erfindungen, stehen die Chancen gut, dass er die rotierende Wäschespinne nennen wird – ein häufiger Gast in australischen Gärten.

Doch das sagt, so oder so, einiges über das Land und seinen Innovationsreichtum aus. Wo die Technologie offensichtlich hinterherhinkt, ist tatsächlich beim Waschen von Kleidung.

Auch heute noch wird man als Reisender ständig mit nutzlosen Waschmaschinen konfrontiert, die in weniger als dreißig Minuten einen Waschgang vollenden. Im Regelfall ohne Heißwasser. Entsprechend sauber wird die Kleidung. Zumindest riecht sie wieder frischer.

Wenigstens das Trocknen geht schnell, ob mit oder ohne rotierende Wäschespinne. Doch hier zeigt sich, wie gnadenlos die australische Sonne ist – effektiv wie ein Bleichmittel. Überlegen Sie sich also gut, ob Sie ihre Lieblingskleidung mitnehmen möchten oder vielleicht doch besser ein paar entbehrliche Sachen.

Lena lässt sich schnell überzeugen – und keine halbe Stunde später zieht sie ihre nasse Kleidung wieder aus der Waschmaschine.

Damit ist der nächste Tag komplett frei, um sich zu amüsieren. Nach einer wahrlich erholsamen Nacht machen sich beide auf, um ein nahegelegenes *wildlife sanctuary* zu besuchen. »Ich kann gar nicht glauben, dass du noch nicht im Zoo gewesen bist«, waren Jennys Worte, als Lena erklärte, die Tiere in Australien würden sie halt nicht so sonderlich interessieren. Das brachte ihr bloß einen kritischen Blick ein – und Jenny legte ohne Duldung weiteren Widerspruchs den Tagesausflug fest. Und so kommt es, dass sie nun mit einer Busladung japanischer Reisender Einlass in einen Zoo nahe Brisbane suchen.

Während sie durch den Zoo spazieren, stellt Lena fest, dass die australische Fauna sie vor allem nicht interessiert hat, weil sie ziemlich wenig darüber wusste. Kängurus, ja, Koalas, ja – das war es dann aber auch schon. Mit einer morbiden Faszination schreiten Lena und Jenny an der Sammlung von Schlangen vorbei, jede von ihnen giftig genug, um gleich Dutzende Menschen über die Wupper zu bringen.

»Möchtest du ein paar Horrorgeschichten über Schlangen hören, die man mir erzählt hat?«, fragt Jenny.

»Nein.«

»Also, dann hör mal zu. Ein Farmarbeiter hat mir erzählt, wie er diesen drei Meter langen Taipan auf seinem Grundstück hatte und …« Jenny beginnt einen längeren Monolog und genießt sichtlich, dass Lena immer unwohler wird.

HÖR AUF MICH UND GLAUBE MIR, AUGEN ZU, VERTRAUE MIR …

Vielleicht auch besser nicht?!

Australien ist Heimat der giftigsten Schlangen der Welt. Wohlgemerkt: Es sind die giftigsten, aber nicht die gefährlichsten – bemerkenswert wenige Todesopfer sind zu beklagen. Das liegt unter anderem daran, dass australische Schlangen im Allgemeinen als wenig aggressiv gelten. Dennoch ist, gerade bei der Farmarbeit, Vorsicht geboten.

Sollten Sie eine Schlange sehen, weichen Sie ihr aus. Sind Sie ihr schon zu nahe, halten Sie still – die Schlange wird sich beruhigen und Sie »vergessen«. Das Beste ist aber, jeder Konfrontation aus dem Weg zu gehen, und das beinhaltet auch, darauf zu achten, wohin man tritt.

Doch die Ausnahme bestätigt die Regel. Nicht alle Schlangen sind friedfertig. Die *brown snakes* gelten als aggressiver als die meisten anderen Schlangen, während die *mulga snake* dafür berühmt ist, auch völlig ohne Provokation zuzubeißen – sogar dann, wenn ihre Opfer gerade schlafen!

In diesem Sinne: Süße Träume!

Um weiteren Schauermärchen zu entgehen, gibt Lena unauffällig die Richtung vor – weg von allem, was kreucht und fleucht, hin zu den Koalas. Überrascht stellt sie fest, dass es die Koalas sind, die sie schon von Weitem gehört hat – ein ziemlich unattraktives Blöken, das die Weibchen der Spezies aber anscheinend unwiderstehlich finden. Nach einer Runde »Sollen wir – ich weiß nicht – is' schon albern – na, komm schon« entscheiden sie sich auch für das obligatorische Foto mit Koala im Arm. Besagter Koala scheint sich nicht daran zu stören, dass er zum professionellen Kuscheln feilgeboten wird, sein Blick verrät aber auch, dass er nicht ansatzweise begreift, was hier vor sich geht. Doch seine Gesichtszüge sorgen für ein paar erstklassige Schnappschüsse.

Weiter geht es zu den Kängurus. Überraschend groß sind einige von ihnen, findet Lena, als sich ein hungriges Exemplar vor ihr aufrichtet, um ihr aus der Hand zu fressen. Sie ist ein wenig ängstlich angesichts der Kraft, mit der das Känguru sie festhält, während eine Handvoll weiterer Tiere sich in ihre Richtung aufmacht. Doch in dem Moment entdeckt sie, dass es sich offensichtlich um ein Weibchen handelt, das ihr da aus der Hand frisst – denn ein winziges Känguru mit großen Knopfaugen entscheidet sich, aus dem Beutel seiner Mutter einen Blick nach draußen zu werfen. Spätesten jetzt ist Lena hin und weg.

»Schau mal, wie niedlich, kannst du …«, beginnt sie, doch wird von Jenny unterbrochen.

»Nicht anfassen!«, ruft die. Zu spät. Lena ist schon dabei, das Kleine an den Ohren zu kraulen – doch das gefällt der Mutter gar nicht. In Sekundenschnelle verpasst sie Lena ein paar Schläge und Kratzer, bevor sie für Känguruverhältnisse sehr empört davonhüpft.

»Und ich sag noch, nicht anfassen …«

Holy moly! Was ist da schiefgelaufen?

Im Norden wie im Süden, im Osten wie im Westen; ob zu Lande oder zur See, ob groß oder klein, ob pelzig oder schuppig: Australien ist randvoll mit **Tieren**. Und die Fauna ist einer der Hauptgründe, den fünften Kontinent zu erkunden. Die Natur ist absolut einzigartig – und sehenswert.

Man könnte sogar sagen, dass man Tiere mögen muss, wenn man nach Australien reist. Sicher ist es möglich, der Tierwelt in den Großstädten auszuweichen, aber auf dem Land ist es schon erstaunlich, was im Garten so alles vor sich geht – und manchmal sogar im eigenen Haus. Australiens Tierwelt ist, zumindest zum Teil, nämlich sehr neugierig. Das heißt aber auch, dass Reisende, die sich für Tiere nicht begeistern können oder – schlimmer – Tiere nicht mögen oder – noch viel schlimmer – gar Angst vor ihnen haben, mit einem anderen Reiseziel besser beraten sind.

In jedem Falle: Wie überall auf der Welt gibt es auch hier gewisse Verhaltensregeln, die es zu beachten gilt. Lässt man einmal die eine Hälfte an australischen Tieren beiseite – die, die einen schnell ins Grab bringen kann –, muss man feststellen, dass die meisten Lebewesen auf dem Kontinent sehr gutmütig sind. Und selbst die giftigen Tiere, wie die Schlangen, sind in den seltensten Fällen aggressiv.

Lenas größter Patzer besteht darin, sich nicht vorher über die grundlegenden Verhaltensweisen informiert zu haben. Das hätte nicht einmal eine Google-Suche erfordert; in den meisten *wildlife sanctuaries* wird kurz und prägnant dargestellt, was es zu tun und zu lassen gilt. Die jungen Kängurus im Beutel, die *joeys*, anzufassen, zählt dabei zu den größten Sünden.

Was können Sie besser machen?

Was beide richtig gemacht haben, ist, in ein *wildlife sanctuary* zu gehen. Schließlich ist es für normale Reisende nicht immer ganz einfach, die Tiere in freier Wildbahn zu beobachten; und diese Zoos bieten eine gute Gelegenheit, sich mit den Einheimischen vertraut zu machen. Natürlich sind es sehr kommerzielle Einrichtungen, die einem aber durchaus ein Gefühl dafür geben, wie einzigartig die Tierwelt *down under* ist. Das Interessante dabei ist, dass an vielen Stellen nicht nur das Beobachten, sondern auch der Kontakt mit den Tieren erlaubt oder sogar erwünscht ist. So kann man die Kängurus und Wallabys füttern und sich mit dem Koala im Arm fotografieren lassen; Mutige dürfen sich vielleicht sogar eine Schlange um den Hals legen.

Doch ein paar Spielregeln gilt es auch dabei zu beachten. Hier kurz das geballte Wissen über die Fauna, die hüpft:

Kängurus sind große Tiere. Wallabys sind – im Wesentlichen – kleine Kängurus. Bei beiden ist zu vermeiden, Jungtiere im Beutel (oder den Beutel generell) zu berühren. Ansonsten werden die meisten Tiere schon kommen, wenn sie Gesellschaft wünschen, und freuen sich dann auch, hinterm Ohr gekrault zu werden. Allerdings werden Kängurus & Co. schnell nervös, was sich darin äußert, dass sie am ganzen Körper zittern. Dann heißt es: Abstand wahren und ruhig bleiben. Völlig normal ist es dagegen, dass die Tiere spontan anfangen zu würgen, so aussehen, als würden sie bald ersticken, und kurz darauf munter Gras wiederkäuen.

Handliches Beuteltieridentifikationschart

Grundsätzlich macht es Sinn, sich von klein nach groß vorzuarbeiten. Weder Kängurus noch Wallabys sind generell aggressiv – schon gar nicht, wenn sie Menschen gewohnt sind –, aber sie haben Krallen, die bei den mannshohen Roten Kängurus durchaus schmerzhafte Verletzungen verursachen können. Bei kleinen Wallabys gibt es bestenfalls harmlose Kratzer, etwa dann, wenn sie einen Arm festhalten und man ihn wegzieht, statt sich zunächst aus dem Griff zu lösen.

Wallabys und Kängurus begrüßen sich untereinander, indem sie sich die Nasen entgegenstrecken und diese beschnüffeln. Bei Menschen werden sie das auch probieren; wenn ihnen also jemand die Nase leckt, dürfen Sie das als Kompliment auslegen. Toppen lässt sich das nur, wenn die Tiere ans Kopfhaar gelangen und versuchen, einen Menschen zu putzen – dann haben Sie einen neuen Freund gefunden.

Viele andere Dinge sind aber von Tier zu Tier unterschiedlich – etwa ob sie es mögen, auf den Arm genommen zu werden. Da gilt es, Vorsicht walten zu lassen. Verstößt man gegen das Känguru-Grundgesetz, ist es besser, sich zügig zu schleichen, denn den Kampf gegen ein ausgewachsenes Alpha-Männchen kann man fast nur verlieren. Ein Mythos ist es übrigens, dass Kängurus boxen – sie versuchen vielmehr, einen Angreifer festzuhalten, um ihn dann zu treten (und am Fuß haben sie eine nochmals schärfere Kralle …). Sprich: kein Boxen, sondern Kickboxen. Sobald sich ein Tier aufrichtet, fühlt es sich bedroht oder will andere bedrohen – dann sollte man sich zurückziehen oder wenigstens Bruce Lee heißen.

14 ZU HAUSE

STEFFEN TRÄGT EINEN EIMER UND BEGEGNET DEM TOD

Steffen hat sich gut eingelebt. Zwei, drei Wochen hat es gedauert, aber mittlerweile fühlt er sich in der Ferne daheim – was auch daran liegen könnte, dass er nach zehn Tagen endlich aus dem Hotel aus- und in ein kleines Häuschen einziehen konnte.

Doch stressig blieb es. Auf der Arbeit gab es, wie immer in einem neuen Job, viel zu tun. Außerdem galt es, viele neue Leute kennenzulernen und Dutzende von Formalitäten zu erledigen. Und selbst an den Wochenenden wollte es Steffen nicht so recht gelingen, abzuschalten. Einerseits, weil er noch dieses und jenes erledigen musste, andererseits, weil seine Nachbarn ihn auf Trab hielten. Links von ihm ein begeisterter Handwerker und Früh-am-Morgen-Rasenmäher, rechts eine Familie mit zwei Kindern, die lebhaft genug sind für vier.

Daher merkt Steffen auch sofort, dass heute etwas anders ist. An diesem Samstag regnet es nämlich – und zwar in Strömen. Angefangen hat es bereits am Vorabend, kurz nachdem Steffen heimgekommen ist. Nun regnet es seit mehr als zwölf Stunden unentwegt. Nicht mehr heftig, auch nicht stürmisch, aber genug, um dabei gut zu schlafen.

Genau das gelingt Steffen auch. Als er das erste Mal morgens aufwacht, ist es – bis auf das Prasseln des Regens – himmlisch still.

So still wie schon lange nicht mehr. Auch als Steffen sich anderthalb Stunden später noch einmal wendet, hört er nichts bis auf den Regen und ganze zwei Autos, die die Straße entlangfahren. Sie kämpfen sich hörbar durch das Wasser auf dem Asphalt, und so beschließt Steffen, dass er an diesem Tag nichts verpassen kann. Und der Keller kann ohnehin nicht volllaufen …

WOHIN ZUM LACHEN?

Gute Frage – denn die meisten australischen Häuser haben keinen Keller.

In Queensland stehen die Häuser oft sogar auf Stelzen, um einen Luftzug um das gesamte Gebäude herum zu ermöglichen. Die Fläche unter dem Haus ist dann »der Keller« – zumindest steht dort gerne, gut sichtbar für alle, der ganze Schrott und Tinnef herum, den man hierzulande möglichst versteckt wissen will.

Doch australische Häuser haben noch andere Besonderheiten. Häufig sind sie aus Holz, in Leichtbauweise errichtet und ohne jegliche Isolierung. Üblicherweise liegt der Hauseingang nicht dort, wo man ihn vermuten würde, sondern führt direkt durch die Waschküche in die Wohnräume! Außerhalb der Städte sind Klingeln ebenso selten wie Leute, die die Türen abschließen, wenn sie mal kurz unterwegs sind.

Weitere siebenundachtzig Minuten später hat sich an der Großwetterlage immer noch nichts geändert. Steffen ist aber endlich ausgeschlafen und zum ersten Mal hat er das Gefühl, *wirklich* in Australien angekommen zu sein. Sich nicht nur eingelebt, sondern auch den allerletzten Rest des Jetlags hinter sich gelassen zu haben. Nach kurzem Abwägen der Optionen entscheidet sich Steffen, den kurzen Rest des Vormittags weiter im Bett vor sich hin zu lungern.

Erst gegen Mittag, als ihm der Rücken schmerzt und der Magen knurrt, kann sich Steffen dazu aufraffen, sich aus dem Bett zu schälen. Erstaunlich kühl ist es – und der Regen macht immer noch keine Anstalten, aufzuhören.

Steffen beschließt, zuerst sich und dann seine Wohnung einmal gründlich zu putzen. Entgegen aller Pläne fällt es ihm schließlich nicht leicht, einfach mal gar nichts zu tun. Frisch geduscht macht er sich kurz darauf daran, das Putzequipment zu sichten, das sein Vorgänger ihm hinterlassen hat.

Ein besonders reinlicher Mensch kann es nicht gewesen sein, befindet Steffen, als er im Abstellraum einen Mopp samt Eimer findet und zwei Putzmittel – einen Allzweckreiniger und einen fürs Bad. Dass der Eimer bereits Spinnweben angesetzt hat, spricht für sich.

Doch Steffen lässt sich nicht entmutigen – für einen groben Putz wird es schon genügen, denkt er sich, und macht sich daran, den Boden zu wischen.

Bemerkenswert schnell hat sich eine erstaunliche Menge von Dreck angesammelt. So viel, dass er das Wasser bereits wechseln muss, bevor er auch nur den zweiten Raum erreicht hat. Auch dort liegt noch eine Menge an Staub herum. Völlig in seine hausfraulichen Tätigkeiten versunken, bemerkt Steffen zunächst nicht, wie ein Teil des Drecks anfängt, sich zu bewegen.

Erst nach dem nächsten Auswringen sieht Steffen aus dem Augenwinkel, wie etwas auf den Bodenfliesen liegt. Es ist eine ziemlich fette Spinne, die sehr langsam, aber stetig in seine Richtung krabbelt.

Dummerweise ist sie so groß, dass Steffen Hemmungen hat, sie zu erschlagen. Andererseits: Hilflos herumstehen ist schließlich auch keine Option. Zu allem Überfluss ist er auch noch barfuß.

Doch in der Küche findet sich spontan keine passende Waffe. Daher lässt Steffen den Mopp stehen und eilt, um seine Schlappen aus dem Wohnzimmer zu holen. Als er zurückkommt, hat sich die Spinne nur ein kleines Stück weiterbewegt.

Fuck!, denkt sich Steffen – erstaunlicherweise bereits auf Englisch –, bevor er dem Problem wie ein Mann begegnet und die Spinne mit seinen Schlappen plättet. Beim ersten Anlauf ist er noch zu zart; die Spinne bleibt stehen und protestiert, indem sie ihre Vorderbeine in die Luft hebt. Doch im zweiten Anlauf unterliegt sie der deutschen Qualitätsarbeit und hinterlässt nichts mehr als einen unansehnlichen Fleck auf den Fliesen.

So schlimm war das gar nicht, denkt Steffen. Und doch könnte er auf solche Begegnungen in Zukunft gut und gerne verzichten.

Christ almighty! Was ist da schiefgelaufen?

Zunächst einmal ist Steffen mit den falschen Erwartungen an den Hausputz gegangen. Man würde vermuten, dass man eine neue Bleibe beim Einzug mindestens besenrein übergeben bekommt. Doch was **Sauberkeit** angeht, haben Australier oft etwas weniger penible Standards, als man sie aus Zentraleuropa gewohnt ist. Das muss einem allerdings keine schlaflosen Nächte bereiten; eher könnte man es so zusammenfassen, dass man in Australien öfter in Häusern zu Gast ist, deren Besitzer es nicht schlimm finden, wenn hinterm Schrank oder in der Ecke Staub liegt. Und dass es bei der Hygiene Kompromisse gäbe, ist im Allgemeinen nicht festzustellen: Die Arbeitsflächen in der Küche werden genauso viel oder wenig gepflegt wie in Deutschland auch.

Der Grund für diese etwas laxere Haltung ist – vermutlich –, dass man vielerorts in Australien große Teile des Jahres ohnehin draußen verbringt. Dann steht die Tür zum Garten auf, und mit jedem Male, dass man (idealerweise barfuß) ein- und ausspaziert, trägt man ein wenig Dreck umher. Hinzu kommt, dass in den meisten Haushalten nicht nur Menschen wohnen, sondern auch Hunde oder Katzen oder beides … und die am besten gleich im Doppelpack. Und wenn der Fußboden dann ein bisschen dreckig ist, na, dann ist das nicht weiter schlimm. Das spiegelt sich natürlich auch in den Putzmitteln wider, die in Steffens Schrank vor sich hin stauben.

Zum anderen ist Steffen einer der glücklichen Auserwählten, die den persönlichen Kontakt mit einer *Sydney funnel-web spider*, der giftigsten **Spinne** der Welt, genießen dürfen. Zugegeben, die Chance auf ein solches Tête-à-Tête ist denkbar gering, aber wie bei den großen Tieren (wie wir in der vorigen Episode gesehen haben) gibt es auch beim Kleinvieh gewisse Verhaltensregeln – und Steffens Problemlösung in Form eines Hausschuhs ist nur bedingt empfehlenswert. Sie ist aber immerhin besser, als sich beißen zu lassen, denn in diesem Fall bleibt einem rund eine Dreiviertelstunde für das Gegengift bzw. die letzte Ölung.

Was können Sie besser machen?

Was die Sauberkeit angeht, kann man nicht viel machen – schließlich kann man anderen Leuten schlecht vorschreiben, wie sie ihren Haushalt zu führen haben. In den meisten Fällen ist alles überhaupt nicht tragisch, nur für manche Reisende ist es einfach irritierend, wenn Sand im Wohnzimmer liegt oder Wollmäuse in der Ecke. Sich darüber zu äußern, fänden die meisten Aussies aber wohl reichlich neurotisch. Daher: Erwartungen runterschrauben und locker lassen. Was Sie nicht umbringt, macht Sie härter.

Das bringt uns sauber zum zweiten Thema, den Spinnen. Eine der häufigsten Fragen über Australien zielt auf die riesigen oder giftigen Spinnen ab. Doch keine Panik, alles halb so wild. Mit ein wenig Glück (oder Pech, je nach Interessenslage) wird man gar keinem außergewöhnlichen Achtbeiner über den Weg laufen.

Es empfiehlt sich aber auf jeden Fall, sich vor der Abreise nach Australien mit drei Spinnenarten vertraut zu machen. Dazu zählen die besagte *funnel-web spider,* die *redback spider* und die *huntsman spider.*

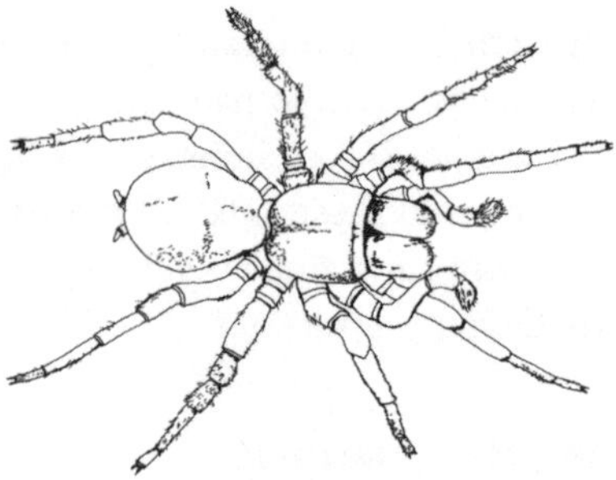

Funnel-web Spider 5 cm

Die *funnel-web spider* ist – zumindest nach aktuellem Wissensstand – nur in Sydney und Umgebung anzutreffen. Allerdings sind Begegnungen mit ihr eher selten, was dazu führt, dass reichlich Folklore kursiert (ein bisschen wie bei den *dropbears*). Man sagt, die Spinnen würden vor allem nach starken Regenfällen, die ihre unterirdischen Bauten überfluten, auf Wanderschaft gehen – und dabei auf menschliche Gegner stoßen. Auch heißt es, sie würden zumeist paarweise auftreten: Wer eine Spinne erlegt, sollte also nach einer zweiten Ausschau halten.

Sicher ist, dass die *funnel-web spider* weder besonders groß noch besonders schnell noch besonders agil noch besonders irgendwas ist. Für eine Spinne kann sie eigentlich ziemlich wenig. Die meisten Unfälle mit Bissfolge sind daher Unfälle im wahrsten Sinne des Wortes, etwa wenn jemand eine vermeintlich ertrunkene Spinne aus dem Pool fischen will oder mit bloßen Händen das Laub einsammelt. Ein Biss wird nicht unbemerkt bleiben, da die Spinne so große Fangzähne und so viel Bisskraft hat, dass sie einen Fußnagel durchdringen kann.

An dieser Stelle noch der Hinweis: Im Englischen unterscheidet man zwischen *poisonous* und *venomous* – Ersteres beschreibt Tiere, die giftig sind, wenn man sie isst, Letzteres Tiere, die mit Gift jagen oder sich damit verteidigen.

Da die *funnel-web spider,* wie gesagt, nicht besonders viel kann, ist sie auch nicht gerne auf freien Flächen unterwegs. Daher kann man die Spinne einfangen, indem man ein Einmachglas grob in der Richtung platziert, in der sie spazieren geht. Dann wird sie hineinlaufen und man kann das Glas aufrichten – und die Spinne ist gefangen, denn sie kann am Glas nicht klettern. Dann nur noch einen Deckel drauf und ein paar kleine Löcher rein. Aber warum ist das besser, als sie direkt zu erschlagen? Ganz einfach: Gegengift fällt nicht vom Himmel. Um es zu produzieren, braucht man lebende Exemplare – und wer nicht zu ängstlich ist (was man eigentlich nicht sein muss, weil die Spinnen auch für den Laien sehr zuverlässig zu identifizieren sind), kann eine *funnel-web spider* einfangen und in ausgewählten Krankenhäusern abgeben, wo sie dann der Medizin von Nutzen ist.

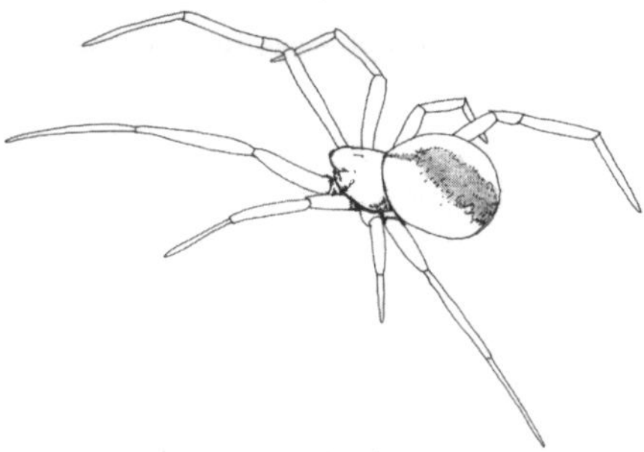

Redback Spider ♂ 3–4 mm
♀ 10 mm

Die *redback spider,* Australiens zweite Giftspinne, ist wesentlich häufiger anzutreffen; sie ist quasi auf dem gesamten Kontinent heimisch. Es ist die australische Variante der Schwarzen Witwe. Doch die meisten *redbacks* sind viel zu klein, um Schreikrämpfe auszulösen. Zwar muss ein Biss behandelt werden, aber das Gift wirkt zumindest langsam: Man hat rund 24 Stunden Zeit, sich ins nächste Krankenhaus zu bequemen. Einfache Vorsichtsregeln mindern außerdem das Risiko, gebissen zu werden. *Redbacks* verstecken sich beispielsweise gerne im Schuppen, vielleicht unter ein paar alten Möbeln, die man dort abgestellt hat … Mit der Zeit wird man, wie bei Schlangen, einen sechsten Sinn dafür entwickeln, wo sich die Tiere aufhalten könnten.

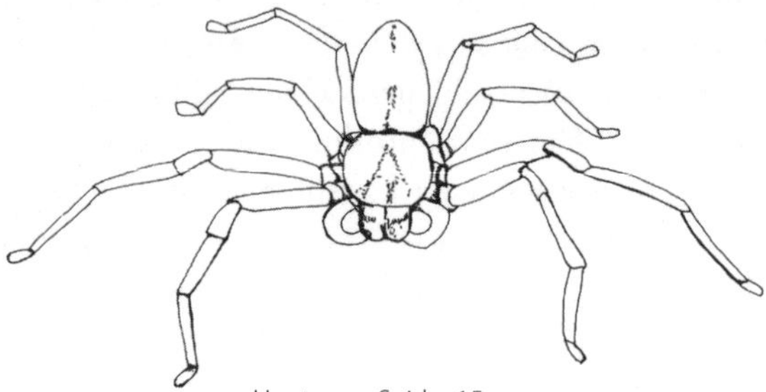

Huntsman Spider 15 cm

Und zu guter Letzt: die *huntsman spider.* Diese große, krabbenartige Spinne ist ebenfalls in ganz Australien heimisch. Und sie ist für die meisten Panikattacken verantwortlich, denn diese Spezies ist es, die plötzlich auftaucht, wenn man gerade unter der Dusche steht oder unbewaffnet auf der Toilette sitzt. Die gute Nachricht ist, dass die Tiere zwar groß werden können (etwa bis zur Größe einer Untertasse), aber völlig harmlos sind. Sie sind nämlich sogar nützlich: Diese Spinnen laufen blitzschnell, auch auf den Wänden, und das macht sie zu idealen Jägern von Moskitos und allerlei anderen nervigen Insekten. Streng genommen ist die *huntsman spider* Ihr Freund, weshalb sie auch von vielen Australiern im Haus geduldet wird. Diese Spinnen können sich beispielsweise hinter Bildern an der Wand verstecken – also nicht erschrecken, wenn sie sauber machen! Es gilt, dem Instinkt (das Haus niederbrennen und ein neues bauen) zu widerstehen, das schont das Budget.

Bei allen anderen Spinnen sei gesagt, dass der Griff zum Schuh im Zweifel die bessere Alternative darstellt. Man weiß nicht, wie schmerzhaft und folgenreich ein Biss sein kann, und nicht immer ist ein Arzt um die Ecke (siehe Episode 35). Und – unter uns – es gibt auch verdammt viele Australier, die sich beim Thema Spinnen noch in die Hose machen.

15 AM TELEFON

LENA DENKT AN NUDISTEN UND JENNY ERLEDIGT EIN PAAR ANRUFE

Die Frage hängt für einen Moment unbequem im Raum, bevor Lena eine passende Antwort parat hat. »Was?«

»Na, wie du zu Nudismus stehst. Nu-dis-mus«, wiederholt Jenny.

Nach kurzem Nachdenken fällt Lena keine bessere Erwiderung ein als die, die sie schon einmal gegeben hat. »Was?!«

»Hier sind einige kuriose Anzeigen dabei, die du dir unbedingt anschauen musst«, sagt Jenny und quält sich vom Sofa, auf dem sie die letzte halbe Stunde halb liegend, halb sitzend Stellenanzeigen durchforstet hat. Mit dem Finger deutet sie auf eine Anzeige, als sie Lena das Buch reicht.

»*We prefer nudists and have clothing-optional safe areas*«, steht es da, schwarz auf weiß; besonders willkommen seien »Bisexuelle, Studenten, Greenpeace-Mitglieder und Esoteriker«. Lena ist sich nicht sicher, ob es vielleicht doch keine so brillante Idee gewesen ist, sich für das *woofing* zu entscheiden.

UNSERE KLEINE FARM

Eine Alternative zu »klassischen« Jobs bietet das *woofing*, kurz für *willing workers on organic farms*. Darunter versteht man eine Organisation aus Farmen, die Leute beschäftigen und sie dafür nicht bezahlen, sondern mit einer Unterkunft und Mahlzeiten versorgen. Auf diese Weise entfällt der ganze Papierkram – und die Arbeit ist sehr befriedigend, denn man weiß abends exakt, wofür man geschuftet hat.

Doch *woofing* ist nicht gleich *woofing*. Vielen Gastgebern geht es nicht nur um die Arbeit, sondern auch um die Gesellschaft. Dann ist es ein exzellenter Weg, um Land und Leute kennenzulernen. Aber natürlich gibt es auch schwarze Schafe, die nur an billigen Arbeitskräften interessiert sind. Das Spektrum reicht von »ganz normalen« Australiern, die Hilfe im Garten brauchen, bis hin zu eher extremen Gegenbeispielen wie dem, das Jenny herausgesucht hat. Alle Beispiele aus dem Text sind nämlich vollkommen authentisch!

- Darum: Wer *woofen* möchte, sollte darauf achten, dass:
- man sich mit dem Gastgeber gut versteht;
- man eher vier Stunden pro Tag an fünf Tagen pro Woche arbeitet und nicht jeden Tag sechs Stunden;
- man sich die Arbeit so einteilen kann, wie es einem beliebt (zum Beispiel morgens, durchgehend etc.);
- dass Arbeit und Gegenleistungen in einem vernünftigen Verhältnis stehen.

»Ist das ernst gemeint?«

»Ich fürchte schon. Schau, ich habe noch ein paar andere Highlights markiert – nur für dich.«

Als Lena das Kapitel mit den Angeboten für Queensland durchblättert, entdeckt sie einige von Jennys Markierungen. Einige vielversprechende Anzeigen haben ein »X« oder auch gleich zwei »XX«, einige der eher unfreiwillig komischen Annoncen hat sie passenderweise mit einem Smiley markiert. Lena entdeckt eine kuriose Anzeige, die sich nur an *womyn* richtet, die mit ihrem inneren *spirit* in Verbindung treten möchten (und Ziegenkäse schätzen). Männer dürfen das Grundstück nur in Begleitung von *womyn* betreten, liest sie. Ein paar Seiten später findet sich noch eine Anzeige für ein vegetarisch orientiertes

Lesbenparadies (»Zugang zu feministischer Literatur & informelles lesbisches Netzwerk. Weibliche Kinder O. K.«); kurz darauf springt ihr eine Anzeige von Leuten ins Auge, die sich nur mit Wasser aus Eimern reinigen, um die natürliche Reinheit des Rituals zu bewahren.

»Keine Sorge, da sind schon genügend gute Sachen dabei«, beschwichtigt Jenny, die offenbar Gedanken lesen kann. Was Lena im Sinne hatte, als sie sich für die »Farmarbeit« entschieden haben, war irgendwas mit Tieren, idealerweise mit Pferden. Einiges von dem, was angeboten wird, ist aber wesentlich exotischer.

Nachdem auch Lena die Anzeigen durchgeblättert hat, haben beide rasch eine Handvoll Favoriten identifiziert – allesamt im Outback von Queensland. Doch selbst nach neun Jahren Schulenglisch inklusive der Fremdsprache als Schwerpunkt im Abitur muss Lena feststellen, dass ihre Sprachkenntnisse offenbar nicht so alltagstauglich sind wie bislang angenommen.

»Was ist *whippersnipping?*«, fragt sie in der Hoffnung, Jenny habe vielleicht mehr Ahnung. Doch die kann auch nur mit den Schultern zucken. Gleiches gilt für die Definitionen von *»undulating«* und *»tranquil«*. Doch glücklicherweise ist das meiste so gut verständlich, dass die beiden alsbald ihre Favoriten in eine Reihenfolge bringen können, woraufhin sich die nächste Preisfrage stellt.

»Sollen wir anrufen oder erst einmal eine Mail schreiben?«, fragt Jenny.

»Hm, per E-Mail ist es sicher einfacher …«, sagt Lena. Aber Jenny gibt zu bedenken, dass es Tage dauern kann, bis man eine Antwort bekommt – falls überhaupt eine kommt. Und darauf haben sie beide keine Lust.

Passenderweise ist es erst fünf Uhr nachmittags, und eine solch zivile Zeit scheint für ein paar erste Anrufe perfekt. Jenny macht den Anfang und tippt die lange Nummer einer Farm in ihr Handy, die es mit ihrer humorvollen Anzeige auf Platz 1 ihrer Wunschliste gebracht hat.

In ihrem Hostelzimmer ist es bis auf das Surren der Klimaanlage still – so still, das Lena das Klingeln deutlich hören kann. Dann hebt auf der anderen Seite jemand ab.

In geübtem Englisch begrüßt Jenny den Farmer und stellt kurz ihr Anliegen dar. Danach geht es einsilbig weiter; nach einer Reihe von *»yes«, »no«, »uhm«* beginnt Jenny irritierte Grimassen zu ziehen. Offenbar verläuft das Gespräch nicht ganz so, wie sie es sich erhofft hat. Nach einigen Minuten kommen die Verhandlungen mit einem *»Okay – yes – bye«* stockend zum Ende.

»Und?«, fragt Lena.

»Keine Ahnung. Ich weiß nicht, welche Sprache der Typ gesprochen hat, aber Englisch war es sicher nicht. Was zum Teufel ist *smoko?*«, verlängert Jenny die lange Liste suspekter Wörter, die sie seit ihrer Ankunft in Australien pflegt.

»War es so schlimm?«

»Na ja, er hatte einen ziemlich starken Akzent. Ich habe maximal die Hälfte verstanden, und in der Hälfte hat er gesagt, dass sie wohl schon jemanden haben und er nicht weiß, wann er jemand Neues braucht. Wir sollen es in ein paar Wochen noch mal probieren. Oder so ähnlich jedenfalls.«

Doch die beiden lassen sich nicht entmutigen, zumindest nicht nach dem ersten Versuch. Abwechselnd probieren Lena und Jenny ihr Glück bei den anderen Farmen auf der Liste, bis sich nach dem sechsten Anlauf erste Ermüdungserscheinungen breitmachen. Wir haben schon jemanden, wir suchen jemanden mit Erfahrung, wir melden uns – fast so, als wollten sich beide auf eine hoch dotierte Festanstellung bewerben und nicht als helfende Hand auf einer Outbackfarm.

»Aller guten Dinge sind sieben«, murmelt Jenny und tippt eine weitere Nummer in ihr Handy. Und kaum, dass jemand am anderen Ende der Leitung abnimmt, scheint sich ihre Stimmung merklich aufzuhellen. Statt des einsilbigen Dialogs werden dieses Mal knallharte Fakten ausgetauscht – und Jenny sagt zu, in einer guten Woche anfangen zu können. Mit einem erleichterten *»See you soon«* endet das erste erfolgreiche Telefonat.

»Geht doch!«, sagt Jenny.

»Keine Verständigungsschwierigkeiten?«

»Keine. Alles glasklar. Ab Montag nächster Woche können wir anfangen, erst einmal für ein paar Tage – mal sehen, wie es so läuft. Dass wir keine Erfahrung haben, ist ihnen egal. Sie schienen eher begeistert zu sein, dass sich jemand auf den langen Weg macht!«

Bugger! Was ist da schiefgelaufen?

So blöd es sich anhören mag – eines der größten Tabus in Australien ist es, nicht vernünftig **Englisch** zu sprechen. Kurios, wenn man sich den Akzent der Australier einmal genauer anhört …

Das gilt natürlich nicht für die Großstädte oder die Personen, die – wie *tour guides* – tagein, tagaus mit internationalem Publikum zu tun haben. Es gilt für die Fälle, wie sie hier beschrieben sind – wenn man mit Einheimischen und nur mit Einheimischen zusammenarbeiten möchte. Und selbst wer glaubt, gut Englisch zu beherrschen, wird noch an seine Grenzen stoßen. Dafür sorgen der australische **Akzent** und reichlich Vokabeln, die man mit seinem Schulenglisch nicht gelernt hat.

Als Beispiel dient der folgende Einkaufszettel, den Sie bitte mal ins Englische übersetzen:

Vermutlich wird Ihnen die Übersetzung nicht gelingen, ohne auf das Wörterbuch zurückzugreifen. Das ist ganz normal. Einzelne Worte nicht zu kennen, ist auch nicht das Problem – das passiert in der Muttersprache schließlich auch. Oder können Sie alle Werkzeuge benennen, die in Ihrem Schuppen liegen? Bei manchen Australiern ist der Geduldsfaden aber recht kurz; sie werden vielleicht einmal helfen, ein unbekanntes Wort zu umschreiben, aber danach sollte es sitzen. Und wer nicht zumindest erklären kann, was er eigentlich will, ist schnell verloren.

Das liegt daran, dass Australier es einfach nicht gewohnt sind, eine andere Sprache zu brauchen. Mit Englisch haben sie die Weltsprache bereits in die Wiege gelegt bekommen, und an vielen ihrer beliebtesten Urlaubsziele – Neuseeland, Großbritannien, die USA – bringt es sie auch weiter. Wozu also eine Fremdsprache lernen, denken sich die meisten, und verlassen die Schule mit bestenfalls rudimentären Fähigkeiten in anderen Sprachen.

Schlimmstenfalls kann es sogar passieren, dass Australier dies damit rechtfertigen, dass es für sie selbst so schwierig sei, Englisch zu lernen. Es sei eine so komplizierte Sprache, heißt es dann, etwa weil so viele Worte ähnlich ausgesprochen werden (*one* klingt wie *won, two* wie *to* und *too, four* wie *for* usw.). Bedenken Sie bei Ihrer Reaktion, dass Sie vielleicht nicht immer jemanden vor sich stehen haben, der eine klassische Schulausbildung genießen durfte. Wie so oft läuft im Outback schließlich alles ein wenig anders!

Daraus lässt sich auch ableiten, dass der Nation das Gefühl dafür fehlt, wie schwer es sein kann, eine andere Sprache zu erlernen. Als Deutscher hat man es noch gut – Englisch ist vergleichsweise leicht zu erlernen. Aber etwa die Asiaten haben es ungleich schwerer. Das mangelnde Verständnis zeigt sich unter anderem auch darin, dass viele Asiaten sich für die Dauer ihres Besuchs in Australien einen anderen, nämlich englischen Namen zulegen – um die Einheimischen nicht zu überfordern …

Was können Sie besser machen?

Nicht viel, es sei denn, fleißig Englisch pauken ist eine Option. Was hilft, ist, sich an Leute zu halten, die Englisch sprechen oder es zumindest lernen wollen – nichts ist tödlicher, als ständig in die Muttersprache zurückzufallen. Außerdem schadet es nicht, sich die kuriosesten Worte des australischen Englisch zu notieren.

Noch wichtiger ist es, den Wunsch mancher Australier zu respektieren, die jemanden suchen, der *fluent* in Englisch ist. Bei vielen der Anzeigen, die Lena und Jenny durchblättern, wird erwähnt, ob man auch mit Anfängerkenntnissen erwünscht ist – oder eben nicht. An manchen Stellen ist dies auch schlicht und ergreifend eine Frage der Sicherheit »Hast du die Sicherung rausgenommen?« ist ein Beispiel für die Art von Kommunikation, bei der es eben keine Missverständnisse geben darf.

Schwierig ist es auch beim Akzent der Aussies. Der ist mitunter so stark ausgeprägt, dass auch das geübte Ohr kaum etwas versteht. Daher ist es durchaus zu empfehlen, potenzielle Arbeitgeber oder Mitbewohner persönlich kennenzulernen oder zumindest anzurufen – E-Mails können diese Kontaktaufnahme niemals ersetzen.

Ach, hier noch der Einkaufzettel – wie gut haben Sie abgeschnitten?

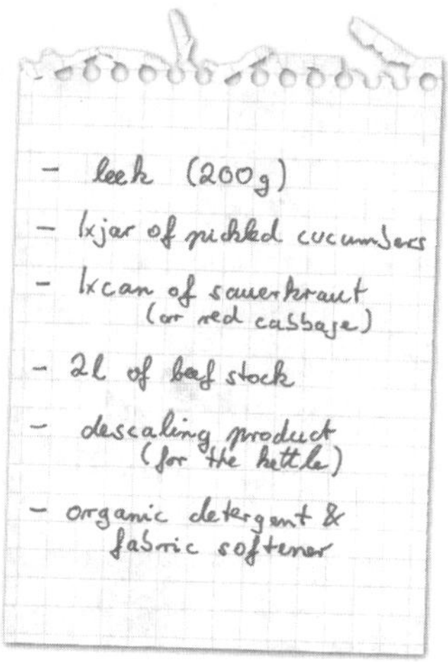

16 IM PUB

STEFFEN GEHT EINEN TRINKEN UND BESTELLT FRITTEN

»So groß war sie!«, behauptet Steffen und macht die Spinne in seiner Erzählung fast doppelt so groß, wie sie tatsächlich war. Mit dramatischem Unterton erzählt er seinen Kollegen von der ersten Begegnung mit dem australischen *wildlife*.

»Jedenfalls – habe ich sie erschlagen«, schließt er seine Ausführungen, und zu seiner Erleichterung sind die Reaktionen sehr gemischt. Einige seiner Kollegen, die mit ihm zum Feierabendbier in den Pub laufen, finden, »das sei ja noch gar nix«, und erzählen von kleinen Horrorgeschichten, die sie mit Spinnen erlebt haben, die mindestens dreimal so groß und zehnmal so giftig waren wie die in Steffens Haus. Doch andere nicken anerkennend; einer gesteht sogar ein, panische Angst vor Spinnen zu haben. Allgemeiner Konsens scheint zu sein, dass Steffen (sich) gut geschlagen hat – für einen Deutschen allemal.

Es ist das erste Mal, dass die Kollegen Steffen zu einem Feierabendbier einladen. Kaum im Pub angekommen, ergreift Steffen die Gelegenheit und verkündet: »Die erste Runde geht auf mich!« Und mit diesen wenigen Worten steigt seine Anerkennung bei den

Kollegen spürbar. Guten Mutes schreitet er in Richtung Tresen und fragt den Barkeeper, ob er Foster's habe.

»*Sorry, mate*«, ist die knappe Antwort. Den Barkeeper scheint die einfache Frage aber sehr zu amüsieren.

»Was habt ihr denn vom Fass?«, fragt Steffen. Zur Antwort bekommt er drei Marken, deren Namen er noch nie gehört hat, und bestellt mit vorgetäuschter Kenntnis die zweite.

»Wollt ihr einen Krug?«

Einen Krug? Klingt eher merkwürdig, findet Steffen. Das Bier muss schließlich nicht unnötig schal werden, also entscheidet er sich für Gläser.

»Ein *pint* für jeden von euch?«, fragt der Barkeeper und deutet auf die Kollegen, die derweil einen Tisch besetzt haben und neugierig bis amüsiert beobachten, wie der Kollege aus dem Heimatland des Bieres zu ordern versucht.

»Wie viel ist denn ein *pint?*«, fragt Steffen naiv. Doch jetzt lacht ihn der Barkeeper einfach nur noch aus.

»Du bist nicht von hier, oder?«, stellt er fest. Auch die Kollegen hinter ihm scheinen das urkomisch zu finden. Einer erlöst ihn schließlich und ruft dem Barkeeper zu, ein *pint* für alle und ein *middy* für Steffen zu zapfen. Souverän ist anders, denkt sich Steffen, als er zum Tisch schleicht und sich für ein paar Kommentare wappnet, die alsbald auch auf ihn abgefeuert werden.

Doch der Abend entwickelt sich sehr positiv. Steffen lernt das erste Mal einige seiner Kollegen außerhalb der Arbeit kennen. Seinem ersten Eindruck nach sind einige von ihnen schwer in Ordnung. Der ersten Runde folgt sehr bald eine zweite und die Stimmung ist bereits sehr ausgelassen, bevor die dritte bestellt wird.

Doch Steffen möchte nicht so viel trinken, schon gar nicht auf beinahe nüchternen Magen. Seit einem eher hektischen Happen zu Mittag hat er nichts mehr gegessen. Glücklicherweise bietet der Pub ein paar Kleinigkeiten zu essen an – und da Steffen der Sinn gerade nach etwas Fettig-Ungesundem steht, entscheidet er sich, ein paar *chicken wings* mit *chips* zu bestellen.

SUPPER'S READY

Die Essenzeiten in Australien sind vergleichbar mit denen in Mitteleuropa. Der Hitze zum Trotz – da die Sonne »früh« untergeht, ist es auch nicht üblich, erst spät am Abend zu essen, wie man es aus den mediterranen Ländern kennt. Take-aways und Restaurants öffnen üblicherweise um fünf oder sechs Uhr abends ihre Pforten.

Wer nicht warten kann, der hat natürlich noch das Fast Food. Typisch australisch sind die *pies,* mit herzhafter Füllung versehene Blätterteigpasteten. Diese können hervorragend schmecken oder von eher zweifelhafter Qualität sein, etwa wenn das Fleisch der Füllung zu »mindestens 80 Prozent« aus Fleisch besteht.

Ist Ihnen das zu exotisch, bleiben natürlich noch die großen Ketten. Allerdings: Burger King heißt *down under* Hungry Jack's. Das große M behält seinen Firmennamen, wird aber von allen einfach *maccas* genannt. Passen Sie auf bei den »lokalen« Burgern – die werden gerne mit roter Beete und Ei serviert!

»Möchte jemand von euch auch etwas essen?«, fragt Steffen der Höflichkeit halber. Doch alle anderen scheinen ein wesentlich sättigenderes Mittagessen gehabt zu haben. Als Steffen wieder zur Theke marschiert und sein Essen bestellt, drückt ihm der Barkeeper allerdings nur wortlos einen Feuermelder in die Hand, bevor er Richtung Küche verschwindet. Etwas verwirrt kehrt Steffen zum Tisch zurück und fragt: »Was soll ich denn damit?«

No drama! Was ist da richtig gelaufen?

Das Wichtigste hat Steffen ganz intuitiv richtig gemacht: Er hat seine Kollegen eingeladen und für eine ganze Runde bezahlt – und von der typisch deutschen Eigenschaft, getrennt zu bezahlen, Abstand genommen. Das Ganze nennt sich in Australien ***shouting*** – und das folgt einfachen Regeln. Gemeinsam geht man trinken, abwechselnd organisiert und bezahlt jemand die Getränke für alle, und gut ist's.

Von dieser essenziellsten aller australischen Verhaltensweisen sollte man unter keinen Umständen abweichen, es sei denn, Sie möchten nachempfinden, wie es sich als Aussätziger im Mittelalter so gelebt hat.

Nuts! Was ist da schiefgelaufen?

Der Abzug in der B-Note folgt sogleich: Steffen hat keine Ahnung, wie **Bier** *down under* funktioniert. Zum einen bestellt er die völlig falsche Marke. Foster's ist zwar das einzige (vermeintlich) australische Bier, mit dessen Namen man in Europa vielleicht vertraut ist, aber von den Einheimischen wird es kurioserweise gemieden. Wer also in den Pub läuft und ein Foster's ordert, outet sich als Unwissender.

Genauso ist es bei den Getränkegrößen. Zur Auswahl stehen im Regelfall *pint* (568 ml), *schooner* (425 ml) und eine kleinere Größe (285 ml), die von *state* zu *state* anders heißt – hier, in New South Wales, wird sie *middy* genannt, ebenso in Westaustralien und Canberra. In Victoria nennt man sie *pot,* in den Northern Territories *handle,* in Queensland und Tasmanien ist auch die Bezeichnung *ten* üblich. Sie sehen – reichlich kompliziert. Und es wird schlimmer, bevor es besser wird, denn in Südaustralien gelten eigene Regeln: Wer ein *pint* will, muss ein *imperial pint* bestellen, sonst kriegt er einen *schooner;* wer aber einen *schooner* bestellt, wird mit einem *middy/pot/ten/handle* abgespeist. Alle Klarheiten beseitigt? Alternativ gibt es ja noch den *jug of beer.*

Diese Größen nicht zu kennen, mag nicht wie das größte aller Fettnäpfchen klingen, aber bedenken Sie: Wir sind hier (unter Männern) in einem australischen Pub. Nicht zu wissen, was für Bier es gibt – da könnte Steffen genauso gut auf den Barkeeper zumarschieren und ihn fragen, ob seine Handtasche farblich zu seinem Nagellack passt.

Die Verwirrung ist für Steffen dann komplett, als er statt eines Tellers mit Essen etwas in die Hand gedrückt bekommt, was er für einen Feuermelder hält. Wieder einmal zeigt sich: Der Junge ist zum ersten Mal hier. Denn in vielen der einfacheren Etablissements, wie eben den Pubs, ist der ***self service*** üblich. Das heißt, dass man beim Personal bestellt, aber sein Essen selbst aus der Küche abholt. Dazu verwenden manche Restaurants einfache Nummernschilder – oder eben einen Feuermelder, der piept, wenn man sein Essen aus der Küche abholen kann. Dann sollte man es nur noch schaffen, die richtige Speise zu identifizieren, und dem Futtern steht nichts mehr im Wege.

Was können Sie besser machen?

Zum einen: nicht Foster's ordern. Das gehört sich nicht. Wer sich nicht mit den vielen Biermarken vor Ort auskennt (oder auskennen will), fährt deutlich besser, wenn er eine der populären Marken anfragt: Carlton Draught, Crowne Lager oder Victoria Bitter. Auch wenn Letzteres den *state* Victoria im Namen trägt – der alkoholische Lokalpatriotismus ist *down under* weniger extrem ausgeprägt als in Deutschland, wo die Gesetzgebung vorsieht, dass man geteert und gefedert wird, wenn man zum Beispiel in einer Kölner Kneipe ein Alt bestellt.

Was die andere Regel angeht – sprich, immer eine Runde für alle zu ordern –, sollte es nach der obigen Einleitung keine Schwierigkeiten mehr geben. Achtung allerdings: Die Gleichberechtigung ist auch in Australien angekommen. Auch von Frauen wird mittlerweile erwartet, dass sie mittrinken oder mitbestellen … oder zumindest mitbezahlen! Die »Aber ich bin doch nur ein Mädchen«-Karte hat ihre Gültigkeit verloren. Es kann sogar passieren, dass es australische Frauen als unpassend empfinden, wenn man als Mann darauf steht, für sie zu bezahlen, und das auch, äh, deutlich kommunizieren.

Die Verwirrung um den *self service* ist schnell geklärt – drückt man Ihnen irgendwas in die Hand, nachdem Sie Essen bestellt haben, können Sie davon ausgehen, dass Sie es selbst aus der Küche abholen dürfen. Also wachsam bleiben – sonst stibitzt Ihnen womöglich noch jemand Ihre Fritten!

17 MIT DEM BUS, DIE ZWEITE

LENA UND JENNY FAHREN SCHON WIEDER MIT DEM BUS UND BEREUEN ES

Die verbleibenden Tage in Brisbane nutzen Jenny und Lena, um noch ein paar Dinge einzukaufen. Allen voran: ein Auto. Zwar könnten sie die Farm im Outback sogar mit öffentlichen Verkehrsmitteln erreichen: Ein täglicher Bus fährt nach Alpha, und der Farmbesitzer hatte angeboten, sie von dort abzuholen. Doch nach langem Hin und Her haben sich beide entschieden, dass sie doch lieber ein eigenes Auto haben möchten – und damit auch ein Stück Unabhängigkeit.

Einen Nachmittag lang durchstöbern sie daher Anzeigen für Gebrauchtwagen auf *gumtree,* einer beliebten Seite für Kleinanzeigen.

Ähnlich wie bei der Suche nach einem passenden Job sind sehr schnell die wenigen passenden Annoncen ausgesiebt. Schließlich brauchen sie keinen Neuwagen und keine Luxuskarosse, aber es soll möglichst auch kein Schrottwagen werden, der in der Wüste spontan sein Leben aushaucht.

Das beste Angebot, so die einhellige Meinung, ist ein gebrauchter Holden Barina für gut 3.000 Dollar, den sie laut Anzeige direkt in Brisbane abholen können. Ein kurzes Telefonat später ist ein Besichtigungstermin für eine Probefahrt vereinbart: Noch am selben Nachmittag hat der Verkäufer Zeit.

Die Gelegenheit ist daher günstig, mal auch eine andere Ecke von Brisbane zu erkunden, ganz abseits der touristischen Pfade. Der gute Mann war so freundlich, den beiden am Telefon zu erklären, wie sie mit dem Bus anreisen können. Eine kurze Suche auf der Website der Verkehrsbetriebe ergibt, dass sie mit nur einmaligem Umsteigen fast direkt bis an die Haustür gebracht werden.

Auf die erste Begeisterung folgt allerdings alsbald die Ernüchterung. Am zentralen Busbahnhof angekommen, geht die Sucherei los.

»Das kann doch nicht so schwierig sein?!«, sagt Lena, als beide versuchen, in der Masse an Linien und Haltestellen die richtige zu identifizieren. Währenddessen schieben sich Unmengen von Menschen an ihnen vorbei und geben ihnen das Gefühl, die Einzigen zu sein, die sich hier jemals nicht zurechtgefunden haben. Statt langsam zu verzweifeln, fällt die Entscheidung, kurz beim Infoschalter nachzufragen. Die Dame, die Auskunft gibt, ist zwar etwas kurz angebunden, kann aber immerhin bestätigen, dass sie von Linie 412 in Linie 430 umsteigen müssen – und deutet mit dem Finger zur Haltestelle, an der in exakt zwölf Minuten der Bus ankommen sollte.

Der kommt tatsächlich nahezu pünktlich um die Ecke gebogen. Ein paar Fahrgäste spuckt er aus, ein paar steigen ein – darunter Lena und Jenny, die gerade noch einen Sitzplatz finden, bevor der Busfahrer seinem Bleifuß freie Bahn lässt. Mit halsbrecherischer Geschwindigkeit rauscht er in den Verkehr hinein und lässt sich weder von Kurven noch von anderen Verkehrsteilnehmern ablenken.

»Wo müssen wir genau umsteigen?«

»Toowong.«

»Und weißt du, wo das ist?«

Natürlich weiß Jenny das nicht, woher auch. Im Bus gibt es weder einen Plan noch eine Anzeige. Also stiefelt Lena nach vorne und erkundigt sich beim Busfahrer, der ihr unwirsch zu verstehen gibt, er werde ihnen schon Bescheid sagen.

Der Bus hält noch rund ein Dutzend Mal, bevor sich der Busfahrer umdreht und Lena und Jenny mit einem »Hey!« aus dem Bus hinauskomplimentiert. Kaum sind beide ausgestiegen, schießt der Bus davon und lässt sie an einer Kreuzung zurück. Die paar Leute, die mit ihnen den Bus verlassen haben, ziehen rasch von dannen – und dann wird es still.

»Und nu?«, fragt Jenny.

»Nun müssen wir noch mal zehn Minuten warten. Jedenfalls angeblich.«

»Ja, aber wo?« Jenny deutet der Reihe nach auf vier Haltestellen, die rund um die Kreuzung positioniert sind.

»Och nö«, kommentiert Lena, als sie feststellt, dass nirgendwo ein Hinweis darauf zu finden ist, welche Linie von wo nach wo fährt – von einem Fahrplan ganz zu schweigen. Sie sind sich nicht einmal sicher, in welche Himmelsrichtung sie eigentlich müssen. Es bleibt ihnen also nichts anderes übrig, als zu raten. Sie entscheiden sich dafür, an der Haltestelle zu warten, die gerade ein wenig im Schatten liegt.

Zehn Minuten mit wenig Verkehr vergehen, bevor sie realisieren müssen, dass sie falsch geraten haben. Auf der anderen Straßenseite nähert sich nämlich mit vertraut halsbrecherischem Tempo kein anderer Bus als Linie 430 nach Kenmore. Ohne ein Bremsmanöver auch nur anzudeuten, prescht er an der Haltestelle vorbei und lässt den beiden somit nicht einmal Zeit, sich auch nur ansatzweise bemerkbar zu machen.

»Man muss es positiv sehen – zumindest wissen wir jetzt, wo wir warten müssen«, sagt Lena, bevor beide die Straße überqueren, um die nächsten zwanzig Minuten in der prallen Sonne zu warten. Glücklicherweise ist auch der nächste 430er-Bus absolut pünktlich, doch auch dieses Mal macht er keine Anstalten, anzuhalten. Stattdessen rauscht er an ihnen vorbei, obwohl beide Stein und Bein schwören könnten, dass der Busfahrer sie gesehen hat.

»Ich fühle mich so … unglaublich müde«, kommentiert Jenny knapp. Es bleibt ihnen nichts anderes übrig, als noch einmal zwanzig Minuten auf die Gnade eines Busfahrers zu warten. Und dieses Mal haben sie Glück – der nächste 430er hält an, lässt eine Oma aussteigen und beide können ihre Reise fortsetzen. Eine Viertelstunde später sind die beiden an dem Haus, in dessen Einfahrt ihr Traumauto bereits auf sie wartet.

Ihre Ankunft bleibt nicht unbemerkt. Aus dem Häuschen kommt ein kleines Männchen herausgestiefelt, das beide näherwinkt. »Kommt nur, ich habe euch schon erwartet«, ruft er – und das nicht ganz zu Unrecht, denn der Episode mit dem ÖPNV ist zu verdanken, dass die beiden etwas zu spät aufkreuzen.

Das kleine Männchen stellt sich als Jeff vor und bietet Lena und Jenny direkt etwas zu trinken kann. Beide lehnen dankend ab, was ihn aber nicht davon abhält, sich selbst ein Bier zu genehmigen. Sein *stubby cooler* verrät, dass er einem kleinen sexistischen Witz zum Feierabend nicht abgeneigt ist.

COOL!

Zahlreiche Wörter des australischen Slangs wird man auf seiner Reise aufgreifen. Unter den ersten werden sich aber *stubby cooler* und *esky* befinden – beides Innovationen, die den Genuss von Kaltgetränken (lies: von Bier) verbessern. Ein *esky* ist eine einfache isolierte Truhe, die man an der Tankstelle mit billigem Eis auffüllen kann. Hinein kommt alles, was auf langen Autofahrten kühl gehalten werden muss (zum Beispiel Bier). Ein *stubby cooler* ist ein Überzug für Flaschen, der aus Neoprenresten gefertigt ist und dabei hilft, das Getränk (üblicherweise wieder Bier) auch außerhalb des Kühlschranks möglichst lange eisig zu halten. Vergleichbar mit billigen T-Shirts sind die meisten *stubby cooler* (mehr oder weniger kreativ) bedruckt.

Dann führt Jeff die beiden zum Auto. Professionell erklärt er, was der Wagen geleistet hat und noch leisten kann und warum er ihn verkauft und warum Holden die einzig wahre Marke für Qualität ist und warum früher sowieso alles besser war. Für Lena sind das verdammt viele Informationen auf einmal, zumal sie sich mit Autos nicht wirklich auskennt, aber sie setzt ein wissendes Gesicht auf. Und, in der Tat, der Wagen scheint in einem akzeptablen Zustand zu sein – von ein paar Dellen einmal abgesehen ... und gewaschen werden müsste er auch einmal. Ob eine Probefahrt möglich sei, erkundigt sich Jenny.

»Aber natürlich«, sagt Jeff und reicht ihr die Schlüssel.

Lena erkundigt sich noch, ob sie ein Pfand hinterlassen sollen, erntet dafür aber nur Gelächter. »Fahrt ihr beide mal um den Block, das passt schon. *No worries!*«

Jenny dreht die erste Runde um den Block – noch etwas holprig im ungewohnten Wagen –, dann ist Lena an der Reihe. Sie sind sich einig: Der Wagen verdient das Prädikat »O. K.«. Preise wird er nicht mehr gewinnen, aber das Angebot ist allemal ein guter Deal, zumal sie das Auto sicher auch für einen guten Preis weiterverkaufen können.

THE ETERNAL BATTLE

Bei den Autos ist das so eine Sache. Lange gab es in Australien wenig Auswahl, gerade bei Nutzfahrzeugen wie dem omnipräsenten *ute* (Pick-up). Ähnlich wie bei Pepsi vs. Cola gab/gibt es daher zwei Lager, nämlich Ford und Holden, deren Anhänger natürlich darauf schwören, dass nur ihre Marke die einzig wahre ist und die jeweils andere vollkommener Schrott.

Keine Stunde später sind alle Zahlungsformalitäten geklärt, und der Wagen wechselt seinen Besitzer. Die Rückfahrt zum Hostel – ohne Warten und Umsteigen – dauert eine gute Viertelstunde.

Balls! Was ist da schiefgelaufen?

Wo anfangen? Am besten mit der Naivität, in der sich unsere Protagonistinnen in das Abenteuer ÖPNV stürzen. Sicherlich, Australien ist in vielerlei Hinsicht ein sehr weit entwickeltes Land – aber bei den **öffentlichen Verkehrsmitteln** geht es stellenweise doch eher chaotisch zu. Sydney und Melbourne sind vergleichsweise gut organisiert; zu Brisbane reicht es, zu sagen, dass obige Episode nicht zufällig in dieser Stadt spielt.

Die nervigste Lektion, die Jenny und Lena lernen müssen, ist, dass australische Busse nicht einfach so anhalten. Möchten Sie einen Bus nutzen, müssen Sie ihn mit ausgestrecktem Arm zum Anhalten animieren. Bitte den Arm nicht zu hoch nehmen und nicht durchstrecken – eine lockere Handbewegung, wie man sie im Restaurant nutzen würde, reicht völlig.

Interessant wird es, wenn mehrere Busse auf einmal kommen. Will man aus einer Reihe von drei Bussen etwa den mittleren anhalten, sollte man mit der freien Hand den Daumen drücken – denn ob der richtige Busfahrer das Signal auch richtig interpretiert, ist reine Glückssache. Die Wahrscheinlichkeiten stehen aber gut, dass Sie den falschen Bus aus der Reihe winken und sich dann anmotzen lassen können, dass Sie den Verkehr aufhalten!

Das alles setzt voraus, dass der arglose Reisende eine Haltestelle als solche auch identifizieren kann. Einmal mehr: In der Innenstadt ist das kein Problem – aber abseits der geschäftigen Routen sind viele Haltestellen nur an einem winzigen Schild zu erkennen. Weitere Hinweise – etwa Fahrpläne oder auch nur die Information, welche Linien hier überhaupt halten oder wie die Haltestelle heißt – sind nicht vorgesehen.

An Bord des Busses geht es dann weiter mit den Problemen. Woher das Ticket? Und, zu guter Letzt: Australische Busse halten, wie oben beschrieben, natürlich nicht einfach an. Wer vergisst, das Knöpfchen rechtzeitig zu drücken, kann staunend beobachten, wie seine Destination aussieht, wenn sie mit fünfzig Sachen an ihm vorbeirauscht.

Es ist also mehr als verständlich, wenn sich Jenny und Lena nach dieser Erfahrung erst recht nach einem eigenen fahrbaren Untersatz sehnen. Doch was haben sie beim **Autokauf** verbockt?

Die gute Nachricht ist, dass sie sich gar nicht so schlecht geschlagen haben. Sie haben sogar das Glück, einen netten Australier kennenzulernen, der ihnen ein bemerkenswertes Vertrauen entgegenbringt. Genau das wird vielen Besuchern in Australien ebenfalls widerfahren – wildfremde Leute werden zum Essen eingeladen oder es wird ihnen aus der Patsche geholfen. Oder, wie hier, gibt man ihnen die Schlüssel zum eigenen Wagen – es wird schon nichts schiefgehen. Dieses Urvertrauen ist einer der liebenswertesten Wesenszüge der Australier.

Nein, das Problem liegt eher in der mangelnden Vorbereitung der beiden Damen. Nicht immer hat man das Glück, an einen gutherzigen Verkäufer zu geraten – und auf die Idee, sich *down under* vielleicht ein eigenes Fahrzeug zuzulegen, muss man auch nicht erst vor Ort kommen. Es empfiehlt sich daher, sich vorher – vielleicht sogar schon vor der Abreise – mit jemandem kurzzuschließen, der sich mit Autos ein wenig auskennt. Es geht schließlich nicht um den Kauf eines modernen Neuwagens, sondern eines Fahrzeugs, das sich vor allem durch Zuverlässigkeit auszeichnen soll. Man will ja schließlich nicht im Outback liegen bleiben …

Viel schlimmer ist aber noch, dass Jenny und Lena die besten Möglichkeiten, ein Schnäppchen zu ergattern, ungenutzt lassen. Sicher gibt es auch online gute Angebote – aber stellen Sie sich einmal folgendes (übrigens alltägliche) Szenario vor:

Ein Backpacker bereist Australien mit dem eigenen Auto. Irgendwann ist er »fertig« und strandet in einer der Großstädte. Sein Rückflug ist in zwei Wochen. Vorher muss er sein Auto verkaufen.

Anfangs wird er einen Zettel ans schwarze Brett im Hostel hängen, auf dem ein optimistischer Preis steht. Der wird nach einigen Tagen auf einen realistischen Preis reduziert. Doch noch immer meldet sich niemand, und die eigene Abreise rückt immer näher. Schweißperlen stehen auf seiner Stirn, als der hilflose Backpacker hinter sein letztes Angebot die Buchstaben *ONO* setzt – *or nearest offer*. Wenige Tage vor der endgültigen Abreise ist dann der ideale Zeitpunkt, zuzuschlagen, um einen Wagen, der so gut oder schlecht sein kann wie jeder andere auch, für einen Appel und ein Ei abzustauben.

Was können Sie besser machen?

Glücklicherweise ist es relativ einfach, den Stolperfallen aus dem Wege zu gehen, in die Jenny und Lena der Reihe nach hineinlaufen.

Vorbereitung ist hilfreich, wenn man eine auch nur etwas kompliziertere Reise mit dem Bus plant. Und es kann sich schnell als unbezahlbar erweisen, ein Smartphone in der Tasche zu haben, mit dem man auf Fahrpläne und dergleichen blitzschnell zugreifen kann.

Außerdem: Wer mit dem Bus fährt, sollte sich das Ticket nach Möglichkeit vorher organisieren. Außerhalb der großen Städte, wo man noch ein wenig mehr Zeit und Muße hat, ist es durchaus üblich, gegen *cash* einen Fahrschein beim Fahrer zu kaufen. In Sydney ist das gar nicht mehr möglich – wer nicht elektronische Fahrkarten nutzt, muss schon seit Jahren seine Billetts am Schalter kaufen, um sie dann im Bus abzustempeln. Einfacher ist es beim Bahnsystem – in Australien ist es üblich, dass man den Schienenverkehr durch eine Eingangskontrolle erreicht, aber Automaten sind glücklicherweise reichlich vorhanden.

Auch die Tipps zum Autokauf sind schnell zusammengefasst. Erstens gilt es, sich frühzeitig zu informieren, wie man den Zustand eines Gebrauchtwagens möglichst zuverlässig abschätzen kann. Es gilt zweitens, sich ein Budget zu setzen und möglichst viele Quellen anzuzapfen, um das passende Auto zu finden. Dazu gehören auch, ganz altmodisch, schwarze Bretter in den Hostels, an denen andere Reisende ihre Fahrzeuge anbieten. Es gilt, deren ~~Verzweiflung~~ Verhandlungsbereitschaft zu nutzen.

18 BEI DER KOLLEGIN

STEFFEN VERLÄSST DAS HAUS UND FÜHLT SICH DEPLATZIERT

Vielleicht ist es der Ausländerbonus, vielleicht war es doch die Tafel Schokolade – jedenfalls scheinen sich Steffens vorsichtige Annäherungsversuche doch noch auszuzahlen. Diesen Samstag ist er mit Mel verabredet, die ihm das »echte Sydney« zeigen will.

Beim letzten gemeinsamen Mittagessen waren sie darauf zu sprechen gekommen, was die Stadt so alles zu bieten hat. Doch Steffen hatte bislang nur wenig freie Zeit und noch weniger Ahnung, weshalb er eingestehen musste, außer dem Standardprogramm – der Trilogie aus Brücke, Oper und botanischem Garten – sehr wenig von Sydney gesehen zu haben. Als Mel sich dann beschwerte, dass sei alles zu *touristy*, ergriff Steffen die Gelegenheit, sie zu einer Stadtführung zu verpflichten.

Entsprechend ist Steffen nun ein wenig nervös. Mel war noch nie bei einem der Pubbesuche dabei; Steffen weiß eigentlich gar nicht, wie sie außerhalb der Arbeit drauf ist. Fünf Minuten verbringt er vor seinem Kleiderschrank und rätselt, was er am besten anziehen soll. Und den ganzen Vormittag tüftelt er, wie er es am besten vermeiden kann, sich die Blöße zu geben.

Mel wohnt nicht allzu weit entfernt von Steffens Bleibe; die Strecke sollte er in fünfzehn Minuten bequem zurücklegen können, rechnet er aus. Aber es ist Samstag und es besteht schließlich kein Grund, Mel mit deutscher Überpünktlichkeit zu überfallen. Also zieht er so los, dass er mit einer lässigen Verspätung bei ihr eintreffen kann.

PAPIERKRAM

Wer hofft, während seiner Zeit in Australien mit weniger Papierkram konfrontiert zu werden, hat sich geschnitten. Zwar sind die Aussies nicht so geil auf Formulare wie die Deutschen, aber dafür ist ihr gesamtes Zahlungssystem auf Wochenbasis – statt der gewohnten Monatsbasis. Hier wird das Gehalt wöchentlich ausbezahlt und geht auch wöchentlich wieder für die Miete drauf …

Hätte ich Blumen mitbringen sollen?, fällt es Steffen noch ein, als er bereits an der Haustür klingelt. Egal, denkt er, jetzt ist es eh zu spät.

»Da bist du ja endlich! Komm rein«, begrüßt ihn Mel an der Tür und winkt ihn durch in die gute Stube. »Ich bin gleich so weit, setz dich doch so lange.«

Steffen zeigt sich gehorsam und macht es sich auf dem Sofa bequem, während Mel in einem der angrenzenden Räume verschwindet. Dann hört Steffen sie etwas sagen – doch bevor er antworten kann, sie sei zu leise, er könne nichts verstehen, kommt bereits eine Antwort aus einem der anderen Zimmer. Eine männliche Stimme.

Mit leichtem Entsetzen realisiert Steffen, dass Mel gar nicht allein ist. Als kurz darauf ein großer Mann erscheint und sich Steffen vorstellt – »*How are you*« samt festem Händedruck –, realisiert Steffen mit nunmehr schwerem Entsetzen, dass der Typ, der sich ihm gerade als Johnny präsentiert hat, größer ist als er selbst. Und offensichtlich stärker. Und das Schlimmste von allem ist, dass er wie ein Pfau durch die Wohnung stolziert und dabei nicht einmal ein Hemd trägt, sondern der Welt einen durchtrainierten und braungebrannten Körper präsentiert.

Das war's dann wohl, denkt sich Steffen. Gott sei Dank habe ich keine Blumen mitgebracht, aber die letzten Tage habe ich offenbar ganz umsonst den Bauch eingezogen.

Doch bevor sich Steffen endgültig in Selbstmitleid ergehen kann, erscheint Mel, bereit zum Aufbruch. »Sollen wir?«, fragt sie. Steffen bejaht und erhebt sich vom Sofa.

Steffen befürchtet, es könnte nun zu einer romantischen Abschiedsszene kommen. Doch er täuscht sich. Mel erinnert Johnny noch an ein paar häusliche Pflichten, aber besonders leidenschaftlich geht es zwischen den beiden nicht zu. Vielleicht doch eine Gelegenheit?

Kaum sind die beiden aus der Tür und auf dem Weg nach Manly, platzt es aus Steffen heraus: »Wie lange seid ihr denn schon zusammen?«

Doch Mel muss nur lachen. »Johnny und ich? Wir sind kein Pärchen. Um Gottes willen. Du bist mir vielleicht ein Vogel!«

Aber was stolziert er dann halbnackt durch ihre Wohnung?, fragt sich Steffen.

What a bastard! Was ist da schiefgelaufen?

Vieles hätte Mel sich vorstellen können – aber nicht, dass sie einmal mit einem Deutschen ausgeht, der nicht zeitig genug vor ihrer Tür steht. Denn obwohl Australier an sich ein sehr lockeres Völkchen sind, das in seiner Gelassenheit an die Südländer erinnert, legt man *down under* auf **Pünktlichkeit** durchaus großen Wert. Wie wir in der vorigen Episode gesehen haben, lässt sich zwar in vielerlei Hinsicht über Bus und Bahn schimpfen, aber generelles Trödeln oder ein Hang zur chronischen Verspätung kann man beispielsweise dem ÖPNV nicht unterstellen. Auch bei Geschäftsterminen ist es keineswegs lässig, später aufzukreuzen. Privat allenfalls dann, wenn man eine sehr lange Anreise hat oder der Gastgeber von vornherein sagt, dass es nicht wichtig ist, absolut *on time* zu sein.

Zum anderen steht Steffen völlig auf der Leitung, als er Mels **Mitbewohner** kennenlernt. Und das ist nicht Mels Freund, ihr Bruder,

Schwager oder Bekannter – sondern im Zweifelsfall irgendjemand, den sie über eine Annonce gefunden hat.

Doch warum hat Mel überhaupt einen Mitbewohner – kommt man aus dem WG-Alter nicht irgendwann heraus? Berechtigte Frage, aber: In Australien wohnt man im Eigenheim, nicht in der Mietwohnung. Über zwei Drittel aller Haushalte leben in einem Haus oder in einer Wohnung, die ihnen gehört – und das sowohl aus Überzeugung als auch wegen staatlicher Unterstützung.

Das führt dazu, dass viele Leute bereits in jungen Jahren ihre erste Unterkunft »kaufen«, natürlich auf Pump. Mit jugendlichem Enthusiasmus ziehen sie dann in ihre »erste eigene Wohnung«, sehr wahrscheinlich eine Klitsche mit dem Charme eines marokkanischen Zuchthauses. Doch man renoviert sie, verkauft sie für mehr Geld, zieht in etwas Größeres – und wenn man dieses Spielchen oft genug wiederholt, ist man eines Tages glücklicher Besitzer eines hübschen Häuschens samt Grundstück, idealerweise ein *half-acre* (gut 2.000 Quadratmeter).

Doch bis dahin ist die Kasse chronisch klamm, denn wer auf Pump kauft, muss regelmäßig Raten für die Hypothek abstottern. Daher macht es durchaus Sinn, sich einen Mitbewohner zu suchen – und von ihm Miete zu kassieren. Durch dieses Prinzip ist es gang und gäbe, auch jenseits des Studiums mit Leuten zusammenzuwohnen, die umgekehrt dankbar dafür sind, dass es Mietwohnungen gibt!

Was können Sie besser machen?

Denken Sie immer dran: Auch Australier, die eine vergleichsweise lange Anreise haben, schaffen es zumeist, pünktlich anzukommen. Kriegt das jemand, der bloß eine Viertelstunde zu Fuß gehen muss, nicht hin, so ahnt auch der Australier, dass es sich vielleicht um einen Deppen handelt. Fünf Minuten sind nicht das Thema, aber das akademische Viertelstündchen ist hart an der Grenze der akzeptablen Verspätung. Zumindest dann, wenn man eine präzise Zeit vereinbart hat!

Besser ist es, möglichst pünktlich zu erscheinen – auch weil Australier Vorurteile lieben (siehe Episode 34), darunter selbstverständlich das über den effizienten, zuverlässigen und pünktlichen Deutschen. Es mag albern klingen, aber je mehr man diese Klischees erfüllt, desto mehr wird einem zugetraut und anvertraut. Die typisch deutschen Eigenschaften mögen spießig sein, sind aber zweifelsohne positiv. Es macht daher durchaus Sinn, diese Klischees für sich zu nutzen, denn man weiß nie, wo es sich auszahlt – vielleicht sogar im Beruf. Dort ist man dann nicht auf Ewigkeiten »der Neue«, von dem man »nicht weiß, was er so kann«, sondern schnell »der Effiziente«.

Zum Thema Mitbewohner reicht es, vorgewarnt zu sein. Nicht alle Menschen, die zusammenleben, tun dies, weil es zwischen ihnen menschelt. Zeigen Sie Verständnis – Wohnen funktioniert hier einfach anders.

19 IN DIE WÜSTE

LENA UND JENNY SIND ZU LANGSAM UND MACHEN EINEN ABSTECHER INS GEBÜSCH

»Hast du alles?«, fragt Lena.

»Alles verstaut. Ist der Tank voll?«

»Check. Dann kann's losgehen!«

Jenny und Lena haben sich abgesprochen, dass Lena die erste Hälfte der Strecke fahren wird. Laut Karte liegen gut 1.000 Kilometer vor ihnen, die – solange es keine unerwarteten Staus im Outback gibt – innerhalb eines Tages zu schaffen sein müssten. Noch etwas verschlafen schlurft Lena zur linken Seite des Autos, nur um festzustellen, dass sich der Fahrersitz immer noch auf der anderen Seite befindet.

»Dass du mir ja nicht gleich auf der falschen Seite fährst!«, sagt Jenny. »Besser, wir holen uns noch einen Kaffee, bevor wir losfahren.«

Dieser Idee kann Lena durchaus etwas abgewinnen. Unweit des Hostels halten sie am erstbesten Coffeeshop, um sich die erste Dosis Koffein des Tages zu gönnen; nach einem zweiten kurzen Stopp an einer Tankstelle, um frisches Eis für den *esky* und die Getränke zu bekommen, kann es dann endlich losgehen.

»Auf geht's. Kann kaum erwarten, endlich aus der Großstadt herauszukommen!«, sagt Jenny, und Lena muss ihr beipflichten. So unterhaltsam Brisbane auch sein mag, ein bisschen mehr Australien wie aus dem Bilderbuch darf es schon sein.

Doch die Fahrt zieht sich. Nach einer Dreiviertelstunde voller Ampeln, Umwege und Abzweigungen sind vielleicht die Hochhäuser des *Central Business District* nicht mehr zu sehen, doch irgendwie haben die beiden nicht das Gefühl, die Stadt hinter sich gelassen zu haben. Von Einsamkeit keine Spur – stattdessen kurven sie von einer Siedlung in die nächste, und alle sehen absolut identisch aus. Lena muss fragen: »Sag mal, bist du sicher, dass wir auf dem richtigen Weg sind?«

STÄDTE, SO WEIT DAS AUGE REICHT

Rund 25 Millionen Einwohner sind auf dem fünften Kontinent zu Hause. Gemessen an seiner Größe ist das äußerst wenig – die Bevölkerungsdichte Australiens zählt zu den niedrigsten der Welt. Dazu kommt, dass sich die große Mehrheit (rund 80 Prozent) im Umkreis der größten Städte niedergelassen hat. Ganze Regionen von der Größe mitteleuropäischer Staaten bleiben dagegen fast menschenleer.

Australien hat zwei riesige Metropolen, Sydney und Melbourne, mit je 5 Millionen Einwohnern. Brisbane ist drittgrößte Stadt des Landes mit weit über 2 Millionen Einwohnern. Dass es ewig dauert, bis man auch die letzten städtischen Siedlungen hinter sich gelassen hat, täuscht nicht: Australier legen Wert auf ein eigenes Häuschen mit kleinem Garten, und was ein Australier unter einem kleinen Garten versteht, kann man sich denken. Aus diesem Grunde nehmen die Städte sehr viel Fläche ein.

Ja, Jenny ist sich sicher, dass sie richtig sind. »Das war auf dem Hinweg im Bus nicht anders. Nur da hast du vor dich hin gepennt«, spottet sie. »Es dauert aber nicht mehr lange, dann sind wir aus dem

Gröbsten raus.« Irgendwann werden die menschenleeren Abschnitte zwischen den Orten länger, der Verkehr wird schwächer und das Fahren gleich viel entspannter.

Nach mehr als sechs Stunden Fahrt bestimmt Lena, es sei endlich Zeit für eine richtige Pause. Jenny überlegt, darauf hinzuweisen, dass sie noch nicht einmal Gladstone erreicht haben – und damit schon hinter ihrem optimistischen Zeitplan hinterherhinken –, besinnt sich dann aber eines Besseren. Über fettigen *pies* beraten sie, wie sie die weitere Fahrt angehen wollen. Es ist Lena, die das Unvermeidliche ausspricht: »Vielleicht wäre es schlauer, nicht die ganze Strecke in einem Stück zu fahren?«

Und obwohl es Jenny nicht gefällt, muss sie zustimmen. Beide einigen sich, möglichst noch bis Emerald durchzuhalten und den Rest der Reise durch das Outback dann ganz entspannt am nächsten Morgen anzugehen. Am Telefon hatte ihnen ihr künftiger Arbeitgeber ohnehin gesagt, dass es auf einen Tag mehr oder weniger nicht ankomme.

Nach dem Essen und einer Verdauungspause (für die ja jetzt Zeit da ist), übernimmt wie abgesprochen Jenny das Steuer. Bis Rockhampton kann Lena die Augen noch offen halten, doch kurz danach überkommt sie die Müdigkeit.

Geweckt wird sie äußerst unsanft. Jenny weicht scharf nach links aus, reißt Lena aus ihrem Schlaf und schickt sie mit einem heftigen Bremsmanöver in gefährliche Nähe des Armaturenbretts. »Scheiße!«, lautet Jennys knapper Kommentar, als Lenas Augen halb verschlafen, halb schockiert um eine Erklärung bitten. Das Auto kommt in einer großen Staubwolke zum Stehen.

»Was zum Teufel war das denn?!«

»Der hat mich einfach geschnitten! Ein riesiger Lastwagen, der einfach halb auf meiner Spur gefahren ist! So ein Arschloch!«, schimpft Jenny und deutet durch die Rückscheibe in Richtung des schuldigen *roadtrains*. Als sich der Staub lichtet, kann Lena noch erkennen, wie er in der Ferne verschwindet – mit scheinbar halsbrecherischem Tempo.

»Ich brauche jetzt erst mal eine Pause. Und eine Zigarette. Und eine Cola!«, bestimmt Jenny und startet den Wagen. »Am nächsten Rastplatz wird angehalten.«

Lena, die nach dieser Aktion wieder endgültig munter ist, stellt erstaunt fest, dass sie in einer anderen Welt aufgewacht ist. Die Fahrt an der Küste entlang war hübsch, doch sah es in Rockhampton irgendwie genauso aus wie in Brisbane Hunderte Kilometer weiter südlich. Doch nicht hier: Das satte Grün der Vegetation ist rasch der verführerisch roten Erde gewichen, und der Himmel scheint mit jedem Kilometer größer und blauer zu werden. Am Horizont liegen noch einige ulkig geformte Hügel, ansonsten ist es flach und weit.

»Was hältst du von einem Abstecher zu den Hügeln dort?«, fragt Lena. Jenny gefällt die Idee – und sie biegen bei der ersten Abzweigung vom Highway auf eine unbefestigte Straße ab.

Bereits nach wenigen Hundert Metern folgt die Einsicht, dass das Auto für solche Strecken nicht geeignet ist. Jenny kämpft mit dem Steuer und traut sich nur im Schneckentempo vorwärts; Lena auf dem Beifahrersitz wird unsanft hin und her geschleudert. Nach zehn Minuten können sie zwar den Highway nicht mehr sehen, sind den Hügeln aber gefühlt keinen Zentimeter näher gekommen. Einmal mehr ist es Lena, die es ausspricht:

»Das wird nix. Lass uns umdrehen …«

»Ich dachte schon, du sagst nie was!«, sagt Jenny, und bringt das Auto zum Stehen. »Aber erst einmal machen wir Pause.« Auf einem ebenen Streckenabschnitt wendet Jenny den Wagen und bringt ihn im kniehohen Gras zum Stehen. Sie schaltet den Motor aus, öffnet die Tür, grummelt und stellt den Motor wieder an. »Besser, wir lassen die Klimaanlage laufen«, pflichtet Lena bei, bevor beide für einen Drink aussteigen. Lena genießt eine eiskalte Cola – *esky* sei Dank! – und Jenny nimmt einen tiefen Zug an ihrer ersten Zigarette seit Rockhampton. Nachdem sie sich ein wenig die Beine vertreten haben, sieht die Welt schon wieder ganz anders aus. Der Schock vom Beinahe-Unfall scheint vergessen. Vom Brummen des Motors einmal abgesehen, ist es um die beiden herum still und verlassen, vor und hinter ihnen nur die endlose Weite des Outbacks. Auch am Nachmittag brennt die Sonne noch kräftig, aber eine leichte Brise sorgt für Abkühlung und spielt mit dem hohen Gras.

»Wetten, dass hier noch nie jemals vor mir ein Mensch gestanden hat?«, fragt Jenny und klettert auf einen kleinen Stein. Beide beschließen, eine Handvoll Fotos zu schießen, bevor sie den letzten Streckenabschnitt bis nach Emerald angehen.

»Soll ich wieder fahren?«, fragt Lena, doch Jenny lehnt ab. »Ich habe uns in diesen Schlamassel gebracht, ich fahre uns auch wieder heraus!«

Fünfzehn holprige Minuten später erreichen sie wieder den Highway; Jenny biegt nach rechts ein und kann endlich wieder Gas geben. Lena (und das Auto) sind gleichermaßen dankbar, wieder auf einer richtigen Straße unterwegs zu sein. Emerald ist nur noch eine gute Stunde entfernt, und die Sonne kommt dem Horizont immer näher.

Pünktlich zum abendlichen Magenknurren erreichen beide das Städtchen Emerald. Sie halten an einem Pub, der das weltbeste Essen und eine solide Unterkunft für die Nacht verspricht. »Lass das Fenster ruhig einen Spaltbreit auf. Hier klaut schon keiner was!«

Christ on a bike! Was ist da schiefgelaufen?

So wirklich schiefgelaufen ist – glücklicherweise – nichts. Unsere beiden Abenteurerinnen sind schließlich wohlbehalten angekommen. Die Frage ist vielmehr, was hätte schiefgehen können – und das ist jede Menge. Doch fangen wir von vorn an.

Das erste Problem ist die Planung der **Autofahrt**. Auch wenn das Netz an Highways in Ballungsräumen und entlang der Küste sicherlich gut ausgebaut ist, kommt man nicht so schnell voran, wie man es von der guten deutschen Autobahn gewohnt ist. Das hätten Jenny und Lena nach ihrer Erfahrung mit der Busfahrt eigentlich wissen können – sie dachten wohl, im Privatauto seien sie irgendwie schneller unterwegs. Doch gerade für Leute, die sich nicht auskennen, ist es gar nicht so leicht, den Weg aus dem Labyrinth der australischen Großstädte zu finden. Und selbst wenn man einmal draußen ist, läuft alles eine Spur langsamer, als man es vielleicht von zu Hause kennt.

Das erste Fettnäpfchen mit Vollkasko-Potenzial erwartete die beiden dann außerhalb von Rockhampton. Für die Versorgung der weniger dicht besiedelten Regionen Australiens werden vorwiegend *roadtrains* eingesetzt – überdimensionale Lastwagen.

Jenny ist einem solchen ***roadtrain*** in ihrer Karriere als Autofahrerin noch nicht begegnet – und konnte daher auch nicht ahnen, dass deren Fahrer das Recht des Stärkeren anwenden. Es kommt oft vor, dass diese riesigen Fahrzeuge nicht in ihrer Spur bleiben, sondern ein deutliches Stück auf der Gegenfahrbahn unterwegs sind. Besonders oft ist dies auf Nebenstrecken der Fall, denn hier sind die Straßen gern absichtlich »schlanker« gebaut als eigentlich nötig. Um Material zu sparen, sind die Straßen nicht so breit, dafür aber mit befestigten Schultern versehen. Kommt Gegenverkehr in Form eines Autos, weichen beide Fahrer so weit auf die Schultern aus, dass sie die Fahrbahnmarkierung einhalten können. Kommt Gegenverkehr in Form eines *roadtrains,* sollte man besser komplett ausweichen – am Steuer sitzen nicht die Typen, die vor einem Zebrastreifen bremsen, um die fußkranke Oma in Ruhe queren zu lassen. Dass dabei jede Menge Staub aufgewirbelt wird, ist normal – und durchaus praktisch, schließlich kann man schon aus einiger Entfernung erkennen, wenn einem ein großes Fahrzeug entgegenkommt.

Die größten Patzer des Tages lauern allerdings abseits des Highways. Der kurze Abstecher hatte sicherlich seinen Reiz, birgt aber seine ganz eigenen Gefahren. Es ist daher unter keinen Umständen zu empfehlen, sich mit einem gewöhnlichen Kleinwagen auf **unbefestigten Pisten** zu versuchen – insbesondere dann, wenn es a) gar nicht notwendig ist und b) man im Zweifelsfalle in einen Schlamassel fährt, aus dem man sich nicht selber wieder befreien kann. Auch ohne viel technischen Sachverstand hätte es unseren Hauptdarstellerinnen einleuchten müssen, dass man ohne Allradantrieb (und angemessene Erfahrung hinterm Steuer) leicht stecken bleiben kann. Und das kann teuer werden: Nicht überall ist Hilfe erreichbar; in vielen Gebieten ist im Zweifel nicht einmal die Abdeckung mit Mobiltelefonnetzen garantiert. (Da bleibt man doch lieber am Straßenrand liegen und wartet, bis ein hilfsbereiter Australier sich der Sache annimmt – was im Falle zweier hübscher, junger Damen eine Frage von Minuten sein dürfte.)

Noch viel größer war der Fauxpas, den Wagen im hohen Gras zu parken und dort laufen zu lassen, um dann eine zu rauchen. Es ist nicht davon auszugehen, dass Jenny ihre Zigarette spießbürgerlich im Aschenbecher des Autos ausgedrückt und entsorgt hat – und ein Funken reicht mitunter aus, um ein unkontrolliertes **Buschfeuer** zu starten. Zigarettenstummel sind als Ursache von Bränden offensichtlich, doch auch das Auto kann zum Brandherd werden. Ist das Gras trocken genug, reicht die Hitze des Unterbodens aus, um ein Feuer zu entfachen – und in dem Falle hätte dann auch ein Mobiltelefon mit erstklassigem Empfang nicht mehr weitergeholfen.

Was können Sie besser machen?

Seien Sie nicht einer von *diesen* Typen. Einer von denen, die glauben, die Entfernungen seien nur für die anderen groß. Sie können schließlich schneller und länger fahren als die meisten; Sie sind ja ein guter Fahrer und wollen schließlich vorankommen. So jemand, der sich vornimmt, Australien innerhalb eines Monats zu umrunden und auf diese Weise das Beste vom Land zu sehen.

Wie schon in vorigen Kapiteln erwähnt: Australien ist groß. Und wie schon betont: Australien ist *wirklich* groß. Und obwohl die Straßen für die Zwecke der meisten Besucher mehr als ausreichend sind, empfiehlt es sich, mit nicht mehr als 60 bis 80 Kilometern pro Stunde zu kalkulieren. Das ist ein realistisches Ziel, das genügend Zeit für kurze Pausen bietet und gleichzeitig entspanntes Fahren ermöglicht. Innerhalb der Stadt muss man freilich mehr Zeit einplanen – es sei denn, sie sind nachts auf menschenleeren Straßen unterwegs. Für die gut 1.000 Kilometer, die Jenny und Lena an einem Tag bewältigen wollten, wären demnach bis zu 17 Stunden angemessen gewesen – eine mehr als sportliche Tagesration Autofahrt. Bedenken Sie auch, dass australische Highways zwar prinzipiell gut ausgebaut wurden, aber bei Weitem keine Autobahn sind: Man wird bei hohen Geschwindigkeiten mächtig umhergeworfen.

Was die *roadtrains* angeht, genügt es zu wissen, dass man ihnen ausweichen muss. Umgekehrt sollte man keineswegs versuchen, eines dieser Ungetüme zu überholen. Abgesehen davon, dass sie ohnehin schon am oberen Ende des Tempolimits unterwegs sein dürften, sind sie bis zu 50 Meter lang – und auf europäischen Straßen würden Sie auch nicht zehn Autos am Stück überholen wollen …

Noch wichtiger ist es, die Regeln zum Brandschutz zu verinnerlichen. Gerade in den heißen Sommermonaten entsteht ein Buschfeuer in sprichwörtlicher Windeseile – und genauso breitet es sich auch aus. Daher sollte man nicht auf dem Gras parken und auch nicht den Motor laufen lassen, der zusätzliche Hitze generiert – so stickig die Luft im Auto auch hinterher sein mag. Die Legende besagt ohnehin, dass ein laufender Automotor wie ein Magnet auf Spinnen wirkt, und Sie möchten doch nicht ernsthaft herausfinden, ob das stimmt, oder? Lena und Jenny haben jedenfalls auch hier hervorragende Vorarbeit geleistet, denn auch das beim Parken offen gelassene Fenster ist eine herzliche Einladung für ungebetene Gäste – seien es seltene Langfinger oder häufige Achtbeiner. Kaum zu glauben, aber zahlreiche Autounfälle in Australien werden von großen Spinnen verursacht, die während der Fahrt spontan auftauchen (der Klassiker: beim Runterklappen der Sonnenblende) und den Fahrer zu Tode erschrecken. Je nachdem, wo Sie in Australien parken, ist es zudem Pflicht, vor dem Losfahren zu schauen, ob nicht etwas unter ihrem Auto lauert – die Restwärme oder der Schatten ziehen so manches Tier an, und Sie wollen doch schließlich keinen niedlichen Pinguin oder Bandicoot überfahren!

20 AM GRILL

STEFFEN TRINKT EIN BIER UND STEHT NEBEN EINEM BBQ

Nun ist es passiert. Die Nachbarn haben zum Barbecue eingeladen. Bisher hatte Steffen nicht viel mit ihnen zu tun, außer dass er den Hausbesitzer nebenan fürs ausführliche Heimwerken zu unchristlichen Zeiten schon oft innerlich verflucht hat. Doch wann immer die beiden sich über den Zaun hinweg unterhalten haben, schien der Nachbar ganz in Ordnung, und die persönliche Einladung, die von seiner Frau überbracht wurde, war viel zu liebenswert, als dass Steffen ernsthaft hätte ablehnen können.

Nun steht Steffen im Supermarkt seines Vertrauens, in der Hand die Liste für den Großeinkauf dieser Woche. Er überlegt, ob er nicht etwas mitbringen sollte – das gehört ziemlich sicher zum guten Ton –, aber ist sich nicht ganz sicher, was angemessen ist. Etwas zu trinken, findet Steffen, ist eine naheliegende Lösung. Aber was? Bier ist zu banal, Wein aber vielleicht nicht jedermanns Sache (trinken Australier überhaupt Wein?!) und Whiskey ein bisschen zu viel des Guten …

Etwas irritiert stellt Steffen auf seiner Suche fest, dass es kein einfaches Regal mit Spirituosen gibt, so wie es daheim jede Tankstelle bietet – vom gut sortierten Supermarkt ganz zu schweigen. Doch dann fällt ihm ein, dass er das Sortiment bereits im Vorbeigehen gesehen hat – allerdings hinter den Kassen. Kann das sein?

Tatsächlich muss Steffen seine alkoholfreien Einkäufe erst einmal bezahlen, bevor er sich aufmachen kann, seinen Einkaufswagen durch einen separaten *liquor store* zu manövrieren. Der *bottle-o* hat glücklicherweise noch geöffnet! Unpraktisch, wie das organisiert ist, denkt Steffen, so etwas sieht den Australiern eigentlich nicht ähnlich ... Doch dann fällt ihm ein, dass er auf dem Heimweg von der Arbeit schon mehrmals einen Getränkeladen mit integriertem *drive-in* gesehen hat. Das passt schon eher!

Zumindest kann Steffen so mit jemandem sprechen, der sich auskennt. Als er nach einem passenden Wein als Mitbringsel (rot, nicht zu billig, nicht zu teuer) fragt, erkundigt sich der Verkäufer:

»Nur eine Flasche oder einen Karton?«

»Einen Karton? Um Himmels willen, nein, bitte eine Flasche ...«

Der Verkäufer versucht, Steffen von einem australischen Wein zu überzeugen, doch der pocht zunächst auf einen europäischen – »etwas Vernünftiges«. Bald einigt man sich auf den Kauf einer Flasche südaustralischen Weißweins für gerade noch akzeptable 18 Dollar. Und, wo er schon mal hier ist, lässt Steffen auch noch eine Flasche des bevorzugten Whiskeys mitgehen. Zu seiner Überraschung wird diese in eine Papiertüte eingewickelt, bevor er sie in Empfang nehmen darf. Dann geht es nach Hause, schnell die Sachen abladen und auf zum Barbecue. Erst beim Auspacken stellt Steffen fest, dass man ihm doch einen der billigen Weine angedreht hat – mit stillosem Drehverschluss.

Kurz darauf steht Steffen auf der Veranda seines Nachbarn. Sein Eindruck ist, dass er mit der Flasche Wein gar nicht schlecht lag – oder die gute Nachbarin ist doch zu höflich, um sich etwas anmerken zu lassen.

»Möchtest du etwas von deinem Wein?«, fragt sie, während ihr Mann fachmännisch das Fleisch auf dem Grill hin- und herschiebt und dabei fürchterlich beschäftigt aussieht.

NICHT ALLES GUTE KOMMT VON OBEN

Zu den weniger bekannten Gefahren Australiens zählen die *dropbears*, also fleischfressende Bären, die für das untrainierte Auge kaum von den harmlosen Koalas zu unterscheiden sind. Sie werden vom Duft des Grillgutes geradezu magisch angezogen – und so kommt es regelmäßig zu unschönen Szenen. Wenn Sie sich mal so richtig gruseln wollen, fragen Sie einen Australier nach ein paar Horrorgeschichten …

Auch deutsche Touristen sind den *dropbears* bereits zum Opfer gefallen – darum gilt auch hier, sich vorzubereiten und nicht arglos unter einem Baum zu stehen, von dem sich jeden Moment ein *dropbear* herabstürzen kann.

Werden Sie nicht zu einer Statistik. Alle notwendigen Infos stellt das *Australian Museum* auf seiner Homepage übersichtlich zusammen.

»Oh, ich würde ein Bier bevorzugen, wenn ihr welches dahabt.«

»Klar«, sagt sie und verschwindet im Haus.

»Ich hoffe, marinierte Steaks passen dir?«, erkundigt sich derweil ihr Mann. Zum Glück kann Steffen bejahen. Die beiden scheinen wirklich in Ordnung zu sein, denkt er, als man ihm ein saftiges Steak, frischen Salat und kühles Bier serviert. So lässt es sich aushalten!

Bummer! Was ist da schiefgelaufen?

In diesem Fall kann man es Steffen nachsehen, dass er es nicht besser hinbekommen hat – einige der Fettnäpfchen in Australien, so wie dieses, sind überraschend subtil.

Steffen hat es mit einer Einladung zum **Barbecue** zu tun, einer rituellen, aber gottlosen Zeremonie, die als ur-australisch gelten darf. Mit einem kühlen Getränk draußen zu sitzen und erstklassiges

Grillgut – wie etwa Steaks aus dem eigenen Land, von glücklichen Kühen – zu genießen, gehört zu den einfachsten, aber auch schönsten Erfahrungen, die man *down under* machen kann.

Dabei ist zu beachten, dass das Barbecue gewissen Regeln folgt. In den seltensten Fällen ist das Grillen eine so stümperhafte Aktion, wie man sie aus Deutschland kennt – der Kampf, die Kohle zum Glühen zu bringen, ist den Australiern ebenso fremd wie ein Elektrogrill für drinnen. Nein, *down under* hat man erstklassiges Equipment zu haben – vorzugsweise einen modernen und gepflegten Gasgrill – und als Gast hat man dieses erstklassige Equipment zu bestaunen. Gleiches gilt für das Grillgut. Das versäumt Steffen.

Schlimmer noch ist die Frage nach dem **Mitbringsel**. Grundsätzlich liegt Steffen richtig mit seiner Vermutung, dass es angemessen ist, eine Kleinigkeit zur Feier beizusteuern. Doch auch das funktioniert in Australien anders. Auf vielen Einladungen findet sich der Hinweis *BYO – bring your own* – der besagt, man solle sich selbst versorgen. Heißt: Wer üblicherweise einen Sixpack Bier verdrückt, bringt bitte einen Sixpack Bier mit, und zwar seine Lieblingsmarke.

Dieses System ist, man muss es sagen, absolut genial. Der Gastgeber muss sich nicht damit abmühen, zu raten, was seine Gäste wohl am liebsten mögen. Er muss auch nicht Unmengen an Getränken vorhalten, die er selber nicht mag. Jeder bringt etwas mit, aber nur das, wofür es auch garantiert Verwendung gibt. In Steffens Fall empfinden es die Nachbarn daher womöglich als merkwürdig, dass er ein (alkoholisches) Getränk mitbringt, davon aber gar nichts haben will – und stattdessen ihren Vorrat plündert.

Das Konzept lässt sich natürlich auch auf Speisen übertragen. Gerade beim Barbecue gibt es oft den Hinweis *»bring a plate«* – also die Bitte, einen Teller mit Essen mitzubringen. Auch hier gilt: Aufwand minimal, Verschwendung minimal. Jeder bringt etwas mit, was ihm auch selbst mundet, und dann wird brüderlich geteilt – so wird jeder glücklich, sowohl richtige Esser als auch Vegetarier.

Was können Sie besser machen?

Auch hier ist es ganz einfach: Werden Sie zu einem Barbecue eingeladen, nehmen Sie die Einladung auf jeden Fall an. Und dann bringen Sie etwas mit.

Bei alkoholischen Getränken gilt, dass man es nicht übertreiben sollte. Wer unbedingt Wein schenken will, liegt mit einer australischen Flasche sicher richtig – besser ist aber allemal, sich an die goldene Grundregel *BYO* zu halten. Bei Speisen darf man durchaus kreativ sein und auch ungewöhnlicheres Essen beisteuern, das vielleicht auch andere gern mal kosten würden, aber den Grundgedanken sollte man auch hier respektieren – gerade dann, wenn man besondere Diätbedürfnisse hat.

21 ZU GAST

LENA UND JENNY FÜHLEN SICH WILLKOMMEN UND ESSEN EINEN HAPPEN

Wesentlich entspannter geht die Reise am nächsten Morgen weiter. Im Vergleich zum Marathon am Vortag ist der Trip nach Alpha bestenfalls ein kurzer Sprint; keine neunzig Minuten nach der Abfahrt sind sie bereits im Zentrum von Alpha angekommen. Einundneunzig Minuten nach Abfahrt haben sie es erfolgreich durchquert. Die Orientierung scheint leicht: Die Stadt liegt an der Kreuzung zweier Highways, und Mike, der Besitzer der Farm, hatte ihnen am Telefon erklärt, dass sie der Straße nach Norden »nur« 47 Kilometer folgen müssten, bis sie die Abzweigung zur Farm finden würden.

Doch obwohl Jenny und Lena ausgeschlafen sind und der Beschreibung genau folgen – Tor, Briefkasten, staubige Einfahrt –, will es ihnen nicht gelingen, die Farm zu finden. Nach deutlich mehr als fünfzig Kilometern entscheiden sie sich, umzudrehen, und es erneut zu probieren. Doch keine der Abzweigungen will so recht zur Beschreibung passen. Bevor es zu kompliziert wird, schlägt Lena vor, einfach noch einmal anzurufen. Ein Stück weit südlich der Stelle, wo die Farm eigentlich liegen müsste, fahren sie rechts ran und rufen Mike an.

Der scheint nicht sonderlich überrascht, dass die beiden den Weg nicht finden. Er ist eher amüsiert. »Bleibt einfach, wo ihr seid«, sagt er, »ich spring ins Auto und hole euch ab.«

Sprach's – und keine zehn Minuten später taucht er auf. Umgekehrt hatte er offensichtlich keine Schwierigkeiten, Lena und Jenny zu finden, die immer noch am Highway stehen und die morgendliche Wärme genießen.

»Ihr müsst die Mädels aus Deutschland sein, richtig?«, fragt Mike, als er als dem Auto steigt. Nach kurzem Zögern streckt er die Hand aus und begrüßt beide mit einem kräftigen Händedruck. Nach der obligatorischen Vorstellungsrunde geht es dann endlich zur Farm.

Wie von Mike beschrieben, findet sich nach wenigen Kilometern eine Abzweigung. »Das nennt er eine Straße? Kein Wunder, dass wir das nicht gefunden haben«, murmelt Jenny, als Mike im Wagen vor ihnen auf einen staubigen Weg abbiegt, der jedoch genau der Beschreibung entspricht, die sie am Telefon bekommen haben, inklusive eines Namensschildes und des Symbols der Farm.

FRAUENROLLE RÜCKWÄRTS

Eine Reise ins Outback ist ein bisschen wie eine Zeitreise. Vieles ist noch so, wie man es von früher kennt. Das schließt natürlich auch Frauen- und Männerrollen ein.

Grundsätzlich gilt Australien als ein Land, in dem die Männer sich vergleichsweise »macho« geben. Doch das kann nicht darüber hinwegtäuschen, dass – insbesondere in den Großstädten – die *pussyfication,* also die Verweichlichung, flächendeckend Einzug gehalten hat. Auch die Emanzipation ist schon lange in Australien angekommen, und Extrawürste für Frauen (zum Beispiel das Aufhalten der Tür) sind rar.

Im Outback ist das noch etwas anders – die Rollenverteilung ist immer noch klassischer. Wohlgemerkt: klassischer, nicht klassisch. Die Frau kümmert sich ums Haus und die Kinder, der Mann bringt das Essen heim. Die Übergänge sind aber fließend – wenn Not am Mann ist, hilft auch die Frau selbstverständlich mit, selbst wenn es darum geht, den sprichwörtlichen Berg Scheiße zu schaufeln. Erstaunlicherweise sind sowohl die meisten Frauen als auch die Männer mit dieser Teilung vollkommen glücklich.

Mike hält vor einem Tor an, steigt aus und öffnet es. Danach gestikuliert er wild, doch weder Lena noch Jenny verstehen so recht, was er will. Beide Autos passieren das Tor, dann hält Mike an und schreitet kopfschüttelnd zurück, um es wieder zu schließen. Danach rumpeln beide Autos über einen unbefestigten Weg in Richtung eines einfachen Holzhauses. Dabei wiederholen sie das Spiel mit einem zweiten Gatter – offensichtlich will man sehr sichergehen, dass die Tiere nicht auf die Straße laufen!?

Mike parkt seinen Wagen vor einem Schuppen; Jenny, die dieses Mal am Steuer sitzt, parkt direkt neben ihm. Bevor die beiden auch nur ausgestiegen sind, werden sie schon vom Rest der Familie freudig begrüßt, allen voran von zwei Schäferhunden, die es gar nicht erwarten können, jemand Neues kennenzulernen.

Diese Liebesbekundung muss ein wenig viel gewesen sein, denn schon werden die Hunde barsch zurückgepfiffen. Die Stimme gehört zu Sally, die Mike als seine Frau vorstellt. Neben ihnen stehen die Kinder der Familie – Brian, der fast erwachsene Sohn, ganz im Cowboy-Outfit, daneben Lisa, die etwas jüngere Tochter, ganz im Cowgirl-Outfit, und der erst siebenjährige Sohn, der ihnen bloß als Junior vorgestellt wird. Er zappelt neben seiner Mutter umher und würde offensichtlich lieber wieder spielen gehen. Während die Erwachsenen Höflichkeiten austauschen – »Habt ihr es gut gefunden?« »Ja, und schön ist's hier!« –, entdeckt er etwas Spannendes im Schuppen und schleicht davon.

»Nun kommt erst einmal rein, wir zeigen euch euer Zimmer. Ihr habt auch bestimmt Hunger, oder?«, fragt Sally. Lena nickt eifrig – das Frühstück ist heute Morgen schließlich ausgefallen … Doch bevor sie ihr Gepäck ins Haus getragen haben, kommt Junior schon wieder begeistert um die Ecke gerannt. Triumphierend hält er einen braunen, pickligen Fladen in die Luft, den Lena beim näheren Hinschauen als Kröte identifizieren kann.

»Igitt!«, rutscht es auch Jenny heraus.

Doch Mike scheint nicht im Geringsten irritiert, ganz im Gegenteil: »Du weißt, wohin damit, Champion!«, sagt er, und Junior läuft wieder von dannen. Auf der Veranda angekommen, öffnet der Kleine mit Mühe eine große Tiefkühltruhe, packt die Kröte in einen Plastikbeutel, der schon mit anderen Vertretern der Spezies gefüllt ist, und lässt den Deckel wieder zufallen. Lena ist sich nicht sicher, ob das gerade wirklich passiert ist, doch ihre Zweifel werden ausgeräumt, als Sally die Nase rümpft. »Junior! Du musst besser aufpassen, die hat dich wieder angepinkelt. Ab in die Dusche!«, sagt sie in einem Ton, der keinen Widerspruch duldet.

Mike, der die irritierten Gesichter seiner Besucher bemerkt, erklärt kurz: »Wundert euch nicht. Das war nur eine *cane toad,* und gelegentlich versuchen sie noch, sich zu wehren, indem sie dich vollstinken.«

Das erklärt zumindest einiges. *Cane toads,* davon hat Lena schon einmal vor ewigen Zeiten gehört – irgendeine Plage, die Australien befallen hat. Aber das man sie essen kann, ist Lena neu – und reichlich suspekt.

»Ihr solltet mal sehen, was wir hier mit Kaninchen machen!«, fügt Mike hinzu, bevor er breit grinsend einen Zeigefinger an seinem Hals entlangführt. Jenny und Lena tauschen einen Blick aus, der mehr fragt als tausend Worte, dann geht es hinein ins Haus.

Dort erwartet sie ein schlichtes Gästezimmer. Großes Bett mit dicker Daunendecke, dazu eine Kommode und ein Spiegel. Außer einem kleinen Bild von einsamen Blumen in einer Vase sind die Wände nackt; an der Decke hängt eine einfache Glühbirne.

»Macht's euch bequem, gleich gibt's was zu essen«, sagt Mike und verschwindet in Richtung Küche. Sally fügt noch hinzu: »Ich hoffe, es genügt euch! Fühlt euch wie zu Hause!«

Eine Viertelstunde später haben die Mädels ihre Sachen ausgepackt und in die Kommode geräumt. Gutes Timing, denn der Duft von Gebratenem zieht bereits durchs Haus. Wenige Minuten später tischt Sally ein paar blasse Frikadellen auf, die sie als *fritters* bezeichnet.

RUDIS KULINARISCHE RESTERAMPE

Die Küche im Outback ist noch einmal ein Tick anders als die »normale« australische Küche. Grundsätzlich gilt, dass die Mahlzeiten pragmatisch sind und – wichtig! – dass kein Essen verschwendet wird.

Das führt dann zu Kreationen wie dem *fritter*, einer Art Frikadelle, in der Reste aus anderen Speisen verbraten werden. Es kann aber auch dazu führen, dass Ihnen tagein, tagaus dasselbe serviert wird, bis es denn endlich aufgegessen ist. Die kindliche Taktik, den Brokkoli einfach stehen zu lassen, funktioniert demnach nicht – spätestens am nächsten Tag ist er wieder da. Und am dritten Tag wird er notfalls noch einmal aufgewärmt.

In manchen Fällen passiert das selbst mit Speisen, die man nicht wieder aufwärmen sollte (Pilze, Spinat und dergleichen) – also ist es besser, sich dem kulinarischen Schicksal gleich beim ersten Mal zu beugen. Wer geschickt ist, kann natürlich auch ausnutzen, dass jede Farm Heimat von hungrigen Hunden ist …

Die *fritters* schmecken überraschend gut, auch wenn Lena beim besten Willen nicht sagen kann, was sie da eigentlich isst. Und so, wie die Familie beim Essen miteinander flachst, ist sie sich irgendwie sicher, dass sie sich hier bald wohlfühlen wird.

She'll be alright! Was ist da schiefgelaufen?

Lena und Jenny sind das erste Mal im **Outback** – und daher nicht mit den Grundregeln vertraut, die dort herrschen. Die oberste dieser Grundregeln – so wichtig, dass sie in Stein gemeißelt gehört – ist, dass alles auf Sicherheit ausgelegt ist. Unfälle jeglicher Couleur zu vermeiden, ist oberstes Gebot.

Daher auch zwei Tore – man will in der Tat nicht, dass das eigene Vieh ausbüxt. Doch das Fettnäpfchen lauert an einer anderen Stelle: Bei den meisten Fahrten kommt man an mehreren Toren vorbei, die allesamt einen mehr oder meist weniger ausgeklügelten Mechanismus haben. Manchmal ist es ein stabiles Metalltor, das grazil in seinen Angeln gleitet, manchmal ein primitiver Stacheldraht, den man mit einem Brett irgendwie irgendwo festklemmen muss.

Hierbei gilt: Es ist der Beifahrer, der die Tore öffnet und wieder schließt, wenn das Fahrzeug hindurchgefahren ist (und bitte kommentarlos … und zügig … und ohne Aufforderung). Sind mehrere Autos im Konvoi unterwegs, öffnet jemand im ersten und schließt jemand im letzten Fahrzeug das Tor. Auch hier gilt: Lieber zweimal prüfen, ob es auch richtig geschlossen ist, sonst steht bald ein aggressives Schwein im Garten. Oder die Lieblingskuh auf dem Highway.

Zum anderen müssen sich Jenny und Lena darüber im Klaren sein, dass die Farm im Outback kein Ponyhof ist – selbst dann, wenn es ein Ponyhof ist. Ein Beispiel dafür ist, wie selbst der Jüngste in der Familie schon ein Talent für das Morden von Kröten entwickelt hat. Das Outback ist kein Platz für Sentimentalitäten. Und darauf gilt es, vorbereitet zu sein, denn Kröten gehören noch zu den kleinsten **Plagen** im Land … Im Falle der *cane toads* gilt es übrigens als die »freundlichste« Art des Meuchelns, sie in die Tiefkühltruhe zu packen, wo sie dann – so die Auskunft der australischen Behörden – »ohne Schmerzen einschlafen«. Lassen Sie sich also nicht irritieren, wenn jemand diese ekelerregenden Tiere zu den Lebensmitteln ins Kühlfach legt!

Was können Sie besser machen?

Das Wichtigste ist sicherlich, zu verinnerlichen, dass Sicherheit über alles geht. Auch triviale Fehler können in dieser Umwelt folgenschwer sein, wie unsere Protagonistinnen noch feststellen werden (siehe Episode 35). Das Zweitwichtigste ist, die Etikette des Outbacks zu verinnerlichen. Vieles läuft auf dem Land anders – mehr, als man in ein Buch fassen kann –, aber wer aufgeweckt durchs Leben schreitet, wird diese Regeln schnell begreifen. Dass der Beifahrer die Tore öffnet und schließt, kann man als exemplarisch ansehen. Wer diese Regel befolgt und sich dabei nicht allzu blöde anstellt, kann direkt punkten.

Schwieriger wird es beim anderen Thema dieses Kapitels. Wie gesagt, ist das Outback kein Platz für sentimentale Gemüter. Wer gerne »was mit Tieren« machen will, sollte sich im Klaren sein, dass er nicht nur mit gesunden und munteren Pferden zu tun hat, die majestätisch über die Wiese galoppieren, wallende Mähne inklusive. Tiere machen Dreck, werden krank und sterben. Oft in den unpassendsten Momenten. Manchmal hilft man kranken Tieren beim Sterben, und das ist nicht für jedermann.

So kann es vorkommen, dass man einem Nutztier oder sogar – Gott bewahre – einem Haustier eine erlösende Kugel verpassen muss. Es empfiehlt sich, in diesem Fall nicht weinend davonzulaufen.

Das ist aber noch als Vorzugsbehandlung zu verstehen, die den nützlichen oder geliebten Tieren vorbehalten ist. Australien ist allerdings auch randvoll mit unerwünschten Gästen: Über die Jahrzehnte hat sich Australien eine Vielzahl von Plagen aufgehalst, die nun Flora und Fauna bedrohen. Wilde Katzen, Hunde, Füchse, Schweine, Büffel, Kaninchen und Kamele haben *down under* eigentlich nichts verloren. Von den fiesen *cane toads* ganz zu schweigen – fetten Kröten, die absichtlich ins Land geholt wurden, um einer Insektenplage Herr zu werden, sich aber zu einer eigenen Plage biblischen Ausmaßes entwickelt haben.

Keine Sorge müssen sie haben, dass man Sie zur Büffeljagd mitnimmt. Es kann aber vorkommen, dass eine Hatz auf eine bestimmte Tierart organisiert wird, die lokal Unruhe stiftet. In diesem Falle werden kritische Kommentare (»Aber Kätzchen sind doch so niedlich!«) nicht gerne gehört. Wer sich in dieses Terrain begibt, muss auch damit rechnen, dass »unschuldige Tiere« vor seinen Augen über den Haufen geschossen werden – weil sie eine Bedrohung darstellen oder weil sie bloß lästig sind.

Doch nicht mal eine Schusswaffe braucht man immer. Gegen Kaninchen – die die Australier wirklich nervös machen – nutzt man derweil biologische Waffen und infiziert die Tiere mit der sogenannten Kaninchenpest. Und bei einer Kröte tut es auch mal eine Schaufel. Hier muss man damit rechnen, dass man auch entgegen seiner Prinzipien, etwa »leben und leben lassen«, zuschlagen muss. Zumindest wird es erwartet!

22 AUF DER ARBEIT

STEFFEN ARBEITET LÄNGER UND SCHAUT ANDEREN ÜBER DIE SCHULTER

»Wir sehen uns dann morgen!«, zwitschert Mel im Vorbeigehen in Steffens Büro hinein.

Moment mal, denkt der sich. »Ich brauch noch was von dir. Du wolltest mir doch die ganzen Sachen weiterleiten von den Typen aus Melbourne, die mit ihren zig Sonderwünschen.«

»Kann das nicht bis morgen warten?« Mel setzt ihren besten Dackelblick auf. Sie scheint es eilig zu haben und will Steffens Schwachstelle eiskalt ausnutzen.

»Es ist … noch nicht mal vier Uhr?!«, stellt Steffen halb überrascht, halb empört fest. »Hast du einen Termin oder was?«

Doch Mel möchte den schönen Tag nutzen, um noch etwas surfen zu gehen. Ob das nicht später gehe, fragt Steffen. Mel lacht. Dann seien doch die besten Wellen weg! Er solle sich mal entspannen. Die Arbeit sei schließlich morgen auch noch da …

Ohne weitere Widerworte zu dulden, verschwindet Mel und lässt nur einen verdatterten Steffen zurück. Es ist nicht das erste Mal, dass Mel sich frühzeitig verabschiedet hat, und sie ist beileibe nicht die Einzige in der Firma, die gerne überpünktlich die Arbeit niederlegt. Soll er was sagen? Und wenn ja, was? Und zu wem?

Da Steffen ohne die Mails kaum sinnvoll weiterarbeiten kann, entscheidet er sich, die Zeit anders zu nutzen. Da selbst er – der vermeintliche Computerexperte! – auf seinem eigenen Notebook keine Administratorenrechte hat, kann er auch keine neuen Programme oder noch so winzige Updates installieren. Steffen schnappt sich daher den *cable guy,* der den ganzen Tag auf den Fluren der Firma entlangschlurft, und bittet ihn, eine Handvoll Änderungen vorzunehmen. Das meiste ist einfaches Zeug, was Steffen auch selbst erledigen könnte, aber die Vorschriften besagen, dass Fachpersonal ranmuss.

Der *cable guy* macht sich an die Arbeit. Da es Steffen zu langweilig ist, ihm über die Schulter zu schauen, tigert er in seinem Büro umher und täuscht vor, Unterlagen zu sortieren und aufzuräumen.

Alsbald beginnt das Fluchen. Der *cable guy* hat offenbar in den letzten Minuten eine Hassbeziehung zu Steffens Laptop entwickelt. Zunächst ein einfaches »*Shit*«, kurz darauf ein »*Fuck*« und wenige Minuten später ist der Computer bereits zum »*bloody bastard*« aufgestiegen. Steffen ist halb amüsiert, halb irritiert, dass jemand mit einer solchen Schnauze in einem eigentlich seriösen Betrieb geduldet wird.

DER SHRIMP AUF DEM BARBIE

Fluchen ist ja eine Sache. Eine andere Sache ist das mit Wörtern wie *strewth* und *crikey* – angeblich typisch australische Wortschöpfungen, die aber im Alltag faktisch nie genutzt werden. Ein bisschen also wie beim *Foster's,* welches man nur im Ausland für typisch australisch hält.

Wenn Sie sich maximal unbeliebt machen wollen, verwenden sie nicht nur die Worte *strewth* und *crikey* möglichst häufig, sondern auch die Redewendung *»I'll slip an extra shrimp on the barbie for you«*. Dieser Spruch wurde in den Achtzigern von *Crocodile-Dundee*-Darsteller Paul Hogan in einem legendären Werbespot für Amerikaner verwendet – und zählt seither zu den Sätzen, die die Einheimischen nicht mehr hören können. Auch, weil es in Australien nicht *shrimp* heißt, sondern *prawn*.

»Das dauert noch ein bisschen«, heißt es irgendwann von hinter dem Bildschirm.

»Ein bisschen? Können wir das vielleicht präzisieren?«

»Heute wird das nichts mehr. Brauchen Sie den Rechner heute noch? Sonst machen wir das morgen in Ruhe fertig …«

Fuck, denkt Steffen.

Well, fuck! Was ist da schiefgelaufen?

Ja, das ist sie, die australische Arbeitshaltung. *Work hard, play hard* – wobei die erste Hälfte des Mottos optional ist.

Das soll keinesfalls bedeuten, dass Australier faul seien. Mitnichten! Es bedeutet aber sehr wohl, dass das Land eine etwas andere Einstellung zur **Arbeit** hat, als man es vielleicht aus mitteleuropäischen Breiten gewohnt ist. Die Mehrheit ist sicher der Ansicht, dass man arbeitet, um zu leben – und nicht umgekehrt. Auch das macht den Reiz Australiens aus: Die Einheimischen wissen, wann sie fünfe gerade sein lassen können. Dass man daher die Arbeitszeit flexibel auslegt, um noch eine Runde surfen zu gehen, ist keinesfalls abwegig – gerade das Wellenreiten ist anerkanntes Kulturgut!

Zudem ist Steffen ein wenig überfordert, wenn auch amüsiert vom Gefluche des *cable guy*. Doch ist es nur eine Frage der Zeit, bis man auch als gemeiner Reisender mit der australischen Vorliebe fürs **Fluchen** konfrontiert wird. Es gibt Menschen, die alles und jeden beschimpfen – genau wie überall anders auf der Welt auch, bloß öfter. Und professioneller!

Zu den archetypischen Flüchen in Australien gehören »*bloody*«, »*bastard*« und auch »*bloody bastard*«. Dabei muss das *cursing* gar nicht immer negativ gemeint sein. Zieht man etwa einen Australier beim Pool nach allen Regeln der Kunst über den Tisch, kann ihm auch ein anerkennendes »*You bastard!*« über die Lippen kommen. Bei manchen Charakteren hat man gar den Eindruck, eine Beleidigung sei ein Zeichen der Wertschätzung oder eine Art Liebesbekundung.

Was können Sie besser machen?

Einen Australier umzuerziehen, bis er eine deutsche Arbeitshaltung an den Tag legt, wird Ihnen nicht gelingen. Daher hilft alles Klagen nichts: Man muss damit leben, dass die Mehrheit *down under* andere Prioritäten setzt. Das ist allerdings nicht sonderlich schwierig, denn Australien verfällt nicht in eine Trägheit, in der gar nichts mehr geschafft wird, sondern bleibt fleißig. Brauchen Sie einen Handwerker, werden Sie einen finden, ohne Monate zu warten. Nur kann es etwas dauern, bis Sie ihn erreichen, denn vielleicht liegt er schon am Strand. Dann ist die beste Lösung, sich ebenfalls in den Sand zu legen.

Komplizierter ist die Lage beim Fluchen. Nicht nur in Australien kann man davon ausgehen, dass man zurückfluchen darf, wenn man angeflucht wird. Der Unterschied liegt darin, dass man wesentlich öfter mit dem Geschimpfe der Einheimischen konfrontiert wird. Einige finden das entspannt und amüsant, aber wer mit Kindern reist, ist womöglich *not amused.*

Ein Beispiel aus der Praxis: Nehmen wir an, eine öffentliche Toilette ist defekt. Unter zivilisierten Bürgern würde eine Notiz à la »*This facility is currently out of order – we apologize for any inconvenience*« auf den Sachverhalt hinweisen. Toilette defekt, tut uns leid. In einem der eher urtümlichen Hostels dagegen kann es sein, dass man mit einem informellen »*SHITTERS FUCKED CUNTS!!!*« über die Situation informiert wird, Rechtschreibfehler inklusive.

Doch wie reagieren? Einmal mehr wird es Ihnen kaum gelingen, einen Australier umzuerziehen, bis er eine klinisch saubere Sprache verwendet. Vielleicht nimmt er sich zurück, wenn Sie einen guten Grund – wie etwa die Kinder – haben. Ansonsten bleiben nur zwei Möglichkeiten: es ertragen oder mitmachen.

Es empfiehlt sich natürlich, mitzuschimpfen. *Do as the locals do.* Mit ein wenig Übung gehen auch die schwierigeren Flüche locker und geschmeidig über die Lippen, und ein gelegentliches »*Fuck*« kann sehr kathartisch wirken. Nur gilt, einmal mehr, dass das im richtigen Umfeld passieren muss: Im rauen Pub wird sich für ein »*Fuck*« niemand umdrehen, aber im Bestattungsinstitut bleibt es fehl am Platz. Wer fluchen will, ohne zu fluchen, schaut es sich bei den Kindern ab, die den populärsten Fluch zu einem »*Fark*« oder »*Fudge*« abmildern. Jeder weiß, was damit gemeint ist, aber niemand hat etwas Schlimmes gehört.

23 IM BETT

JENNY MACHT DIE AUGEN ZU UND LENA WIRD AUSGELACHT

Gut gesättigt hängen Lena und Jenny in ihren Stühlen, als Sally den Tisch abräumt. Das Essen war lecker, aber auch mächtig – doch ein Nickerchen steht nicht auf der Tagesordnung. Mike schlägt vor, den beiden die Farm ein bisschen näher vorzustellen.

Zu dritt laufen sie zurück zum Schuppen, doch deutet Mike auf ein anderes Auto. »Für die Farm nehmen wir diesen Wagen. Wenn ihr mal mit dem fahren solltet, aufpassen, denn die Bremsen greifen nicht mehr so gut!«, erklärt er.

Als Jenny auf den Beifahrersitz steigen möchte, stellt sie fest, dass der Türgriff auf ihrer Seite fehlt. Doch in dem Moment öffnet Mike bereits die Tür von innen. Lena nimmt auf dem Rücksitz Platz, dessen Polster vor Dreck nur so trieft. Na wunderbar, denkt sie.

Nach kurzem Protest erwacht auch der Motor jaulend zum Leben. Danach fährt Mike auf einer Piste entlang zum ersten Tor, das Jenny mit leichten Schwierigkeiten öffnet und wieder schließt. Danach schlängelt sich der Weg durch das trockene Outback, entlang an einzelnen Bäumen, Ameisenhügeln und Büscheln aus hohem Gras. Zwischendurch entdeckt Lena auch die ersten Kühe, die, so findet sie, erstaunlich gesund und kräftig wirken. Immerhin scheint es ziemlich wenig Futter zu geben.

Bald darauf kommen sie an einem Windrad vorbei. Mike erklärt, dass es kostbares Grundwasser nach oben pumpt, von dem die Tiere trinken können. Und das tun die Kühe reichlich – an der nahegelegenen Wasserstelle hat sich eine große Herde versammelt. Im Schritttempo rumpelt der Wagen vorwärts, und die Kühe springen davon, sobald ihnen das Auto zu nahe kommt.

»Ist das nicht gefährlich?«, fragt Lena. Doch Mike kann sie beruhigen. »Die weichen schon aus. Um hier eine Kuh zu überfahren, muss man schon fahren wie ein *wanker!*«

KEINE NETTE GESTE

Ein guter Zeitpunkt für ein paar wirklich praxisrelevante Tipps! Als Teilnehmer am australischen Straßenverkehr kommen Sie vielleicht früher oder später in eine Situation, in der Sie das Verhalten eines Mitmenschen nonverbal kommentieren möchten.

Und so geht's: Leicht angewinkelter Arm mit lose geballter Faust, dazu eine lockere Auf- und Abbewegung des Unterarms – und schon haben wir dem anderen Fahrer klargemacht, dass er ein *wanker* (Wichser) ist. Gerade im Straßenverkehr eine sehr populäre Geste!

Eine Alternative dazu ist auch *down under* der klassische Stinkefinger. Möchten Sie die Wirkung verstärken, können Sie den Zeigefinger auch noch ausstrecken – so wie ein *Peace*-Zeichen, bloß mit dem Handrücken nach vorn.

Stehen Sie an der Ampel und fordern einen Mitmenschen zu einem kurzen Rennen heraus, können Sie zudem Ihren (hoffentlich darauf folgenden) Sieg zelebrieren, indem Sie mit Daumen und Zeigefinger der rechten Hand ein »L« bilden und sich dieses an die Stirn halten – im englischen Sprachraum das Zeichen für einen Verlierer *(loser)*.

Während sie die Herde durchqueren, wirft Mike einen fachmännischen Blick auf die Tiere. Er scheint zufrieden zu sein; keine Auffälligkeiten. Danach geht es noch für fast zehn Minuten weiter, bis sie an einem Zaun anhalten.

»Hier ist das Grundstück zu Ende«, erklärt Mike. Ein Blick auf die Uhr verrät Lena, dass sie fast eine halbe Stunde gefahren sind. Zwar langsam, aber immerhin. Und Mike erklärt weiter, dass das Haus fast mittig auf ihrem Grundstück liegt – in die andere Richtung reicht sein Land fast noch einmal genauso weit. Kein Vergleich zu dem winzigen Gärtchen rund um das Reihenhaus, in dem sie aufgewachsen ist, befindet Lena.

Am Zaun entlang befindet sich eine breite Schneise, die sie vom Nachbargrundstück trennt. Nun fährt Mike im Schritttempo am Zaun entlang und erklärt, welche Aufgabe auf seine neuen Arbeiterinnen als Erstes zukommt: die Pflege des Zauns. »Hin und wieder geht ein Stück vom Zaun kaputt – und das muss ich reparieren, bevor die Tiere das Loch finden. Sonst ist eines Tages die Herde verschwunden!« Auf dem kurzen Stück, das sie abfahren, sieht aber erst einmal alles tadellos aus.

Die Sonne steht schon tief am Horizont, nachdem sie in einem großen Bogen noch zwei weitere Windräder und Tränken abgefahren sind. Überrascht stellt Lena fest, dass sie bereits seit einigen Stunden unterwegs sind. »Wir müssen auch bald zurück«, sagt Mike knapp, bevor es auf verschlungenen Pfaden zurück nach Hause geht.

»Ich würde hier verloren gehen«, sagt Jenny. Und Lena muss ihr beipflichten – alles sieht gleich aus und sie hätte nicht sagen können, in welcher Richtung das Haus liegt. Doch wie aus dem Nichts taucht es hinter einer Reihe von Bäumen wieder auf.

Alle drei steigen aus und klopfen sich den Staub von der Kleidung, bevor es zurück ins Haus geht. Dort wartet bereits ein kleines Abendessen auf sie. Doch die Stimmung ist nicht so entspannt wie beim Mittagessen: »Wir müssen bald los!«, sagt Mike und eilt, um in ein paar frische Kleider zu schlüpfen. »Wir wissen, das ist furchtbar unhöflich, aber können wir euch für ein paar Stunden allein lassen? Wir müssen zu einer Schulaufführung, das ist für euch sicher nicht so spannend …«, erklärt Sally.

Lena und Jenny sind zwar erstaunt, dass man sie bereits mit Heim und Hof betraut, doch sind sie beide so erschöpft vom Nichtstun, dass sie in der Tat lieber daheim bleiben möchten. »Falls etwas ist, unsere Telefonnummer habt ihr ja!«, sagt Sally noch. Kurz darauf verschwindet die Familie mit dem Wagen und lässt Lena und Jenny allein zurück. Draußen wird es dunkel, drinnen sehr still.

»Ein schräger Tag!«, seufzt Jenny. Für ein paar Stunden gelingt es beiden noch, wach zu bleiben, doch dann beschließen sie, heute mal zeitig schlafen zu gehen – immerhin wartet morgen der erste richtige Arbeitstag.

Während Jenny sich bereits nach wenigen Minuten im seligen Tiefschlaf befindet, kann Lena ihre Gedanken nicht ganz abschalten. Mit offenen Augen liegt sie im Bett – und doch ist es so, als hätte sie sie geschlossen. So stockfinster ist es, dass sie nicht einmal die Hand vor Augen erkennen kann. Draußen hört sie gelegentlich etwas umhertapsen – ob das die Hunde sind? Die absolute Stille im Zimmer wird nur gelegentlich unterbrochen, und zwar von einem Kichern. Die werden doch keine Fledermäuse im Haus haben?!, denkt sich Lena und zieht die Decke ein Stück weiter nach oben. Glücklicherweise ist es wenigstens angenehm warm unterm Plumeau … Doch erst ein paar Stunden später, lange nachdem die Familie auch wieder eingetroffen und zu Bett gegangen ist, kann auch Lena endlich einschlafen. Trotz Fledermäusen.

Friggin' hell! Was ist da passiert?

Glücklicherweise nicht viel! Lena und Jenny dürfte es zwar überraschen, dass man sie bereits nach wenigen Stunden mit Haus und Hof allein lässt, aber das ist nur ein Beispiel für das Vertrauen und die **Offenheit**, die einen in australischen Haushalten mit schöner Regelmäßigkeit empfangen.

Oft ist es so, dass man als Gast wie ein Teil der Familie behandelt wird, insbesondere dann, wenn man nicht nur einen Abend zu Besuch ist, sondern einen Aufenthalt von einigen Wochen plant. Das bringt eine Handvoll Vorteile mit sich, aber auch Pflichten. An diesem Abend ist die Aufgabe der Mädels – nämlich dafür zu sorgen, dass das Haus nicht gestohlen wird oder niederbrennt – von überschaubarer Komplexität. Es hätte aber genauso gut sein können, dass man sie gebeten hätte, auf den Kleinen aufzupassen. Oder nach den Tieren zu sehen.

Doch ganz allein in der ungewohnten Umgebung gelingt es nur Jenny, eine Mütze voll Schlaf zu bekommen. Denn, so absurd es klingen mag, im Outback ist die Nacht ein völlig neues Erlebnis.

Zum einen ist es finster. In diesen Breitengraden fällt die Sonne ohne großes Protokoll hinter den Horizont. Kaum ist sie verschwunden, folgen die **Dunkelheit** und – je nach Ort und Jahreszeit – mit ihr die Kälte. Ohne künstliche Lichtquellen sind die Sterne und der Mond das Einzige, was die Landschaft noch zu erhellen vermag. Zumindest, solange es nicht bedeckt ist! Für den Schläfer ist das ungewohnt, denn im Bett ist es dann so finster, dass man die Hand vor Augen nicht sehen kann. Und – ohne Namen zu nennen – Sie wären überrascht, wie viele Erwachsene noch Angst im Dunkeln haben.

Dazu kommt, dass es reichlich frisch werden kann. Das Outback ist zum größten Teil weit vom Meer entfernt; entsprechend groß sind die **Temperaturunterschiede** zwischen Tag und Nacht. Tagsüber schwitzt man, was das Zeug hält, aber abends kann man sich unter einer dicken Decke verkriechen und schlummern wie ein Murmeltier. Hat man sich an dieses Klima einmal gewöhnt, ist es fantastisch. Bis dahin ist es anstrengend.

Es wird allerdings nicht nur dunkel und kalt, sondern auch sehr still. Australien ist generell kein besonders lautes Land, aber hier, weit draußen im Outback, wird es nachts totenstill. Allenfalls die Tiere, die zumeist nachtaktiv sind, geben hin und wieder Geräusche von sich. So wie die Fledermaus, die Lena in ihrem Zimmer vermutet.

Natürlich liegt sie mit dieser Befürchtung daneben. Nicht, dass eine Fledermaus im Schlafzimmer eine unvorstellbare Kuriosität wäre – ganz im Gegenteil. Lena hat Glück, denn in diesem Fall handelt es sich nur um einen harmlosen Gecko, der mit seinem Kichern kommuniziert. Obwohl das nicht besonders laut ist, durchbricht es die Stille wie ein Donnerschlag.

Was können Sie besser machen?

Viel besser als unsere Hauptdarstellerinnen kann man es in diesem Fall nicht machen. Ohne großes Trara zeigen sie sich bereit, aufs Haus aufzupassen. Wenn sie eine ähnliche Reaktion an den Tag legen, sobald verantwortungsvollere Aufgaben auf sie warten, werden sie bei ihrer Gastfamilie alsbald einen Stein im Brett haben.

Wichtig, aber hoffentlich selbstverständlich ist es, diese Offenheit nicht auszunutzen – und nicht unerfüllbare Erwartungen gegenüber den Gastgebern zu hegen. Australier sind eine sehr, sehr gastfreundliche Nation, aber sie zeigen es auf eine einfache und bodenständige Art. Man sollte daher nicht erwarten, dass man Zeit seines Aufenthalts konstant bespaßt wird. Wie angedeutet, wird man nach einer Weile als Teil der Familie gesehen – und als solcher kann man auch mal selber kochen, selber aufräumen und sich selber unterhalten.

Was die Nächte im Outback angeht, hilft es enorm, vorbereitet zu sein. Dazu gehört allen voran eine Jacke, denn wer vorhat, auch nach sechs oder sieben Uhr einmal vor die Tür zu treten, wird darüber staunen, wie kalt es in Australien werden kann. Generell empfiehlt sich hier das Zwiebelprinzip, aber ein paar wärmere Klamotten, auch für drinnen, gehören unbedingt in den Koffer. Wer nur mit Flipflops und T-Shirt umherreist, wird bei den nächtlichen Minusgraden nicht glücklich werden.

Wer nicht mit absoluter Dunkelheit zurechtkommt, kann eine Taschenlampe mitnehmen, obwohl sich ein einfaches Handy schon als erstaunlich nützlich erweisen kann, wenn es darum geht, die direkte Umgebung ein wenig zu erhellen. Hilfreich ist in jedem Fall auch eine Uhr, die man im Dunkeln lesen kann. Ein Wecker ist dagegen vielleicht gar nicht nötig, denn viele Menschen im Outback wachen ganz sanft von allein auf, wenn die Sonne aufgeht und die Vögel anfangen zu zwitschern.

Was die Stille angeht, scheiden sich die Geister. Manche lieben sie, anderen ist sie unheimlich, da ungewohnt. In großen Städten ist es schließlich nie gänzlich still – irgendetwas summt immer. Hier ist schnell Abhilfe geschaffen, schließlich hat jeder heutzutage einen MP3-Player griffbereit. Es gibt durchaus Reisende, die zum Einschlafen ein bisschen Musik oder *white noise* bevorzugen.

Last, but not least: keine Angst vor den Tieren! Man ist nie wirklich allein im Haus. Auch will man gar nicht so genau wissen, was alles um einen herum passiert, während man schläft (Stichwort: Spinnen). Aber die häufigsten Gäste – wie eben die Geckos – sind völlig harmlos!

24 ZWISCHEN TÜR UND ANGEL

STEFFEN HAT DREI IDEEN UND KANN SIE FÜR SICH BEHALTEN

»Na, Schulz, dann erzählen Sie mal!«

Es ist das erste Gespräch seit mehreren Wochen. Steffen ist extra länger im Büro geblieben, um mit seinem Chef im fernen Deutschland telefonieren zu können.

»Soweit alles in Ordnung?«

»Ja, soweit alles in Ordnung«, hört sich Steffen sagen. Und in der Tat – es läuft blendend, er fühlt sich pudelwohl, die Leute sind nett. Kurzum: Er kann nicht klagen, aber wie es sich für einen Deutschen gehört, tut er es trotzdem.

»Ein paar Dinge sind mir aber schon aufgefallen«, erwähnt Steffen im Laufe der Unterhaltung und erläutert drei Probleme samt Lösungsansätzen, die der Firma substanziell Geld einsparen könnten. Zwei der Probleme seien gar offensichtlich – ob sein Vorgänger mal was davon erwähnt habe, nachdem er nach Deutschland zurückgekehrt sei?

»Leider nein«, antwortet der Chef, »aber haben Sie mal mit Bob darüber gesprochen? Die Vorschläge klingen ja erst einmal ziemlich vernünftig.«

Steffen verneint, das habe er noch vor. Mit ein paar Tipps von seinem deutschen Chef bewaffnet, stapft Steffen kurz darauf zu seinem australischen Chef. Bob ist einer der wenigen, die auch noch am Schreibtisch sitzen, versunken in ein paar Unterlagen.

»Kann ich kurz stören?«, fragt Steffen.

Bob bittet ihn herein, bietet ihm etwas zu trinken an und nutzt die Gelegenheit, ihn zu fragen, ob soweit alles in Ordnung sei. Wie vorhin am Telefon antwortet Steffen mit einem enthusiastischen »Ja!«. Das scheint Bob sichtlich zu erfreuen.

Dann präsentiert Steffen seine Liste an Problemen. Doch weit kommt er nicht: Schon bevor er den ersten Lösungsansatz aussprechen kann, unterbricht ihn Bob. »Ja, ich weiß. Ganz so wild ist es aber nicht. Wir gehören immer noch zu den Besten am Markt«, sagt er. Steffen will das gar nicht bestreiten, aber immerhin könnte man doch Geld einsparen?

»Vielleicht. Aber wichtig ist erst einmal, dass du dich hier wohlfühlst und gut zurechtkommst. Und das tust du doch, oder?«

»Äh, ja«, sagt Steffen, leicht verwirrt über die Wendung, die das Gespräch nimmt. Offenbar ist das Interesse an seinen Verbesserungsvorschlägen nur sehr begrenzt. Ob er sie kurz zusammenfassen soll, vielleicht in einer Mail?

Es scheint, als wolle Bob schon abwinken, aber dann besinnt er sich eines Besseren und sagt: »Ja, fass doch mal deine Ideen kurz zusammen – vielleicht haben wir irgendwann noch mal Zeit, uns damit auseinanderzusetzen!«

Wirklich ehrlich klang das nicht, denkt sich Steffen, als er kurz darauf wieder in seinem Büro sitzt und seine Notizen in sein Notebook hämmert.

Son of a gun! Was ist da schiefgelaufen?

Wenn es eine Sache gibt, die der Australier nicht leiden kann, dann ist es **Kritik**. Zumindest dann, wenn sie von außen kommt.

An sich ist die Nation so selbstkritisch, wie man es aus Europa auch kennt. Und was das angeht, halten die Aussies sich nicht zurück: Politiker, Prominente, Sportler – sie alle bekommen ihr Fett weg, ob verdient oder unverdient. Nicht immer steht dabei, um es vorsichtig zu formulieren, die Sachlichkeit der Argumentation im Vordergrund. Grundsätzlich ist der Australier ein Freund der deutlichen Worte. Ein schönes Beispiel dafür ist ein berühmter Videoclip, der zeigt, wie ein älterer Herr den 2014 amtierenden Ministerpräsidenten (einer freundlichen Begrüßung zum Trotz) kurzerhand als *dickhead* beschimpft.

Das ist für sich genommen eine lustige, vielleicht sogar akkurate Charakterisierung. Doch akzeptabel ist sie nur, weil sie von einem Australier selbst kommt. Einer der größten Fauxpas, die man *down under* begehen kann, ist, sich kritisch über das Gastland zu äußern. Besondere Tabuthemen dabei sind die Religion und die Politik (siehe Episode 30).

Das bezieht sich übrigens nicht nur auf grandiose Sozialkritik. Es geht auch um Kleinigkeiten, wie in diesem Beispiel. Steffen hat, mit scharfem Blick, Probleme am Arbeitsplatz identifiziert und sogar gleich passende Lösungen parat. Doch damit stößt er auf wenig Gegenliebe. Fast überall auf der Welt dürfte es nicht gut ankommen, wenn man als »der Ausländer« den Einheimischen erklärt, wie man »das alles« viel besser machen könnte. In Australien ist es aber so, dass existierende, teils himmelsschreiend offensichtliche Probleme gar geleugnet oder ignoriert werden, bevor man akzeptiert, dass auch ein Außenstehender eine womöglich sogar qualifizierte Meinung dazu hat. Das ist ungewöhnlich für ein westliches Land. Paradebeispiel für ein großes Fettnäpfchen dieser Natur ist das Thema *aboriginals* (siehe Episode 38); im kleineren Rahmen reicht es sogar schon, wenn man in irgendeiner Weise andeutet, dass Australien vielleicht nicht das zu 100 Prozent perfekte Paradies auf Erden ist.

Was können Sie besser machen?

Hier eine klare Empfehlung abzugeben, ist gar nicht so einfach. Als Reisender, der nur ein paar Wochen im Land verbringt, ist es vermutlich wirklich einfacher, seine kritischen Gedanken einfach für sich zu behalten. Wie bereits angedeutet (siehe Episode 8) liebt es der Australier, sein Land gelobt zu wissen, und im Großen und Ganzen überwiegen die positiven Seiten ja auch.

Wer aber länger unterwegs oder sogar beruflich in Australien aktiv ist, von dem kann schließlich nicht verlangt werden, monatelang jegliche Kritik herunterzuschlucken. Irgendwann wird schließlich der Moment kommen, an dem sie schlicht und ergreifend berechtigt ist.

Wichtig ist dann, den richtigen Ton zu treffen. Es mag so wirken, als sei Steffen bereits sehr professionell an die Sache herangegangen. Er hat sich mit seinem Chef aus Deutschland abgesprochen und dann seine Ideen und Lösungen in äußerst sachlicher Form vorgetragen – doch Bob hatte kein offenes Ohr. Viel besser kann man es doch eigentlich nicht machen, möchte man meinen, doch je nachdem, wem man gegenübersitzt, war das noch viel zu offensiv. Steffen hätte seine deutsche Direktheit im Zaum halten müssen und erst nach Minuten des Um-den-heißen-Brei-Herumredens und Honig-um-den-Bart-Schmierens andeuten können, dass ihm etwas aufgefallen ist. Ob das so richtig sei? Ob er seine Unterstützung anbieten kann? Ob er seine Ideen einbringen darf?

Wichtig ist also, im Zweifel leisezutreten. Mit der Tür ins Haus und dann mit dem Kopf durch die Wand, das wird einen *down under* nicht weiterbringen. Aber seien Sie vorgewarnt, auch die eigentlich perfekte Art, seine Kritik vorzutragen, garantiert nicht, dass Sie auch eine angemessene Reaktion bekommen!

25 NACH DEM AUFSTEHEN

LENA NIMMT EINE DUSCHE UND JENNY ISST EIN MÜSLI

Nach ein paar Tagen läuft alles schon viel runder. Jenny und Lena haben sich gut eingelebt, trauen sich mittlerweile, auch selbst an den Kühlschrank zu gehen, und Mike scheint mit ihrer bisherigen Arbeit sehr zufrieden zu sein – »deutsche Qualitätsarbeit«, wie er es augenzwinkernd formulierte. Abwechselnd waren beide entweder mit Mike unterwegs, um die Zäune zu reparieren, oder direkt am Haus beschäftigt. Dort sollten die beiden eine Holzverkleidung neu imprägnieren und streichen, in der Hoffnung, sie bald wieder als dekoratives Element nutzen zu können, das die Bezeichnung auch verdient.

Außerdem hat sich Lena an die Nächte im Outback gewöhnt. Nach ein paar Tagen empfindet sie Stille und Dunkelheit sogar als sehr angenehm – bloß ein bisschen kalt ist es. Als sie einmal nachts zur Toilette gegangen ist, hätte sie schwören können, fast am Fußboden festzufrieren.

»Es wird verdammt frisch nachts«, bestätigt auch Jenny. »Einmal wollte ich morgens den Gartenschlauch zusammenrollen – doch das Wasser war noch festgefroren!«

Doch Lena hat auch hier eine gute Lösung für ihr Problem gefunden: Sobald sie von den ersten Sonnenstrahlen geweckt wird, gönnt sie sich eine lange, heiße Dusche. Und solange sie im Bad ist, lässt sie sich von der Wärmelampe bestrahlen. So ist es ihr bereits angenehm warm, wenn es draußen noch unangenehm kühl ist. Als sie aber eines Morgens unter dem heißen Wasser steht und tagträumt – etwa davon, irgendwo zu sein, wo es immer warm ist –, wird sie unsanft ermahnt, sich zu beeilen. Ein paar Schläge an die Tür des Badezimmers und ein »*Get crackin'!*« machen auch der morgendlich umnebelten Lena unmissverständlich klar, dass sie nun lange genug geduscht hat. Aber warum die Eile?

Als sie das Badezimmer verlässt, scheint zumindest keiner zu warten, um nach ihr unter die Dusche zu steigen. Also zieht sich Lena an und leistet Jenny beim Frühstück Gesellschaft.

»Schau, was ich gestern entdeckt habe!«, strahlt Jenny und hält ihr eine Packung deutsches Qualitätsmüsli unter die Nase. »Das ist das echte Zeug, das gute!«

»Wo hast du denn das her?«

»Während du dich gestern mit Mike amüsiert hast, hat mir Sally mal den Vorratsschrank gezeigt. Ach was, Schrank, der ganze Raum da ist voll mit Lebensmitteln. Alles, was du dir vorstellen kannst.«

Lena öffnet die Tür des Vorratsraums und wirft einen vorsichtigen Blick hinein. In der Tat, in der Kammer dürfte genug Essen sein, um die fünfköpfige Familie für ein paar Wochen – wenn nicht gar Monate – zu ernähren. In der Ecke summen leise ein zweiter Kühlschrank und eine weitere Tiefkühltruhe. Alles in allem größer als mein Kinderzimmer, stellt Lena fest.

»Aber nicht zu früh freuen – ich glaube, die Hälfte der Sachen ist schon abgelaufen«, holt Jenny sie auf den Boden der Tatsachen zurück. Eine Fischkonserve mit fast schon historischem Datum habe sie bereits heimlich entsorgt. Vielleicht können wir ja trotzdem einmal für die Familie kochen, überlegt Lena. Wäre sicher eine nette Geste.

UNTER UNS: ÜBER UNS

Den meisten Aussies wird es schwerfallen, Deutsche, Österreicher und Schweizer auseinanderzuhalten. Da geschieht es ihnen recht, dass sie selbst von minderbemittelten Amerikanern gerne mit Österreichern verwechselt werden (*Australians* vs. *Austrians*).

Aber was denken Australier über die DACH-Länder? Vor allem, dass ihnen der Humor fehlt und sie nicht locker lassen können. Andererseits gelten sie als fleißig und clever. Wirklich fremd sind deutschsprachige Mitmenschen den Aussies jedenfalls nicht, denn gerade South Australia ist unübersehbar von deutschen Auswanderern geprägt.

Daher ist auch Lenas Einfall, einmal für die Familie zu kochen, ein hervorragender Weg, sich zu bedanken – bloß sollte man es nicht übertreiben: Über ein solides Gulasch freuen sich die meisten Australier sicher, aber Matjesbrötchen oder Sauerbraten dürften den Geschmack der Masse eher verfehlen.

»Willst du nicht kosten?«, fragt Jenny und schüttelt die Müslipackung verführerisch hin und her. Doch Lena hat noch keinen richtigen Hunger – und so schaufelt Jenny eine Tagesration Müsli in sich hinein, während Lena sich mit einem Glas Milch begnügt. Wie sie es von zu Hause gewohnt ist, spült sie die leere Milchflasche anschließend mit Wasser aus und stellt sie zum Trocknen auf die Spüle.

In dem Moment schneit Sally herein und wünscht einen guten Morgen. Lena nutzt die Gelegenheit, um sich zu erkundigen, ob man hier auch den Müll trenne. Doch Sally wirft ihr nur einen genervten Blick zu. »Lass einfach stehen«, sagt sie und schreitet zum Kühlschrank. »Habt ihr die ganze Milch getrunken?«, fragt sie gequält. Lena blickt etwas erstaunt auf ihr immer noch halbvolles Glas – ich dachte, wir dürfen uns einfach bedienen? Sally wartet die Antwort aber nicht ab, sondern verschwindet in der Vorratskammer, um eine Flasche gefrorener Milch herauszuholen. »Dann gibt's den Tee heute ohne Milch …«, murmelt sie.

What a cock-up! Was ist da schiefgelaufen?

Nun haben es die beiden doch geschafft, sich richtig unbeliebt zu machen. Vielleicht reagieren ihre Gastgeber hier ein wenig verschnupft, weil es noch früh am Morgen ist, wahrscheinlicher ist aber, dass sie genervt sind, weil ihre beiden Gäste eine der elementaren Regeln des Zusammenlebens im Outback noch nicht erkannt haben. Und diese Lektion lautet: **Ressourcen** sind knapp.

Das bezieht sich in allererster Linie auf Wasser und Elektrizität. Jedes Haus hat sein eigenes System, wie die Versorgung mit Frischwasser und die Entsorgung des Abwassers funktionieren. Gleiches gilt für den Strom – manche mögen noch ans Netz angeschlossen sein, viele müssen auf einen Generator oder auf Sonnenkollektoren vertrauen.

Das bedeutet aber, dass so ziemlich jede Farm ein sehr individuelles System aus Leitungen, Pumpen, Schaltern und Motoren hat, die zur Versorgung mit Wasser und Strom benötigt werden. Jenny und Lena haben versäumt, sich mit dem System ihres Hauses vertraut zu machen oder überhaupt auch nur zu erkennen, wie wertvoll Wasser und Strom sind. Eine ausführliche Dusche am Morgen blockiert nicht nur das Bad, sondern verbraucht viel (möglicherweise kostbares) Wasser und viel (möglicherweise kostbare) Elektrizität. Oder wissen Sie, woher die Gastfamilie ihr Wasser bekommt – und wie groß ihr Vorrat noch ist?

Ähnlich ist die Problematik beim Essen. **Vorratshaltung** ist eine Kunst für sich und mündet standardmäßig in riesigen Speicherkammern und mehreren Kühl- und Gefriertruhen. Da es in der näheren Umgebung keinen Supermarkt gibt, gilt es, alles vorzuhalten, was man womöglich brauchen könnte (auch jenseits der Nahrungsmittel – etwa Glühbirnen, Schnürsenkel, Zahnpasta …). Zugleich sollen die Sachen aber nicht verderben – diese Balance zu finden, ist gar nicht so einfach. Das gilt natürlich insbesondere dann, wenn man plötzlich zwei hungrige Mäuler im Haus hat, deren Vorlieben man nicht kennt und deren Bedarf man damit auch nicht einplanen kann.

Was Jenny und Lena hier vollkommen vergessen, ist die Rücksichtnahme. Gegen die interessante Vorliebe der Aussies, den Tee mit Milch zu trinken, ist noch kein Kraut gewachsen. Das eigentliche Fettnäpfchen, in das Lena und Jenny getapst sind, ist die ausbleibende Erkenntnis, dass es nicht (wie daheim) einen nahezu endlosen Vorrat an allem gibt, was man braucht – weil es den Laden an der Ecke nicht gibt. Man kann von Glück reden, dass noch Milch in der Tiefkühltruhe lag!

Was können Sie besser machen?

Einfach formuliert: Sie müssen bei allem, was Sie tun, bedenken, dass es direkte, sofortige Auswirkungen auf Ihre Mitmenschen hat. Duschen Sie lange, ist vielleicht kein Wasser mehr da für den nächsten, der duschen möchte. Duschen Sie heiß, verbrauchen Sie womöglich viel – womöglich knapp werdenden – Diesel im Generator oder ziehen anderen Geräten im Haus Energie ab. Futtern Sie hemmungslos, ist vielleicht die Leibspeise des nächsten aufgebraucht – und so weiter.

Daher gilt es, sich sofort mit der Funktionsweise der Häuser vertraut zu machen. Zu einem gewissen Grad machen die Gastgeber das von sich aus – etwa indem sie darauf hinweisen, woher das Wasser kommt. Für sie ist das aber völlig normal – und sie vergessen vielleicht, auf die Konsequenzen hinzuweisen.

Kommt das Wasser aus einem Fluss oder aus dem Grund, ist der Vorrat prinzipiell unerschöpflich (zumindest solange der Fluss nicht austrocknet). Dann muss es »nur« ins Haus gepumpt werden. Wird es aber in einem Tank zwischengelagert oder wird sogar nur Regenwasser verwendet, dann ist Wasser schnell sein Gewicht in Gold wert. Dann gilt es, äußerst sparsam mit ihm umzugehen – und in der Tat lieber den Joghurtbecher ungespült zu lassen! Das Prinzip bei Strom ist ähnlich; je nach der Leistungsfähigkeit der Generatoren oder Solarpaneele ist nicht gewährleistet, dass man rund um die Uhr massig Elektrizität hat. Fragen Sie also nach, ob es irgendwelche Einschränkungen gibt, sei es bei Wasser, Strom, Müll oder Abwasser! Das hilft nicht nur, Fettnäpfchen zu umgehen, sondern macht das Leben auch einfacher. Es kann beispielsweise gut sein, dass Sie einen magischen Schalter umlegen müssen, damit Sie eine halbe Stunde später überhaupt Wasser zur Verfügung zu haben – und einen anderen Schalter, damit es auch warm wird. Wer dreckig von der Arbeit kommt, wird es verfluchen, wenn er das vergisst!

Zum Thema Essen: In den meisten Fällen haben die Australier überhaupt kein Problem damit, wenn man sich aus ihrer Vorratskammer bedient. Aber auch hier ist Rücksichtnahme essenziell: Hat man vor, die letzte Packung, die letzte Dose oder den letzten Liter zu konsumieren, ist es ein Gebot der Höflichkeit, vorher nachzufragen. Haben Sie bestimmte Präferenzen – wie etwa das gute deutsche Müsli – dürfen diese auch gerne geäußert werden. Nur: Futtern Sie nichts weg, was womöglich noch eingeplant war! Oder sorgen Sie zumindest für den Nachschub, etwa indem Sie rechtzeitig – also bevor die Flasche leer ist – einen neuen Milchkanister aus der Tiefkühltruhe heben.

26 GEGEN EINEN KOLLEGEN

STEFFEN SITZT AM SCHREIBTISCH UND WIRD GESTÖRT

Es ist nicht das erste Mal, dass es passiert. Nur heute scheint die Stimme der Vernunft, die Steffen sonst beschwichtigt, auf Urlaub zu sein. Einer seiner Kollegen – scheinbar Fan des Monty-Python-Ensembles – macht sich zum gefühlt einhundertsten Mal seit Steffens Ankunft über *»ze German«* lustig. Mal bleibt es bei einem kurzen Kommentar, heute entscheidet er sich, eine Arbeitsanweisung mit militärischem Salut und schlecht gemimtem Stechschritt zu kommentieren.

Doch Steffen ist heute auf Konfrontation aus. Ich kann auch Mikado, denkt er sich noch, bevor folgende Worte seinen Mund verlassen: »Hätte ich Schafe im Stammbaum, würde ich mich nicht so weit aus dem Fenster lehnen.«

Der Kollege erstarrt mitten in seinem angedeuteten Stechschritt. Mels Kiefer, die der Situation als Unbeteiligte beiwohnen durfte, fällt in Zeitlupe nach unten. Doch der freche Mitarbeiter fängt sich zuerst; fast scheint er begeistert, endlich einen ernsthaften Konter bekommen zu haben. Doch die passende schnippische Erwiderung fehlt auch ihm.

»*Relax, mate,* ich hab nur Spaß gemacht!«

»*Mate?* Ich dachte, man nennt nur Australier *mate?*«, sagt Steffen, und dann, an Mel gewandt: »*Mate* ist doch kurz für *inmate,* oder?«

POLICE, FIRE, AMBULANCE?

Nicht, das Australier an sich sonderlich aggressiv wären. Aber: Falls Sie doch mal eine dicke Lippe riskieren und nach Wiedererlangung des Bewusstseins glauben, dringend medizinische Betreuung zu brauchen, erreichen Sie den Notruf unter der Triple Zero (000). Dieselbe Nummer können Sie nutzen, wenn Ihnen Ihr Auto geklaut wurde oder Sie versehentlich Ihr Haus in Brand gesetzt haben.

Doch Mel, immer noch überrascht über Steffens so ungewohnten Ausbruch, weiß dieses brillante Wortspiel nicht zu schätzen. Er könne ihr Bescheid sagen, wenn sich die beiden wieder wie Erwachsene benehmen, sagt sie und verlässt den Raum. Sie hinterlässt einen irritierten Steffen mit seiner Arbeit – bei der er Mels Unterstützung gerade gut gebrauchen könnte – und den Mitarbeiter, der sich mit einem übertrieben unschuldigen Pfeifen aus dem Büro trollt.

Für einige Minuten überwiegt noch Steffens Stolz auf seinen schlagfertigen Kommentar. Doch dann muss auch er einsehen, dass die Arbeit wirklich schneller gehen würde, wenn Mel ihm wieder zur Hand ginge. Also macht er sich auf, sie zu suchen – und findet sie kurz darauf in ihrem Büro.

»Sollen wir weitermachen?«, fragt er. Doch Mel scheint angefressen. Seine sonst so fröhliche Kollegin hat nur ein paar deutliche Worte für ihn übrig.

»Du hältst dich wohl für einen Comedian, hm?«, fragt sie. Steffen bemüht sich, alle schnippischen Antworten, die ihm in den Sinn kommen, für sich zu behalten. Die eisige Art, die Mel ihm entgegenbringt, irritiert ihn.

»Ist was?«, ist alles, was ihm einfällt. Eigentlich gingen seine Sprüche doch nicht gegen Mel. Was mag ihr sauer aufgestoßen sein?

Doch auf eine ernsthafte Antwort wartet Steffen noch heute. Mel verabschiedet ihn mit einem *»No, everything is fine«* aus ihrem Büro. Auf ihre Unterstützung braucht Steffen an diesem Tag jedenfalls nicht mehr zu hoffen. Frauen!, denkt er sich noch, nix als Ärger. Der Kollege, der die Sprüche abbekommen hat, sitzt dagegen schon lange wieder an seinem Schreibtisch und amüsiert sich.

Bloody nora! Was ist da schiefgelaufen?

Dass nicht alle Australier Anspielungen auf die Geschichte, allen voran den Ursprung der Nation, lustig finden, dürfte zu den bekannteren Fettnäpfchen zählen. Kurz zusammengefasst: Anstatt Tausende von Bürgern für teils trivialste Vergehen hinzurichten, entschied man sich im England des späten 18. Jahrhunderts, lieber eine **Sträflingskolonie** am anderen Ende der Welt zu gründen – und das Problem der Kriminalität damit langfristig zu exportieren.

Anfangs schien das durchaus eine harte Strafe zu sein. Auf eine zermürbende Überfahrt folgte eine ernüchternde Ankunft in einem fremden, heißen Land ohne auch nur einen Hauch von Infrastruktur. Alles, aber auch wirklich alles mussten sich die ersten Siedler von Hand aufbauen.

Mittlerweile jedoch scheint die Sache nicht mehr so klar und eindeutig. Während die Briten in zugigen Wohnungen sitzen und viel Geld dafür zahlen, dem Regen zuzuschauen, der ans Fenster prasselt, amüsiert sich die Nation am anderen Ende der Welt derweil prächtig. Warum auch nicht? Die Sonne scheint, die Vögel zwitschern, und man verdient mehr als in Europa.

Und dennoch reagieren viele Australier verschnupft, wenn man auf den für sich genommen sehr negativen Ursprung der Nation zu sprechen kommt. Jeder, der im weitesten Sinne »Sträflinge« erwähnt oder sich gar darüber lustig macht, dass alle Australier von Verbrechern abstammen, spielt Sackhüpfen im Minenfeld. Selbst der Nationalfeiertag, der die Gründung des Landes feiern soll, hat daher einen bitteren Beigeschmack: Für die *aboriginals* ist es natürlich auch der Tag, an dem die Zerstörung ihrer Kultur begann (siehe Episode 38).

Was können Sie besser machen?

Vielleicht waren Sie schon einmal in England unterwegs oder haben sonst irgendwie mitbekommen, dass man sich auf der anderen Seite des Kanals gern über die humorlosen Deutschen lustig macht. Dort ist man nicht zimperlich, und wann immer es darum geht, irgendetwas Deutsches flott niederzumachen, folgt die Nazi-Keule: irgendein Spruch, der auf die dunkle Vergangenheit Deutschlands abzielt. Alles kleine Hitlers da drüben!

Die Reaktion der Deutschen darauf ist gemischt. Manche mögen es vielleicht lustig finden, viele reagieren empört – und die meisten werden einfach genervt sein angesichts der mangelnden Kreativität: immer und immer und immer wieder die gleiche Leier.

So ähnlich können Sie das auch bei den Australiern erwarten, wenn Sie über die *prisoner island* lästern: Nicht jeder wird gleich explodieren. Der Kollege in diesem Beispiel tut es ja auch nicht – aber manche, wie Mel in dieser Episode, werden es Ihnen übelnehmen, und die wenigsten werden Ihnen für Ihren außergewöhnlichen, erfrischenden Humor gratulieren. Man weiß schließlich nie, wie der persönliche Hintergrund eines Aussies genau aussieht – vielleicht hat auch Mel einen dunklen Fleck in der Familiengeschichte?

Das ist allerdings schon ein Fortschritt gegenüber der Situation vor einigen Jahrzehnten, wo die Erwähnung der Sträflingskolonie der größte soziale Fauxpas war, den man sich ausmalen konnte. Langsam überwiegt die Neugier über die eigene Herkunft, und wer feststellt, dass sein Ururururgroßvater für den Diebstahl eines Taschentuchs ausgewiesen wurde, kommt nach zweihundert Jahren vielleicht langsam über diese Schande hinweg. Vielleicht mischt sich sogar ein bisschen Stolz darunter …

Darum: Wenn Sie auf das Thema zu sprechen kommen wollen, sollten Sie unbedingt Vorsicht walten lassen – zumindest wenn Sie vorhaben, jemals nach Australien zurückzukehren. Merken Sie aber, dass Ihr Gegenüber nicht empfindlich ist, lohnt es sich, nachzufragen – es könnte eine spannende Geschichte auf Sie warten.

27 BEI DEN NACHBARN

LENA SCHLÜPFT IN IHRE SCHUHE UND JENNY NIMMT EINE EINLADUNG AN

Mit den allerersten Sonnenstrahlen ist Lena bereits hellwach. Sie hat geschlafen wie ein Stein und kann nicht glauben, dass es fünf Uhr morgens sein soll. Doch das erste Vogelgezwitscher bestätigt unmissverständlich, dass es Zeit zum Aufstehen ist.

»Zeit zum Aufstehen«, sagt auch Jenny in einem Anflug von Gedankenübertragung. »Ich liege schon seit bestimmt einer Stunde nutzlos hier herum. Das Schnarchen von nebenan hat mich wach gehalten.«

Und tatsächlich, Lena kann hören, wie irgendwo im Haus mächtig gesägt wird. Und das, obwohl das elterliche Schlafzimmer nicht einmal nebenan liegt.

»Wollten wir heute nicht extra pünktlich losziehen?«, fragt Lena, die zwar hellwach ist, der es aber unter der Bettdecke noch zu gemütlich warm ist, um aufzustehen.

»Doch, heute werden Kühe gezählt. Aber erst, wenn ich geduscht habe«, erwidert Jenny und macht sich auf den Weg ins Badezimmer. Als sie eine Viertelstunde später wieder im Zimmer steht, ist es taghell, und auch der Rest der Familie ist wach. »Willst du nicht duschen?«, fragt sie.

»Lieber nach der Arbeit. Ich gehe davon aus, dass wir heute einen staubigen Tag vor uns haben«, sagt Lena und ahnt gar nicht, wie sehr sie damit recht haben wird.

Bei einem schnellen Frühstück bestätigt Mike den Plan vom letzten Abend – heute werden die Kühe gezählt, Jenny und Lena dürfen dabei helfen. Und das sogar zu Pferd! Mike erinnert die beiden daran, gutes Schuhwerk anzuziehen. »Wenn dir ein Pferd auf den Fuß steigt, ist das scheiße. Aber in *thongs* ist es doppelt scheiße. Glaubt mir!«

Direkt nach dem Frühstück soll es losgehen. Jenny und Lena beherzigen den Ratschlag und gehen nach draußen, um ihre schweren Arbeitsstiefel anzuziehen. Da sie draußen gestanden haben, fühlen sie sich noch eisig an.

»Ach, Mädels«, ruft Mike aus dem Haus, »ich habe noch etwas vergessen.« Kurz darauf steht er mit Sally in der Eingangstür. »Wir wollen heute Abend ein paar Freunde von uns besuchen, nicht weit von hier. Wollt ihr nicht mitkommen?«

»Äh«, antworten Lena und Jenny unisono.

»Das wird euch gefallen. Die haben ein fantastisches Haus, das müsst ihr euch ansehen. Und wir werden ein paar Steaks grillen.«

»Warum nicht? Das klingt doch toll!«, nimmt Jenny die Einladung an.

Zehn Stunden später ist es Lena, die ihre Skepsis äußert, als sie – von einer dicken Staubschicht befreit – aus dem Bad zurück ins Gästezimmer läuft. »Findest du das nicht ein bisschen merkwürdig, einfach so bei Fremden eingeladen zu werden, ohne auch nur ihre Namen zu kennen?«

»Hm, ein bisschen vielleicht? Aber es wird bestimmt spaßig.« Doch Lena scheint nicht überzeugt. Erst als Jenny vorschlägt, mit dem eigenen Wagen zu fahren und im Zweifel früher heimzukehren, ist Lena beruhigt. Mike und Sally erklären ihnen zwar, dass das überflüssig sei, aber stören sich auch nicht daran, dass die beiden kurz darauf im Auto hinter ihnen herfahren, um ihre guten Freunde »nebenan« zu besuchen.

Nach einer halben Stunde Fahrt, dreimal abbiegen und zwei Toren erreichen sie das Haus der Bekannten. Und Mike hat nicht zu viel versprochen – es sieht wirklich fantastisch aus. Wie ein Alpenchalet, das es versehentlich ins Outback verschlagen hat. Als Lena aus dem Auto aussteigt, ist sie sich nicht sicher, ob sie es schön oder furchtbar finden soll. Doch sie wird aus ihrem Gedanken gerissen, als ihr ein würziger Geruch in die Nase steigt, den sie zwar kennt, aber nicht sofort zuordnen kann. Dann erinnert sie sich. Die werden hier doch nicht etwa …

»Mensch, ein Fertighaus aus Bayern, und in der Luft liegt noch ein Hauch von Amsterdam!«, sagt Jenny. »Das kann ja heiter werden.«

Fudge! Was ist das schiefgelaufen?

Zunächst war es von beiden sicherlich höflich gemeint, die dreckigen Arbeitsschuhe draußen stehen zu lassen. Allerdings gibt es im Busch so manches Kriech- und Krabbeltier, das – ähnlich wie Lena – die nächtliche Kälte als unangenehm empfindet. Auf der Suche nach ein wenig Restwärme kann es also gut vorkommen, dass Schlangen, Spinnen und Konsorten etwa in einen kürzlich benutzen Wasserkocher kriechen oder in die gerade noch getragenen Schuhe. Wer hier enthusiastisch in die Stiefel springt, den erwartet früher oder später eine unangenehme Überraschung.

Die Einladung von Leuten, die man kaum kennt, zu Leuten, die man gar nicht kennt, dürfen die beiden hemmungslos annehmen. Prinzipiell ist auch nichts dagegen einzuwenden, mit dem eigenen Auto vorzufahren. Was man allerdings vermeiden sollte im Busch, sind nächtliche Fahrten, vor allem mit »einfachen« Fahrzeugen wie dem von Lena und Jenny: Auch auf der Straße ist es stockfinster und die Orientierung entsprechend schwierig. Die besondere Gefahr sind aber die tagsüber so niedlichen Tiere: Vor allem Kängurus werden durch die Lichter der Autos geradezu magisch angezogen und springen mit scheinbar suizidaler Absicht auf die Motorhaube, was durchaus schwere Unfälle verursachen kann. Und selbst wenn es nur ein tiefliegender Wombat ist, der sich auf den Highway verirrt – auch der kann eine Neugestaltung des Unterbodens nach sich ziehen. Davon ganz abgesehen ist es natürlich auch die Zeit, in der man am ehesten berauschte oder übermüdete Fahrer trifft.

Und das bringt uns elegant zum letzten Punkt. Australien ist in keinster Weise ein gesetzloses Land. Auch im letzten Kaff im Outback droht nicht der Ausbruch der Anarchie. Allerdings gilt: Wo kein Kläger, da auch kein Richter. Und wenn der nächste Nachbar ein paar Kilometer weiter wohnt und die nächste Polizeistation eine Stunde entfernt ist – wer soll dann petzen, dass jemand anders Hanf im Garten züchtet?

Was können Sie besser machen?

Prinzipiell können Sie dreckige Schuhe natürlich draußen stehen lassen. Doch hier gilt die einfache Vorsichtsmaßnahme: Wer keinen gesteigerten Wert darauf legt, seinen Morgen mit einem Skorpion am Zeh zu beginnen, schüttelt die Schuhe vor dem Anziehen aus (ob drinnen oder draußen). Und wer auf Nummer sicher gehen möchte, schüttelt auch noch einmal die Bettdecke durch, bevor er drunter schlüpft.

Falls Sie sich jemals gefragt haben, warum die meisten Fahrzeuge im Outback riesige Schutzgitter (»*roo-bars*«) vor dem Kühler haben, dann wissen Sie es jetzt: Es schützt Auto und Fahrer vor der – früher oder später – stattfindenden Kollision mit Känguru (… oder Kuh). Wer es vermeiden kann, sollte auf nächtliche Fahrten im Outback komplett verzichten. Wer es nicht vermeiden kann, sollte zumindest hellwach unterwegs sein und dreimal so vorsichtig wie sonst. Die einsamen Straßen und großen Entfernungen verleiten zum Rasen, aber genau das rächt sich sehr schnell sehr bitter. Auch wenn es unappetitlich ist, gilt übrigens die Regel, dass man toten Tieren auf der Straße nicht ausweicht – zu groß die Gefahr, bei einem hektischen Manöver zu verunglücken. Im Zweifel lieber mit Volldampf durchs Aas.

Was die rechtlichen Grauzonen angeht, in denen sich mancher Australier bewegt, muss jeder mit sich selbst im Reinen sein. Im Busch wird man Kinder treffen, die schon mal ein wenig Auto fahren, Leute, die zum Spaß auf Kängurus oder Kakadus schießen oder – wie bei Lena und Jenny – solche, die zwecks Eigenkonsum eine kleine Hanfplantage betreiben. Dass es jemand mitbekommt, ist selten; dass sich jemand daran stört, noch seltener. Hier hilft kein Pauschalurteil – wer mit dieser oder jener Grenzüberschreitung nicht einverstanden ist, sollte einfach zügig weiterziehen.

28 AM STRAND

STEFFEN BENUTZT EIN AUTOMOBIL UND GEHT BADEN

Der Sonntag ist frei. Steffen weiß aber nicht so recht, was er mit ihm anfangen soll. Das Rumlungern nach dem Frühstück stellt ihn nicht zufrieden – also entscheidet er sich spontan, das herrliche Wetter zu nutzen und einen Ausflug zu machen.

So sehr Sydney ihm gefällt, zieht es Steffen nach draußen. Mit seinen Siebensachen in einem Rucksack macht er sich auf zu einem Leihauto, das – per App bequem reserviert – nur zwei Blöcke entfernt auf seinen neuen Nutzer wartet. Man muss auch mal Glück haben, befindet Steffen.

An dem frühen Sonntagmorgen sind die Straßen zumeist leer, sodass die Fahrt – trotz ungewohnter Straßenseite – völlig entspannt ist. Erst nach fünf Minuten auf seinem Weg nach Süden, heraus aus der Stadt, trifft er auf ein anderes Auto an einer Kreuzung. Obwohl der andere Wagen von links kommt, winkt die Frau am Steuer Steffen zu, er möge doch zuerst fahren. Wie nett, denkt sich Steffen noch. Sind die Australier auch beim Autofahren vielleicht ein wenig … entspannter?

Je weiter Steffen sich nach Süden bewegt, desto schneller kommt er voran. Irgendwo hinter Wollongong sieht es – für Steffens Geschmack – angemessen verlassen aus. Obwohl er durch scheinbar dichten Wald fährt, verspricht ein Hinweisschild am Straßenrand einen meilenlangen Sandstrand zu seiner Linken. Kurz darauf parkt Steffen seinen Leihwagen auf einem einfachen Parkplatz, stellt seinen Sitz zurück und beginnt umständlich, sich aus seinen Straßenklamotten heraus und in seine Badesachen hinein zu zwängen. Völlig überflüssig, realisiert er im Nachhinein, keine Menschenseele weit und breit. Er hätte sich auch mitten auf dem Parkplatz ausziehen können, außer einem einzelnen Truthahn hätte es niemand auch nur bemerkt.

Mit Handtuch und Sonnenschutz bewaffnet, streift Steffen in Richtung Strand – wo er feststellt, dass das Hinweisschild nicht übertrieben hat. Vor ihm liegt ein meilenlanger, scheinbar unberührter Sandstrand. Die nächste Menschentraube muss bestimmt einen Kilometer entfernt sein und schart sich um einen besonders beliebten Strandabschnitt.

SLIP-SLOP-SLAP-SEEK-SLIDE

Absolut vorbildlich, dass Steffen den Sonnenschutz mitnimmt. Es gilt nämlich die praktische 5-S-Regel: *Slip-Slop-Slap-Seek-Slide*, bekannt aus einem ikonischen Werbespot aus den Achtzigerjahren. Sie bedeutet: *Slip on a shirt, slop on sunscreen, slap on a hat, seek shade or shelter, slide on your sunglasses.* Alle Punkte sind gleichermaßen hilfreich!

Obwohl es noch recht früh am Morgen ist, hat sich der Sand unter seinen Füßen bereits mächtig aufgeheizt. Kein Wunder, außer ein paar harmlosen Schäfchenwolken ist der Himmel wolkenlos und – wie so oft *down under* – betörend blau. Schon nach einem kurzen Spaziergang ist es Steffen derart heiß, dass die Abkühlung im Meer lockt.

Kurzum legt er seine Sachen ab und stürmt ins kühle Nass. Das Wasser ist perfekt – nicht zu warm, nicht zu kalt – und es gehen kaum Wellen. Während er mit langen Zügen aus dem flachen Wasser schwimmt, versucht Steffen, sich zu erinnern, wann er zuletzt einmal im Meer baden gewesen ist. Er kommt zu dem Ergebnis, dass es mehrere Jahre her sein muss. Doch die Nordsee kann mit dieser Bucht nicht mithalten – und das Beste von allem: immer noch weit und breit keine Menschenseele!

Ooof! Was ist da schiefgelaufen?

An einem sonnigen Wochenende an den Strand fahren und dort schwimmen – das kann doch nicht so schwierig sein? Und dennoch lauern auch hier einige Fallstricke.

Zwar trifft Steffen die richtige Entscheidung, einen Leihwagen zu nehmen – mit den öffentlichen Verkehrsmitteln sind Ausflüge zwar genauso möglich, aber wer »raus« und »weg« will, ist mit einem fahrbaren Untersatz besser bedient. Allerdings hat Steffen es versäumt, sich mit den Verkehrsregeln Australiens vertraut zu machen. Die Unterschiede zu Europa erschöpfen sich nämlich nicht im Linksverkehr. Eine der häufigsten Fallen ist dabei die Vorfahrtsregel: Obwohl die Australier auf der anderen Seite fahren, gilt dennoch »Rechts vor Links«. Wenn Sie jetzt kurz nachdenken und zu dem Schluss kommen, dass das keinen Sinn macht, na, dann warten Sie mal auf den nächsten Absatz.

Besondere Aufmerksamkeit gebührt an dieser Stelle nämlich der Stadt Melbourne, deren *Melbourne Hook Turn* international so berühmt wie berüchtigt ist. Hier gibt es ein eigenes Verkehrsschild, das den arglosen Verkehrsteilnehmer darüber informiert, dass er aus der linken Spur nach rechts abbiegen muss – indem er sich quer vor den Gegenverkehr stellt und dessen Grünphase abwartet, um dann aus dem Stand heraus eine 90-Grad-Biegung zu vollziehen. Verwirrend? Sehr wohl.

Zum anderen verstößt Steffen gegen die eiserne Grundregel des australischen Strandbesuchs. Planschen kann man überall, geschwommen wird aber nur zwischen den gelb-roten Flaggen, also dort, wo die Rettungsschwimmer patrouillieren. Starke Strömungen, die auch bestens trainierte Schwimmer ins offene Meer hinaustragen (*riptides*), gibt es in Australien zuhauf. So einladend der Ozean hier auch sein mag, es ist keine Badewanne.

Was können Sie besser machen?

Wer in Australien Auto fahren möchte, sollte nicht vergessen, rechtzeitig einen internationalen Führerschein zu beantragen – und zusammen mit dem heimischen stets mit sich zu führen. Und: Es gilt, sich mit den wenigen, ungewohnten Verkehrsregeln vertraut zu machen. Das ist zum Glück relativ leicht, denn das meiste ist vertraut – wohl auch der Grund, weshalb sich viele Reisende sofort hinter das Steuer setzen und sich dann erst fragen, was es denn eigentlich bedeutet, wenn auf einem Schild »*YIELD*« steht. Wer vorhat, sich auch nur in die Nähe von Melbourne zu trauen, schaut sich vorher bitte an, wie ein Hook Turn in der Praxis gelebt wird.

Wer im Meer schwimmen möchte, tut dies ausschließlich – Wiederholung: ausschließlich – zwischen den gelb-roten Flaggen. An allen anderen Stellen kann nicht für die Sicherheit garantiert werden – völlig egal, ob es um gefährliche Strömungen geht oder Haifische auf der Pirsch. Sollte eine rote Flagge gehisst sein, hat man aus dem Wasser zu bleiben, selbst dann, wenn man sich für den nächsten Michael Phelps hält.

Oder, wie der Australier sagen würde: *Swim between the bloody flags!*

29 IM INTERNET

LENA UND JENNY GEHEN SURFEN UND SCHREIBEN EINE E-MAIL

Die Farmarbeit könnte nicht spannender sein – von ein paar stupiden Aufgaben einmal abgesehen, findet Lena. Es ist Sonntag, ihr freier Tag, und eine gute Gelegenheit, die letzten drei Wochen Revue passieren zu lassen.

Lena ist immer noch begeistert von der Gastfreundschaft der Familie. Und von den ganzen Dingen, die sie daheim so nicht hätte machen können – Urlaub auf dem Bauernhof wäre einfach nicht dasselbe …

Jenny und Lena schauen die Bilder durch, die sie auf Jennys Spiegelreflexkamera geschossen haben. Selbst auf dem billigen Laptop ist zu erkennen, dass einige wirklich gute Schnappschüsse darunter sind: Lena mit einem scheinbar grinsenden Pferd; Jenny posiert als Cowgirl; das Füttern der verwaisten Kälber und natürlich Juniors Baumhaus – ein paar Paletten im Gebüsch, die er ihnen mit stolzgeschwellter Brust präsentiert hat. Außerdem immer vertreten: mindestens einer der beiden Schäferhunde, die sich erfolgreich in jedes Foto schieben konnten.

Und dann war da noch der Ausflug zum südlichen Ende der Farm. Die Sonne stand schon relativ niedrig, als Jenny ein paar Schnappschüsse von einem durchziehenden Mob Kängurus machen konnte. Mike hatte noch gefeixt, Jenny sollte näher rangehen, aber sich bitte nicht boxen lassen – doch auch aus der Entfernung sind die Fotos absolut gelungen, reif für die Werbebroschüre der australischen Tourismusbehörde. Und dann ließ Mike (sicher ohne dass Sally davon wusste) die beiden mit seinem Gewehr auf Blechbüchsen schießen … ein Heidenspaß.

Alles in allem sind gut 300 Fotos entstanden – und schön wäre es, die mit der Familie daheim teilen zu können. Oder zumindest mal ein Lebenszeichen an Bekannte und Verwandte zu schicken. »Hast du eigentlich Handyempfang?«, erkundigt sich Lena, aber Jennys Handy schafft nur einen Balken – alles andere als rühmlich.

KEIN EMPFANG

Wer in Australien mobil erreichbar sein möchte, sollte sich vor der Abreise schlau machen, ob sich der Kauf einer einheimischen SIM-Karte lohnt. Dabei ist zu beachten: Die großen Anbieter haben eine sehr unterschiedliche Netzabdeckung. Wer von Stadt zu Stadt reist, wird damit überhaupt keine Probleme haben. Wer sich aber auf den Weg macht, das Outback zu durchfahren, wird über weite Teile der Strecke schlicht keinen Empfang haben – für diesen Fall ist es aber möglich, sich ein Satellitentelefon auszuleihen.

»Vielleicht können wir das WLAN nutzen? Ich kann ja mal nachfragen«, schlägt Lena vor und fragt Sally, die gerade in der Küche herumwerkelt. Einem »Aber natürlich!« folgt noch ein »Aber übertreibt's nicht!«, und schon schickt Sally den großen Sohn der Familie los, um das Passwort für den Router rauszusuchen und sicherzugehen, dass der Rechner der Mädchen auch eine Verbindung herstellen kann. Halb niedlich, halb merkwürdig, aber 100 Prozent freundlich erledigt Brian diese Aufgabe und macht sich wieder von dannen.

»Irgendwie habe ich das Gefühl, der steht ein bisschen auf dich«, kommentiert Jenny und stupst ihrer Freundin den Ellenbogen in die Rippen. Das irritiert Lena – sie hätte wetten können, Brian habe Jenny angehimmelt, nicht sie. Macht auch mehr Sinn, denkt sie, während sie sich in ihren Schlabberklamotten im Spiegel betrachtet. »Bist du sicher? Ich dachte, er sei *dein* Fan!«

ZEHNEN EINER EHE

Vielleicht ist Ihnen geläufig, dass man in der englischen Sprache die Attraktivität von Frauen salopp auf einer Skala von eins bis zehn bewertet, etwa so: *»She's a five.«* Eine *solid seven* ist entsprechend eine ganz hübsche Frau, eine *perfect ten* verkörpert die Perfektion weiblicher Attribute.

Irgendwann entwickelten Wissenschaftler (ja, Wissenschaftler) dann im Scherz den Begriff der *Antarctic ten*. Das ist eine Anspielung auf die Isolation, die die Forscher in der Antarktis erlebten – und auf ihre kuriosen Folgen. Eine weibliche Kollegin, nach der man(n) sich auf der Straße nicht umdrehen würde, wurde mit jeder Woche der Abgeschiedenheit in der Eiswüste attraktiver und attraktiver – bis sie den männlichen Kollegen wie eine *perfect ten* erschien. Ähnlich geht es bei der Seefahrt zu, wo die *boat goggles* Wunder wirken.

Zu einem gewissen Grad lässt sich dieses Phänomen auch im Outback beobachten. Wenn die nächsten Nachbarn schon Kilometer weg wohnen, wird man ganz automatisch nicht viele neue Gesichter sehen. Und auch wenn Lena und Jenny nach Wochen mit Zweckfrisur und ohne Schminke, dafür mit Jeans und staubigem Hemd eher so aussehen, als würden sie die *EMMA* abonnieren, sind sie für den Sohn der Familie sicher das Spannendste, was seit Monaten passiert ist. Wenn man nur alle Jubeljahre überhaupt eine Frau kennenlernt, dann weiß man dies eben mehr zu schätzen.

Nun denken Sie sicher, Ihr werter Autor beliebe zu scherzen. Keineswegs. Das Phänomen ist sogar der Politik bekannt, wie etwa dem Bürgermeister von Mount Isa, einer gar nicht mal so kleinen

Stadt mitten im Outback von Queensland. Um den krassen Männerüberschuss der Stadt zu thematisieren, lud er 2008 australische Frauen in seinen Ort ein, die dort aus dem Vollen schöpfen konnten *(»happiness awaits«)*. Diesen Aufruf richtete er auch explizit an *»beauty-disadvantaged women«*, also die *ones, twos, threes* und *fours* im Lande. Die Medien reagierten vorhersehbar empört, doch der Plan ging auf!

Die Mädchen entscheiden sich, die Männerdiskussion auf später zu verschieben und widmen sich E-Mails und Nachrichten. So spannend wie in Australien scheint es daheim nicht zuzugehen, aber einiges ist doch passiert. Beide haben Nachrichten von den Eltern, sie mögen sich doch mal wieder melden. Jenny blättert durch ein großes Album mit Partyfotos, bei Lena ist es eine Sammlung von Hochzeitsfotos und das Video der Braut, die ihren Strauß wirft – eine ihrer besten Freundinnen hat vor zwei Wochen geheiratet, und obwohl Lena weder von der Idee, sich mit Anfang zwanzig zu binden, noch vom Bräutigam begeistert war, ist es das erste Mal auf ihrer Reise, dass sie wirklich das Gefühl hat, etwas zu verpassen. Allerdings weiß sie nicht so recht, was sie ihren Eltern schreiben soll. Sie sitzt, und das wird ihr in diesem Moment noch einmal vollumfänglich klar, am anderen Ende der Welt – im übertragenen wie im wörtlichen Sinne.

» … Erde an Lena?!«, kommt es von rechts. Offenbar war Lena für einen Moment mit den Gedanken ganz woanders. Aber kaum haben die beiden sich ein paar Blogeinträge von Jennys Freunden, die gerade durch Südamerika reisen, angeschaut, ist die Heimat auch schon wieder in weite Ferne gerückt. Die Gelegenheit ist günstig, mit eigenen Fotos dagegenzuhalten – darum laden Jenny und Lena ein paar Dutzend der besten Fotos hoch, um ihren Freunden daheim zu zeigen, dass sie sich ganz prächtig amüsieren. Das dauert eine Weile – offenbar ist die Internetverbindung hier auf dem Land nicht die beste …

Die nächste Stunde klicken sich die beiden durch Nachrichten, die sie von Freunden bekommen haben, und surfen ziellos im Netz umher. Sie schauen sich Videos von Kätzchen an; von Hunden, die Fahrrad und Skateboard fahren; von Krokodilen, die im Norden Australiens Touristen bei ihren Bootsrundfahrten erschrecken. Beide amüsieren sich köstlich, auch wenn die langsame Verbindung reichlich nervt. Die erste Spaßreise durchs Internet seit mehr als einem Monat findet ihr vorläufiges Highlight in einem Video von Pinguinen, die auf dem Eis ausrutschen. Das Gelächter ruft Sally auf den Plan, die ihren Kopf ins Zimmer steckt: »Na, ihr amüsiert euch aber großartig – was gibt es denn so Lustiges?«

»Jede Menge!«, antwortet Lena und deutet auf das Video mit den Pinguinen. »Das ist urkomisch, das solltest du dir ansehen …«

Etwas irritiert fragt Sally, ob die beiden etwa immer noch im Internet unterwegs seien? Aber natürlich, lautet die Antwort.

Doch der Clip kann Sally nicht so recht zum Lachen bringen. Auch die Collage niedlicher Kängurus scheint sie mehr zu verärgern, glaubt Lena zu bemerken. Vielleicht nervt Sally auch, dass das Laden ewig dauert und sie wahrscheinlich Besseres zu tun hat …

Fuck me dead! Was ist da schiefgelaufen?

Wenn Sie erkannt haben, womit sich Jenny und Lena in dieser Episode die Blöße gegeben haben, dann dürfen Sie sich jetzt auf die Schulter klopfen. Alle anderen Leser müssen aber nicht enttäuscht sein, denn auf Patzer wie diesen kommt man nicht so schnell.

Im Grunde genommen geht es um das gleiche Thema wie in der vorigen Episode der Outback-Saga: die Knappheit an Ressourcen. Damit ist aber nicht gemeint, dass die beiden unnötig Strom verballern – nein, es geht um kostbare Bits und Bytes.

Internet ist in Australien nämlich so eine Sache: Internetzugang und vor allem -geschwindigkeit sind ständige Reizthemen. 2007 startete die damalige Regierung die erste Initiative zur *broadband guarantee,* die es jedem im Land ermöglichen sollte, auf zuverlässiges Breitbandinternet zugreifen zu können. Auch im Outback. Zu vertretbaren Kosten. Per Satellit.

Zwar wurde dieses Programm inzwischen eingestellt, die Diskussionen gehen aber weiter – unter anderem darüber, wie gut (sprich schnell) die Leitungen sein müssen. Während andere Nationen, allen voran Südkorea, es als nationale Verpflichtung sehen, ihren Bürgern stets den neuesten Stand der Technik zur Verfügung zu stellen, sieht man das *down under* mit gemischten Gefühlen. Anscheinend vermutet die Politik, die meisten Terabytes gingen nicht für ernsthafte Kommunikation drauf, sondern für Facebook und YouTube.

Und das bringt uns zurück zu Jenny, Lena und den knappen Ressourcen. Eine der Besonderheiten in Australien ist es, dass eine Flatrate nicht gleich eine Flatrate sein muss. Es gibt Internetzugänge, die zwar als *unlimited* angepriesen werden, aber *not actually unlimited* sind.

Während einige Tarife vorsehen, dass man tatsächlich unbegrenzt surfen kann, ist es bei anderen so, dass die Downloadgeschwindigkeit mit jedem Byte ein Stück weit sinkt. Für jeden Rechnungszeitraum ist nämlich nur ein gewisses Datenvolumen *(data caps)* vorgesehen, und je näher man diesem kommt, desto mehr lahmt die Verbindung, bis sie irgendwann bei der Modemgeschwindigkeit – wie in den guten alten Zeiten! – angekommen ist.

Falls Sie einmal versucht haben, mit einer solch archaischen Verbindung auf eine moderne Website zuzugreifen, werden Sie vermutlich schnell Hassgefühle entwickelt haben. Das Abrufen der Mails, normalerweise eine Sache von Sekunden, dauert dann eine halbe Stunde.

Damit dürfte auch klar sein, warum die Dame des Hauses nicht amüsiert ist. Für den Rest des Monats darf sich die Familie nämlich mit einem verkrüppelten Internetzugang begnügen oder kräftig nachzahlen. Was für unsereins Bequemlichkeit ist (zwei Minuten im Onlinebanking statt zehn Minuten zur Filiale laufen), ist in der Abgeschiedenheit des Outbacks von viel, viel elementarerer Bedeutung (dort ist die nächste Bank mehr als eine Stunde entfernt). Für jemanden, der in dieser Isolation lebt, ist der Internetzugang entsprechend ein viel größeres Wunder als für die Kinder der Stadt. Plötzlich kann man in Sekundenschnelle Nachrichten versenden, mit der Oma skypen, Einkaufen gehen ..., immer vorausgesetzt, die Verbindung lässt es zu. Dieses Privileg fehlt der Familie nun – und die Herrin des Hauses kann sich aussuchen, ob sie für eine einsame Überweisung eine halbe Stunde vor dem Computer hockt oder lieber den Weg in die nächste Stadt auf sich nimmt. Von allen anderen Aufgaben, die Sie üblicherweise online erledigt, ganz zu schweigen.

Was können Sie besser machen?

Erkundigen Sie sich vor der Nutzung eines fremden Internetzugangs, ob dieser in irgendeiner Weise limitiert ist. Und wenn die Gastgeber bitten, sich zurückzuhalten mit dem ungeschützten Internetverkehr, dann halten Sie sich bitte daran.

Tückisch ist dieser Hinweis vor allem, da den meisten Menschen völlig das Gefühl dafür fehlt, wie groß die Datenmengen sind, die sie tatsächlich nutzen. Wie viel MB hat ein YouTube-Clip von dreißig Sekunden? Wie groß ist das lästige Pop-up-Fenster, mit Flash und Sound? Ist die Verbindung limitiert, gilt es also, äußerste Vorsicht walten zu lassen. Wer ohne seine Filme, Serien oder andere Dinge, die man sich im Internet angeblich anschauen kann, nicht leben kann/will, sollte sich rechtzeitig eine Sammlung zulegen und diese auf dem Rechner mit sich tragen. Kätzchenvideos sind vielleicht niedlich, aber erfahrungsgemäß weitaus weniger essenziell als Bankgeschäfte.

Übrigens kann es auch unabhängig von der Qualität des Zugangs passieren, dass man Gäste bittet, nicht ewig im Netz herumzusurfen, und sei es nur, um nicht als schlechtes Beispiel für die Kinder zu gelten. Auch das gilt es selbstverständlich zu respektieren.

30 GEGEN EINE KOLLEGIN

STEFFEN SAGT ETWAS FALSCHES UND KOMMT DAMIT RICHTIG AN

Kaum spricht Mel wieder mit Steffen, versaut er es sich mit der nächsten Kollegin. Keine Woche nach dem letzten Desaster trifft es dieses Mal Cathy.

Cathy ist öde. Die graueste unter den grauen Mäusen. Das Erste, was Steffen bei seinem Einstieg in der Firma auffiel, war ihre Unauffälligkeit. Sie war geradezu auffallend unauffällig. Provokant uninteressant. Langweilig wie ein Spanier während der Siesta, befand Steffen, und ließ es zunächst auf sich beruhen.

Doch jedes Mal, wenn er Cathy sieht – und nicht bloß übersieht –, überkommt ihn der Drang, einmal hinter ihre Fassade zu blicken. So öde kann doch niemand sein, denkt er. Doch sobald er versucht, sich mit Cathy zu unterhalten, fühlt er sich wie der kleine Junge, der einen toten Frosch mit einem Stock pikt, nur um zu sehen, was passiert. Und jedes Mal wird er enttäuscht, denn es passiert natürlich nichts, und Cathy bleibt ein Rätsel, zu uninteressant, um gelöst zu werden.

Heute hat Steffen wieder einen seiner schlagfertigen Tage. Zufällig trifft er auf Cathy und Mel, die sich in der Teeküche unterhalten.

»... jedenfalls suchen wir noch einen Babysitter«, sind die letzten von Cathys Worten, die Steffen hört. Jeweils zur Hälfte überrascht darüber, dass Cathy Kinder hat und dass sie offenbar etwas unternehmen möchte, schaltet er sich ein. Vielleicht kann er sie so aus der Reserve locken?

»Ich kenne da jemanden«, sagt er. Doch bevor er – ganz harmlos – auf ein junges Mädchen aus seiner Nachbarschaft zu sprechen kommen kann, das sich – ganz harmlos – etwas dazuverdienen möchte, wird er schon von Mel unterbrochen.

»Woher kennst du denn bitte Babysitter?« Schließlich weiß sie ganz genau, dass Steffen Kinder nicht einmal mag.

»Na ja, Babysitter sind immerhin günstiger als Prostituierte.«

Unter einem entnervten Stöhnen angesichts dieses Spruchs kann sich Mel ein Grinsen nicht verkneifen. Dafür weicht Cathy der letzte Rest an vornehmer Blässe aus ihrem konturlosen Gesicht.

»Das ist ja wohl das Letzte«, lautet Cathys knapper Kommentar, bevor sie sich aus der Küche verzieht. Als hätte man ihr Bilder aus dem Krieg unter die Nase gehalten. Mel dagegen ist sich immer noch nicht sicher, ob sie Steffen tadeln soll oder das Ganze vielleicht doch lieber lustig finden darf. Sie scheint Cathy auch nicht überwältigend zu finden, ahnt Steffen.

»Das war hart an der Grenze, das weißt du, oder?«

»Mh.«

GIB GUMMI!

Es ist unwahrscheinlich, dass man mit derartigen Anzüglichkeiten in Australien mehr Erfolg hat als anderswo, aber für den Fall der Fälle sei darauf hingewiesen, dass Kondome auch in Australien bestens verfügbar sind, außer vielleicht im tiefsten Busch (ba-dumm-tsss). Und selbst wenn es schiefgehen sollte, ist der Erwerb der »Pille danach« im Regelfall kein Problem. Zu beachten ist nur, dass für Kondome und Verhütungsmittel dasselbe gilt wie für Medikamente – Temperaturen über 25 Grad mögen sie gar nicht. Und die sind in einem Kofferraum unter der australischen Sonne schnell erreicht …

»Cathy ist ziemlich religiös, falls du es noch nicht mitbekommen hast. Das ist kein kleines T, was da um ihren Hals baumelt.«

»Mh.«

»Und unter uns – nicht nur bei ihr würde ich diese kleinen schmuddeligen Witze lassen. So etwas gehört sich nicht auf der Arbeit!« Immerhin klingt Mels Rüge einigermaßen überzeugend. Doch Steffen zeigt sich uneinsichtig.

»Das weiß ich doch! Das habe ich schon in meiner Zeit als Kindergärtner gelernt.«

Holy shit! Was ist da (abgesehen von der Qualität der Scherze) schiefgelaufen?

Vier Tabuthemen gibt es in Australien: Religion, Politik, Sex und *aboriginals.* Gleich zwei davon berührt Steffen in seiner heutigen verbalen Entgleisung.

Doch bevor jemand den falschen Eindruck bekommt: Es ist nicht so, als seien all diese Themen tatsächlich tabu. Am besten lässt sich dies an der etwas schizophrenen Haltung der Australier zu **Anzüglichkeiten** erläutern.

Einerseits laufen in Australien pausenlos halbnackte Frauen herum. Nicht weil das besonders aufreizend ist, sondern weil das Klima es erlaubt oder gar fordert. Das stört den Australier gar nicht. Doch in vielen anderen Dingen hat das Land noch eine erstaunlich viktorianische Sexualmoral, was sich beispielsweise in den regelmäßig wiederkehrenden Versuchen widerspiegelt, Pornografie zu verbieten.

Doch das ist nur das, sagen wir, öffentliche Bild. In anderen Situationen sind die Aussies sehr freizügig. Und dass Australier durchaus gern über schmutzige Witze lachen, ist nicht einmal ein offenes Geheimnis. Wer mutig ist, kann nach *Australian pub jokes* googeln – aber bitte nicht, ohne vorher die Augenbleiche bereitzustellen.

Damit ist auch Steffens Fehltritt klar: richtiger Witz, falscher Zeitpunkt. Die professionelle Arbeitsebene eignet sich nur sehr eingeschränkt für Profanität und Anspielungen unterhalb der Gürtellinie. Hätte Steffen einen vergleichbaren Scherz beim Feierabendbier gebracht, wäre das Publikum sicher dankbarer gewesen.

Schwieriger wird es bei der **Religion**. Australien ist beileibe kein religiöses Land. Auch wenn sich viele Aussies der einen oder anderen Glaubensrichtung zugehörig fühlen, spielt dies im Alltag kaum eine Rolle. Die Kirche ist nicht einmal »sichtbar« – es kann gut sein, dass in einem Gebäude, das Sie von außen für eine Gemeinschaftspraxis von Zahnärzten halten, die heilige Messe gelesen wird.

Generell beeinflusst Religion nicht die Lebensführung und auch im politischen Diskurs hat sie wenig verloren. Das liegt daran, dass Religion in Australien Privatsache ist – es gehört sich einfach nicht, andere mit den eigenen religiösen Ansichten zu nerven, und genauso ungern wird es gesehen, andere über ihre Überzeugungen ins Kreuzfeuer zu nehmen. In dieser Hinsicht unterscheiden sich die Australier ganz signifikant von den Amerikanern! Aus diesem Grund war es Steffen (anders als Mel) auch bislang völlig entgangen, dass seine etwas blasse Kollegin sehr intensive religiöse Gefühle hegt und daher auf seine Scherze von vornherein nicht gut zu sprechen sein wird.

Was können Sie besser machen?

Generell empfiehlt es sich, alle Tabuthemen zu meiden, bis man sich wirklich gut kennt. Interessanterweise sind es dann meist die Australier selbst, die die Themen anstoßen und sich dafür interessieren, was denn ein Außenstehender so denkt. Dann darf natürlich munter drauflosgeplaudert werden. Bis dahin – Fuß auf die Bremse, auch was Scherze und Anspielungen angeht.

Generell gilt, dass Australier durchaus respektieren, wenn eine andere Person andere Ansichten und Überzeugungen hat. Es stört sie vielmehr, wenn man diese exzessiv zur Schau stellt. Darum gilt das Gebot der Zurückhaltung, das hier an drei handlichen Beispielen erläutert sei.

Beispiel 1: Sie dürfen so viel beten, wie sie lustig sind. Das finden die meisten Aussies zwar überflüssig, aber sie werden es schulterzuckend abtun. Schlechter Stil wäre es aber, andere zum gemeinsamen Tischgebet zu nötigen. Dann riskieren Sie, dass man sich offen über Sie lustig macht.

Beispiel 2: Sie dürfen so viele grüne Ansichten haben, wie sie lustig sind. Das finden die meisten Aussies zwar merkwürdig, werden es aber ebenfalls schulterzuckend abtun. Unangemessen wäre es aber, dem Gastland zu erklären, wie doof es ist, die »Natur so zu zerstören« mit dem Bergbau, dem Fischen, dem Wasserverbrauch usw. Das wird wahrscheinlich dazu führen, dass man Sie als Gutmensch brandmarkt; und auf die Sorte Mensch kann man *down under* gut verzichten.

Beispiel 3: Sie dürfen sogar so schwul oder lesbisch sein, wie Sie wollen. Auch das sagt den meisten Australiern nicht zu, aber sie müssen ja nicht mitmachen – und was in anderen Schlafzimmern passiert, interessiert wenig. Irritierend finden die Australier (zumindest außerhalb der Großstädte) aber extravagante oder gar obszöne Inszenierungen von Leuten, die sich in erster Linie über ihre Sexualität zu definieren versuchen.

Zusammengefasst: Tabuthemen bleiben tabu, Privates bleibt privat – mindestens so lange, bis man sich gut kennt.

31 GANZ WEIT DRAUSSEN

JENNY SUCHT EIN BADEZIMMER UND LENA SETZT EINEN TOPF WASSER AUF

»Euer guter Ruf eilt euch voraus!«

Nicht ganz ohne Stolz, die beiden Deutschen und ihre sprichwörtliche Qualitätsarbeit entdeckt zu haben, erzählt Mike, dass einige Bekannte angefragt hätten, ob Jenny und Lena nicht vielleicht Lust hätten, auch ein paar Tage bei ihnen zu verbringen. Der späte Frühjahrsputz im Hause Mike & Sally war zwar eine nervenaufreibende Angelegenheit – viele, viele Spinnweben –, aber nach drei Tagen konsequenten Saugens und Schrubbens glänzt das Haus nun wie neu. Sogar Junior zeigte sich sichtlich beeindruckt, wie ordentlich so ein Kinderzimmer ausschauen kann.

»Hättet ihr vielleicht Lust, für ein paar Nächte bei einem meiner *mates* zu bleiben? Ihm beim Hausputz zu helfen? Ist ein Spitzentyp, aber seit er alleine wohnt …« Mikes Ausführungen bleiben unvollendet.

Jenny und Lena sind hin- und hergerissen. Einerseits täte nach so vielen Wochen ein bisschen Abwechslung sicher gut. Andererseits klingt Mikes Beschreibung nur bedingt verlockend: Angeblich wohnt sein Kumpel, Will, ganz weit draußen in einer einfachen Hütte. Und Lena hat eine dunkle Vorahnung, was »ganz weit draußen« und »einfache Hütte« wohl heißen mag. Bei einem der Bekannten, den sie mit der Familie vor Kurzem besucht hatte, gab es nicht mal eine Badezimmertür – wer auf der Toilette ein wenig Privatsphäre wollte, musste einfach ein Bettlaken in den Türrahmen hängen.

Doch letzten Endes geben sich die beiden einen Ruck. Erst mal für zwei Nächte, mal testen, wie es so ist – und dann weitersehen.

Überraschend pünktlich werden die Mädels am nächsten Mittag dann von Will abgeholt. Den Plan, mit dem eigenen Wagen zu fahren, müssen sie allerdings begraben: »Ohne Allradantrieb wird das nichts«, ist Mikes knapper Kommentar. Mit einem kleinen Rucksack machen es sich die beiden im Auto bequem, so gut es eben geht. Doch das will nicht viel heißen: Wills *ute* ist ungefähr in dem Zustand, den sie vom Zweitwagen auf der Farm kennen. Zerschlissene Polster, fehlende Griffe, Rost auf der Ladefläche, überall Dreck und ein zierender Riss quer über die Windschutzscheibe. Solange wir nur das Haus putzen müssen!, denkt sich Lena, als der Wagen anfährt.

Für eine gute Stunde rumpeln sie auf kaum erkennbaren Wegen durch das einsame Outback. Einmal mehr ist Lena überrascht, wie lebhaft es in einer solch scheinbar feindseligen Umgebung zugeht: Kängurus, Emus und unzählige Vögel entdeckt sie während der kurzen Fahrt. Nur eine Sache sehen sie nicht: andere Menschen – keine Seele weit und breit.

12 FREUNDE SOLLT IHR SEIN

Die farbenfrohen Vögel der Ostküste werden in Richtung des Landesinneren mit jedem Kilometer seltener. Dafür warten im Outback andere Überraschungen, wie etwa die Apostelvögel.

Diese Vögel werden rund dreißig Zentimeter lang und sehen aus wie eine Kreuzung aus Adler und Falke. Üblicherweise ziehen sie in Zwölfergruppen umher und zwitschern dabei unentwegt vor sich hin, was ihnen den Spitznamen *CWA birds* eingebracht hat (CWA ist die *Country Women's Association,* die größte unabhängige Frauenorganisation des Landes).

Apostelvögel kommunizieren nicht direkt mit Menschen, sind aber dennoch nützlich. Man kann sie beobachten, wie sie den lieben langen Tag in wilden, aber eleganten Zügen umherfliegen. Erfahrene Outbackbewohner können aus ihrem Verhalten vieles ablesen, etwa in diesem Stil: »Fünfzig Meter gen Süden bewegt sich gerade eine Schlange auf uns zu.«

Als sie an Wills Hütte ankommen, bestätigt sich Lenas Verdacht. Kein Wunder, dass ihm seine Frau davongelaufen ist … Das Haus, wenn man es so nennen kann, ist ein simpler Unterstand aus Wellblech: kochend heiß in der Sonne, eisig kalt bei Nacht, unerhört laut bei Regen. Dazu stockfinster, da es kaum Fenster gibt. Doch Will scheint das ganz anders zu sehen – er stellt die Hütte als seinen Palast vor, und das ohne einen Anflug von Ironie.

»Zumindest das Bett sieht ordentlich aus«, murmelt Jenny zwischen den Zähnen hervor, als sie sich häuslich niederlassen. Und allzu dreckig ist es auch nicht – kein Berg von Staub, der sich nicht zügig wegsaugen ließe, und keine Flecken, die man nicht schrubben könnte.

Wie abgesprochen, wollen sich Lena und Jenny direkt an die Arbeit machen. Doch die erste Ernüchterung folgt alsbald: Auf Jennys Frage, wo denn der Staubsauger sei, erntet sie nur einen irritierten Blick. Etwas verwundert präsentiert ihnen Will daraufhin sein bescheidenes Putzequipment, als wolle er fragen, ob man etwa zwischenzeitlich schon etwas Besseres erfunden habe.

»Wir versuchen unser Bestes«, sagt Jenny nach der kurzen Inventur. »Ich fange mit dem Bad an, du machst die Küche«, verteilt sie anschließend die Aufgaben.

»Und ich gehe was zu essen organisieren!« Auch Will möchte hilfreich sein; er greift sich sein Gewehr und verschwindet nach draußen. Kaum ist er weg, stehen die beiden schon vor dem nächsten Problem.

»Wo ist denn das Badezimmer?!« Jenny ist verwirrt; mehr als ein kleines Waschbecken mit einem fleckigen Spiegel darüber kann sie nicht finden. Lena dämmert, dass Will kein Badezimmer im engeren Sinne besitzt, sondern eine Wanne in seinem Vorgarten nutzt und, zu Jennys Entsetzen (»Das geht ja mal gar nicht!«), ein einfaches Plumpsklo hinter dem Haus.

EIN WÖRTCHEN ÜBER STILLE ÖRTCHEN

Außerhalb der Städte ist ein Wasserklosett ein Luxus. Meist ist es an einen Septiktank angeschlossen, der regelmäßig geleert werden muss. Alternativ bleiben das klassische Plumpsklo oder Komposttoiletten. Interessieren Sie sich für die neuesten Trends auf dem Gebiet der Toilettenforschung, sind Sie in Australien jedenfalls richtig.

Wo das Land hinterherhinkt, ist bei seinen Wasserhähnen. Viel zu oft trifft man noch auf diese winzigen Wasserhähne, die so nahe am Becken hängen, dass man es kaum schafft, die Hände nass zu bekommen. Außerdem sind beide Hähne getrennt, sodass man sich aussuchen kann, ob man Eiseskälte oder Magmahitze spüren will – dazwischen gibt es leider nichts. Interessanterweise rechtfertigt der Australier diese archaische Technik damit, dass er sich nicht verbrennen will.

»Okay, dann machen wir mal beide die Küche« – schnell sind Jennys Pläne umformuliert. Doch auch hier stolpert sie, bevor es so richtig losgeht: Aus dem Hahn will einfach kein warmes Wasser kommen. Es dauert eine Weile, bis ihr dämmert, dass auch keines kommen wird. »Och nö«, lautet ihr knapper Kommentar. Lena ist auch nicht begeistert, beschließt aber, das Problem pragmatisch wie ein Australier anzugehen, und setzt einen großen Topf Wasser auf. Damit geht es dann an den Frühjahrsputz. Jenny murrt und Lena weiß, dass ihnen zwei lange Tage bevorstehen. Und dabei war sie noch nicht mal auf der Toilette, wo sicher noch eine ganz andere Überraschung auf sie wartet …

Strewth! Was ist da schiefgelaufen?

Glasklar: Auch die niedrigen Erwartungen waren noch zu hoch. Jenny und Lena haben natürlich mit einer »einfachen« **Unterkunft** gerechnet, doch hatten sie andere Vorstellungen davon, was »einfach« bedeutet.

Während die allermeisten Australier sich zwar keinen Stil, aber doch zumindest ein Mindestmaß an Komfort gönnen, gibt es ein paar urtümliche Charaktere, die ganz bewusst und mit viel Freude unter sehr rustikalen Bedingungen leben. Würden Sie Fotos von solchen Unterkünften sehen, würden Sie sie vielleicht in Afrika vermuten, nicht aber in einem der am weitesten entwickelten Länder der Welt.

In dieser Episode sind Jenny und Lena zu Gast in einem »Haus«, das eigentlich nur eine Wellblechhütte ist. Die ist, wie man sich denken kann, nicht sonderlich nützlich, denn außer vor direkter Sonneneinstrahlung und dem gelegentlichen Niederschlag schützt sie vor relativ wenig. Im Gegenteil: Scheint die Sonne, heizt sie sich brutal auf; regnet es, knallt und knattert es wie beim Neujahrsfest.

Auch ist es durchaus üblich, dass solche einfachen Behausungen nicht das haben, was man sich im Allgemeinen unter Küche, Dusche, Bad vorstellt. Die Küche besteht im besten Fall aus einem Herd (mit Glück ein Gasherd) und einem Waschbecken (ohne Warmwasser); das Bad ist eine Badewanne, die draußen im Hof steht. Und die Toilette ist ein Verschlag, der Aussicht in die ewige Weite des Outbacks bietet, dafür aber mit *redbacks* geteilt werden muss (siehe Episode 14).

Alles in allem fühlt man sich nach dieser Beschreibung animiert, eine Menschenkette zu organisieren und Spenden zu sammeln. Würde man in Deutschland versuchen, jemanden dazu zu bringen, unter solchen Bedingungen zu hausen, gäbe es lautstarken Protest unter Berufung auf die Menschenwürde. In Australien finden es die Leute im Zweifel toll – und nennen ihre »Häuser« durchaus »Palast«, auch wenn außer dem Grundstück nichts Majestätisches zu finden ist.

Was können Sie besser machen?

Ebenso glasklar: Genießen Sie die Beschreibungen der Australier mit einer gesunden Portion Skepsis. Das gilt übrigens nicht nur für ihre Häuser; generell neigt man dazu, alles über den grünen Klee zu loben. Preist man Ihnen etwa einen Umweg an, der zu »der besten Aussicht der Welt« führt, lassen Sie sich einfach überraschen. Rechnen Sie mit dem Schlimmsten, hoffen Sie auf das Beste. Wahrscheinlich erwartet sie ein »nettes« Motiv.

In einer Situation wie der, in der sich Jenny und Lena befinden, ist es durchaus hilfreich, eine Exit-Strategie parat zu haben. Viele Gastgeber sagen zwar, dass sie erst einmal für zwei, drei Tage ihre Gäste kennenlernen wollen – und erst danach entscheidet man, ob man sich länger bindet. Doch das ist nicht immer der Fall. Es kann durchaus sein, dass der Gastgeber ein, zwei Stunden fahren muss, um seine Gäste abzuholen, und entsprechend auch erwartet, dass sie nicht nach zwei Tagen wieder die Fliege machen.

Von unschätzbarem Wert ist es daher, einen eigenen fahrbaren Untersatz zu haben. Der ermöglicht es einem, auch ohne Schuldgefühle das Weite zu suchen, wenn es einmal schlicht und ergreifend nicht passt; sei es, weil man keine Lust hat, wie in der Dritten Welt zu hausen, oder weil die Chemie einfach nicht stimmt.

Keinesfalls sollte Sie das aber davon abhalten, auch das einsame Australien erkunden zu wollen. Wie oben beschrieben: Die meisten Aussies gönnen sich ein Mindestmaß an Komfort und Sauberkeit, in dem es sich ganz problemlos aushalten lässt. Natürlich ist es weit vom sterilen Ambiente einer Großstadtwohnung entfernt – aber das macht ja den Reiz aus. Sie werden dreckig, Sie werden sich nach Luxus sehnen und sich dennoch großartig amüsieren.

Mit einem gewissen Maß an Dreck und Drecksarbeiten muss man aber klarkommen: Prinzessinnen, die bei jedem Staubkorn empört quietschen, sind fehl am Platz und sollten sich ein anderes Urlaubsziel suchen.

32 ZU HAUSE, DIE ZWEITE

STEFFEN TUT NICHTS UND FÄLLT UNANGENEHM AUF

Wehmütig erinnert sich Steffen an eines der letzten Wochenenden zurück. Das, an dem es so wundervoll kühl war und es in Strömen geregnet hat.

Nicht so heute. Steffen hat das Gefühl, nachts sei es kein Grad kälter geworden. Die vom Tag übrig gebliebene Schwüle lag die ganze Nacht auf ihm wie eine zusätzliche Decke. Es hat Stunden gedauert, bis er endlich einschlafen konnte, und viel zu früh wird er wieder wach. Draußen scheint bereits die Sonne – es wird wohl ein weiterer wolkenfreier Tag – und die Vögel zwitschern begeistert vor sich hin.

Gern würde Steffen sich noch einmal umdrehen und noch eine Mütze Schlaf bekommen. Doch egal, wie er sich bemüht, es ist zu warm, zu hell oder zu unbequem. Also steht Steffen auf. Er trinkt ein Glas kalten Saft und steckt den Kopf unter den Wasserhahn, bis er sich erfrischt genug fühlt. Dann kehrt er ins Schlafzimmer zurück, schließt die Vorhänge, so ordentlich es geht, und legt sich wieder hin. Ausschlafen, zweiter Versuch.

In der Tat liegt es sich gleich viel bequemer. Steffen driftet gerade in den Halbschlaf ab, als er schon wieder unsanft aus seinen Träumen herausgerissen wird. Das kann doch wohl nicht wahr sein, denkt er, und richtet seinen Blick auf die Uhr. Acht Uhr fünfzehn australischer Zeit, viel zu früh nach Steffens Messung. Doch es ist wahr. Sein lieber Nachbar widmet seinen frühen Morgen lautstarken Reparaturarbeiten. Schon wieder!

Steffen hofft, dass das erste Hämmern nur eine kurze Reparatur bedeutet – auf die alsbald wieder himmlische Ruhe folgt. Doch einmal mehr wird Steffen bitter enttäuscht. Kaum hat das unregelmäßige Hämmern ein Ende, beginnt sein Nachbar, etwas zu sägen. Danach packt er einen Akkuschrauber aus. Was auch immer er treibt – durch die dünnen Wände seines Hauses hat Steffen das Gefühl, es könnte genauso gut direkt in seinem Schlafzimmer geheimwerkelt werden.

Dann wird es schlimmer, bevor es besser wird. Als die Kinder der Nachbarn auf der anderen Seite aus dem Haus rennen, um ihren Garten unsicher zu machen, ist es mit der Hoffnung auf den erlösenden Schlaf endgültig vorbei. Mit viel Gequietsche und Geschrei amüsieren sich die Halbstarken lautstark im kleinen Pool der Familie. Bei dem Gedanken ans kühle Nass beschließt Steffen dann, die weiße Flagge zu hissen. Er ergibt sich seinem Schicksal und startet völlig übermüdet in seinen Tag.

Selbst eine erfrischende Dusche und einen starken Kaffee später will sich die Betriebsamkeit nicht so recht einstellen. Als Steffen gedankenverloren aus dem Fenster starrt, ist es ihm immer noch zu heiß. Und zu hell. Und zu laut. Also beschließt er, dorthin zu fahren, wo es kühl ist, wo das Licht gedämpft ist und die Stimmen von leiser Hintergrundmusik überdeckt werden: in den Supermarkt.

IMMER EIN OFFENES TOR

Öffnungszeiten werden in Australien von den jeweiligen *states* reguliert. Grundsätzlich können Sie davon ausgehen, positiv überrascht zu werden. Die meisten Geschäfte öffnen früh, bleiben durchgehend geöffnet und schließen spät – und das auch am Wochenende.

In Sydney und Melbourne gibt es durchaus Supermärkte, die rund um die Uhr geöffnet haben. Falls es Sie also um zwei Uhr nachts nach einer Dose Krabbensaft gelüstet, steht dem prinzipiell nichts im Wege, außer vielleicht, dass es gar keinen Krabbensaft gibt. Mit wenigen Ausnahmen haben Geschäfte landesweit spätestens ab 8 Uhr geöffnet und erlauben es, auch nach der Arbeit noch gemütlich die Einkäufe zu erledigen. Das gilt übrigens nicht nur für Supermärkte, sondern auch für zahlreiche Geschäfte oder Apotheken *(chemists)* – je nachdem, wo man sich aufhält, wird man kaum bemerken, ob Wochenende ist oder nicht.

Bollocks! **Was ist da schiefgelaufen?**

Wie schon erwähnt (siehe Episode 23), ist Australien an sich kein »lautes« Land, im Gegenteil. Doch Steffen hat das Pech, in einem Haus der leichten Bauweise zu wohnen. So hört er mit bestechender Klarheit, was draußen passiert. Das ist praktisch, wenn der Eismann kommt – aber tragisch, wenn man ausschlafen möchte. So wie Steffen.

In Australien weniger stark ausgeprägt als in anderen Ländern ist die gegenseitige Rücksichtnahme. Eine Mittagsruhe etwa ist nicht vorhergesehen, obwohl sich das Land geradezu perfekt für eine Siesta anbieten würde. Auch differieren die Ansichten darüber, was Lärm darstellt – kleine Reparaturen am Haus sind doch kein Lärm, oder?

Das eigentliche Problem liegt aber in Steffens mangelndem Verständnis für die liebste Freizeitbeschäftigung der Australier, die **Haus- und Grundstückspflege**. Das klingt erstaunlich langweilig für ein solch spannendes Land, und genau das ist es auch. Es hält aber Millionen von Aussies nicht davon ab, auf diese Weise ihre Wochenenden zu füllen, gerne auch früh am Morgen.

Wie ebenfalls schon angedeutet (siehe Episode 18), ist es für die meisten Aussies selbstverständlich, ab einem gewissen Alter ein eigenes Haus zu besitzen, idealerweise mit einem großzügigen Grundstück. Doch je größer Haus und Grundstück sind, desto mehr Zeit geht dafür drauf, beides in Schuss zu halten. Zwischen dem Reinigen der Regenrinnen und dem Mähen von ein paar Quadratkilometern Gras gibt es Millionen von Aufgaben, mit denen sich der Hausbesitzer *down under* ertüchtigen kann.

Aber warum nimmt man so etwas auf sich? Berechtigte Frage, allerdings etwas falsch gestellt. Die meisten Australier (zumindest außerhalb der Großstädte) sind begeisterte Gärtner und Handwerker, wenn auch eher mit einem Faible fürs Grobe (Holzhacken > Rosentrimmen). Es ist für sie völlig selbstverständlich, die Reparaturen am Haus selbst vorzunehmen. Nicht nur, um Geld und Zeit zu sparen, sondern auch, weil ein Mann das zu können hat, zumindest ein echter.

Und genau da liegt der Hund begraben. Die Nachbarn werden sich vielleicht wundern, wenn der Neue in der Nachbarschaft um Ruhe bittet, wenn ein paar notwendige Arbeiten dringend fällig sind. Allerdings kann es durchaus auch passieren, dass die Nachbarn Steffen für eine unfähige Schlampe halten. Wie soll man denn jemanden respektieren, der Heim und Hof nicht auf Vordermann bringen kann? Ein Blick auf Steffens Dachziegel, seinen Vorgarten und die Fensterrahmen wird ihnen verraten, dass hier jemand wohnt, der entweder keine Ahnung hat, wie man sich um seine Unterkunft kümmert, oder dem es schlicht egal ist.

Was können Sie besser machen?

In diesem Fall ist Steffen natürlich nur bedingt schuldig. Ihm gehört das Haus nicht, er bezahlt nicht einmal die Miete (das erledigt freundlicherweise die Firma für ihn). Deshalb bemüht er sich verständlicherweise nur darum, dass das Haus halbwegs sauber bleibt und während seiner Anwesenheit nicht in sich zusammenfällt.

Doch davon abgesehen bleibt nicht viel, was Steffen tun kann. Er kann, sollte er seine Ruhe haben wollen, die Tipps fürs Schlafen im

Hostel befolgen, auch wenn das in den eigenen vier Wänden irgendwie albern wirkt. Oder er kann seinen Rhythmus so umstellen, dass er auch frühmorgens gut gelaunt aus den Federn kommt.

Darüber hinaus kann man die DIY-Mentalität, also das *»Do it yourself«*, durchaus mit dem Barbecue oder dem Pubbesuch vergleichen. Ein bisschen Fachsimpeln über den Grill, das Bier oder die Bohrmaschine ist ideal, um zumindest die männliche Hälfte Australiens besser kennenzulernen. Lässt man aber, so wie Steffen, das eigene Grundstück langsam in einen urtümlichen Zustand zurückgleiten, darf man sich nicht wundern, wenn man ein paar schräge Blicke kassiert (wiederum von der männlichen Hälfte der Bevölkerung). Denn wer sich nicht mit Rasenmähern und Reparaturen auskennt, der kann sich schließlich auch nicht fürs Grillen und Trinken interessieren. Oder für Sport. Und das wäre natürlich nicht gut.

33 UNTER DER SONNE

LENA WIRD ES HEISS UND JENNY ERRÖTET

Langsam, aber sicher kommt der Hochsommer. Die Tage werden noch ein kleines bisschen länger, aber vor allem nimmt die Hitze zu. Als Lena und Jenny angefangen haben, auf der Farm zu arbeiten, wurde es nie wärmer als dreißig Grad. Doch nun kommen sie auch bei leichter Arbeit mächtig ins Schwitzen, selbst im Schatten.

Nach dem eher ernüchternden Ausflug zu Will sind Jenny und Lena mehr als froh, wieder zurück auf »ihrer« Farm zu sein, wo es ein richtiges Bad und warmes Wasser gibt – und spannendere Aufgaben als das Putzen. So wie heute, wo eine Herde von Kühen zusammengetrieben werden soll.

Jenny hat ein wenig Erfahrung mit Pferden, für Lena ist es das erste Mal, dass sie ernsthaft reitet. Zum Glück scheint es nicht allzu schwierig zu sein – das Pferd weiß schon, was es zu tun hat, ist Lenas Eindruck. Und auch die Kühe zeigen sich kooperativ und trotten geschlossen in Richtung Pferch, wo sie anschließend nach Geschlecht getrennt werden.

»Heute knallt die Sonne aber!«, kommentiert Jenny das Wetter und wedelt sich mit ihrem Hut eine Brise zu. Aber auch das liefert keine wirkliche Erleichterung, sodass sie ihr Hemd auszieht und in

die Satteltasche stopft. »So ist's besser«, befindet sie nach einigen Minuten im T-Shirt. Lena fragt sich, wie die Pferde wohl mit der Hitze zurechtkommen – unter dem Sattel muss es ja glühen.
Die Arbeit geht gut voran, aber auch Lena spürt die Hitze. Die Wasserflasche, die sie immer mit sich trägt, reicht nicht mehr aus – obwohl sie erst seit ein paar Stunden aktiv ist (und aktiv heißt, im Sattel zu sitzen), ist bereits ein Dreiviertelliter auf magische Weise verschwunden. »Hast du noch Wasser übrig?«, fragt sie ihre Freundin, die als Antwort ihre ebenfalls fast leere Flasche hin- und herschüttelt.

Lena zögert. Allzu lange kann es ohnehin nicht mehr dauern, bis sie eine Pause machen. Und jetzt die Strecke zum Haus zurückzulaufen oder zu reiten, nur um Wasser zu holen, dazu hat sie auch keine Lust. Andererseits … ist die Kehle schon wieder trocken.

Doch die erhoffte Pause kommt nicht. Die Kühe haben es anscheinend überhaupt nicht eilig, und so vergeht eine halbe Stunde. Und noch eine und dann noch eine. Nach über neunzig Minuten nach dem letzten Schluck Wasser ist Lena zum ersten Mal seit langer Zeit wirklich durstig. Ihr Pferd scheint die Pause ebenfalls herbeizusehnen; als es zurück Richtung Farm geht, legt es gleich zwei Gänge zu und ist als Erstes am Ziel.

Ohne großes Protokoll eilt Lena zum erstbesten Wasserhahn und füllt zuerst ihre Flasche und dann ihren Magen mit einem guten halben Liter Wasser. Und ist dafür nur zu dankbar: Vor ein paar Tagen, als sie bei Will genächtigt haben, gab es nicht einmal sauberes, genießbares Trinkwasser.

WASSERWISSEN

Wenn Sie Glück haben, kommt das Trinkwasser von unten. Grundwasser ist in den meisten Fällen sehr sauber und sehr genießbar.

Wenn Sie Pech haben, kommt das Trinkwasser von oben. Zwar ist der Regen sauber, aber gesammelt wird das Wasser in einem Tank, der vom Dach aus gespeist wird. Nun werfen Sie mal einen Blick auf Ihr Dach und fragen sich, ob das so lecker ist.

Das Hauptproblem sind hier die Tannine. Alles, was sich an Vegetation in den Dachrinnen ansammelt, gibt nach und nach Gerbstoffe ab, während es verrottet. Das führt dazu, dass sich das Trinkwasser verfärbt und einen bitteren, ekelhaften Geschmack bekommt. Zwar gelten Tannine als gesundheitlich unbedenklich, aber ihr Beigeschmack verdirbt so manche Speise – und natürlich jede Trinkpause.

Danach sieht die Welt schon wieder ganz anders aus. Der Rest der Truppe trudelt zur Mittagspause ein, und für die Mädels ist es ein früher Feierabend.

Jedoch will es Lena nicht so recht gelingen, die freie Zeit zu genießen. Das Mittagessen roch mehr als verlockend, doch sie hatte kaum Appetit – mehr als ein paar Bissen brachte sie nicht herunter. Und am Nachmittag fühlt sie sich reichlich uninspiriert; keine Lust umherzulaufen, keine Lust zu lesen, keine Lust auf irgendwas. Aus ihrer Lethargie gerissen wird sie von Jenny, die mit einem knappen »Ich glaube, ich habe ein Problem« ihre Schulter entblößt. Darunter: knallrote Haut, wie sie Lena nur von englischen Mallorca-Urlaubern kennt. Damit dürften ihr ein paar unangenehme Nächte bevorstehen, denkt Lena …

Tits on a bull! Was ist da schiefgelaufen?

Lena und Jenny haben bereits die Erfahrung gemacht, dass es in Australien überraschend kalt werden kann (siehe Episode 27). Nun erleben sie, dass es auch unüberraschend heiß werden kann – immerhin ist die **Hitze** so ziemlich das Erste, was man mit Australien in Verbindung bringt.

Und die bringt einiges an Problemen mit sich, wie in diesem Fall. Lena hat nicht genug Wasser dabei und kommt daher mit der Hitze nicht gut zurecht. Zwar ist sie noch weit entfernt von den Gefahren eines Hitzeschlags, aber die Abgeschlagenheit, die sie für den Rest des Tages verspürt, ist durchaus ein Symptom von Überlastung durch Wärme.

Schlimmer dran ist Jenny, die naiv einen Teil ihrer Arbeitskleidung ablegt in der Hoffnung, es werde dadurch etwas kühler – und sich damit sofort einen deftigen Sonnenbrand einfängt. Mit der UV-Strahlung ist in Australien wirklich nicht zu spaßen: Die Mehrheit der Bevölkerung erkrankt zumindest einmal im Leben an Hautkrebs. Die **Sonne** ist gnadenlos, und das nicht nur durch ihre Wärme.

Insofern ist Jennys Sonnenbrand eine schmerzhafte, aber wichtige Lektion. Erstaunlich ist dennoch, wie häufig Urlauber es mit dem Sunblocker nicht so eng sehen in der Hoffnung, eine modische Bräune mitzunehmen. Daraus kann dann schnell eine ungesunde Schwärze werden … An manchen Tagen empfiehlt es sich sogar im Schatten, Sonnencreme aufzutragen, da die Reflexionen ausreichen können, um einen Sonnenbrand zu verursachen! Spätestens damit ist klar, warum die seriösen Marken mit dem »australischen Standard« für den Sonnenschutz werben!

Was können Sie besser machen?

Mit der Hitze klarzukommen, ist gar nicht so einfach. Es hilft in jedem Fall, sich langsam zu akklimatisieren, so wie es die beiden auch gemacht haben. Wer aber aus dem europäischen Winter nonstop in Alice Springs hereinschneit, hat gute Chancen, seinen Körper damit komplett zu überfordern. Als Urlauber kann man das umgehen, indem man die Reise in einer kühleren Region oder zu einer kühleren Jahreszeit beginnt.

Doch auch das lässt sich nicht immer einrichten, schließlich sind die Temperaturen auch in Australien gerne launisch. Dann gilt es, sich aus der ärgsten Hitze (zwischen 11 und 15 Uhr) herauszuhalten und reichlich zu trinken. Reichlich heißt in diesem Fall ein Vielfaches von dem, was man aus einem moderaten Klima gewohnt ist.

Aber auch das ist leichter gesagt als getan – wer arbeiten muss, muss arbeiten. Dann hilft es durchaus, die richtige Kleidung zu tragen, allen voran einen Hut mit Krempe. Das mag zuerst kontraproduktiv erscheinen, aber Sie können davon ausgehen, dass die Aussies ihre ikonischen Hüte nicht tragen, weil sie so schick ausschauen. Sie schützen vor der direkten Sonneneinstrahlung auf den Kopf, die gefährliche Folgen haben kann. Wer ein bisschen Kühlung verspüren möchte, kann seinen Hut nass halten.

Auch hilft eine (regelmäßige) Erfrischung. Wer einen Fluss mit kaltem Wasser im Garten hat, steigt einfach hin und wieder in voller Montur hinein und hat damit für ein paar Minuten einen kühlenden Effekt. Doch leider gibt es nicht überall einen Fluss. Wer aber zumindest ein bisschen cool bleiben möchte, kann – wie die Kängurus es auch tun – die Körperstellen feucht halten, an denen viel Blut zirkuliert, wie etwa die Innenseite der Arme. Mit einer leichten Brise entsteht somit zumindest ein leichter Kühleffekt. Wer noch empfindlicher ist, kann sich Gedanken machen, ob er in Funktionskleidung aus dem Fachhandel investieren möchte.

Der Hitze nach getaner Arbeit zu entfliehen, ist allerdings auch nicht immer leicht. Eine kalte Dusche wäre eine naheliegende Option – aber im Zweifel kommt das Duschwasser aus einem Tank, der den lieben langen Tag von der Sonne verwöhnt wurde. Dann gilt es, kreativ zu werden, denn bei der Hitze zu schlafen, ist schwierig – ein Grund, warum selbst die Aussies, die an sich keine Freunde der Klimaanlage sind, im Schlafzimmer oft dennoch eine haben.

Also, auf zu Kühlschrank und Tiefkühltruhe! Säfte, gerade frischgepresste, können sehr erfrischen und sind eine perfekte Ergänzung zum Wasser. Letzteres ist die logische Option – aber viele schwören auf heißen Tee!

Wer clever ist, nimmt zudem ein Gel-Kühlpack mit auf Reisen, ansonsten muss man ständig eine Packung tiefgefrorener Erbsen missbrauchen. Wenn es ans Einschlafen geht, hilft es einmal mehr, an den stark durchbluteten Stellen zu kühlen – sprich nasse Tücher auf Brust oder Waden zu legen, die dann vom Ventilator angepustet werden. Ja, in der Tat sollte man ruhig die deutsche Panik vor der Zugluft ablegen – wenn es auch nachts nicht kälter als 25 °C wird, droht keine Lungenentzündung. Nur passen Sie auf, wenn Sie das Zimmer mit Koreanern teilen, denn die haben – kein Scherz – eine Todesangst vor Ventilatoren (Stichwort *fan death*).

Zu Jennys Problem gibt es eine sehr knappe Antwort: *wear sunscreen.* Dass angemessene Kleidung nicht immer komfortabel ist, aber ihre volle Berechtigung hat, wird Jenny auch noch auf die harte Tour lernen (siehe Episode 35). Ohne Sonnenschutz in der Mittagshitze nach draußen zu treten, ist purer Leichtsinn, der wenig Mitleid verdient. Niemand soll sagen, er hätte nicht gewusst, dass in Australien die Sonne brennt. Daher: lieber einmal zu oft und zu dick einschmieren und auf den Urlaubsfotos speckig glänzen als ein Melanom als Souvenir. Und wenn Sie nicht glauben, dass die Lage so ernst ist, dann schauen Sie sich doch mal die Hände von älteren Australiern an, die keine Sonnencreme benutzt haben: ein durchgehender Altersfleck auf Leder, allerdings nicht nur in sanften Brauntönen, sondern mit Schwarz.

34 MIT ALLEN KOLLEGEN

STEFFEN NIMMT AN EINEM MEETING TEIL UND VERSTEHT NICHT

Erstaunlicherweise gelingt es Steffen ein drittes Mal, sich bei seinen Kollegen unbeliebt zu machen. Diesmal passiert es, als Steffen sich eigentlich in Sicherheit wiegt.

Ziel seines dritten fatalen Kommentars ist Brendan, der Neuseeländer im Team. Von allen wird Brendan nur »der Kiwi« genannt – und das ist noch das beste Szenario. Als Außenstehender könnte man zu dem Schluss kommen, Brendan werde konsequent gemobbt. Ständig wird er für seine neuseeländische Herkunft durch den Kakao gezogen. Am Vortag hatte sich jemand noch über seinen Akzent lustig gemacht; Steffen amüsierte sich, dass ausgerechnet ein Australier so etwas wagen würde.

GEBEN SIE'S ZU, SIE WOLLEN ES DOCH AUCH

Wie findet ein Neuseeländer ein Schaf, das im hohen Gras verloren gegangen ist? Unwiderstehlich.

Was ist ein Schaf, das an einen Laternenpfahl gebunden ist? Ein australisches Entertainment-Center.

You're welcome.

Glücklicherweise schien Brendan sich an den Anfeindungen nicht sonderlich zu stören. Mal lachte er über sie, mal konterte er geschickt mit einer Bemerkung über die Schwächen seiner australischen Kollegen … und über *deren* Akzent. Bislang konnte Steffen diese Neckereien wie ein Zuschauer beim Tennis verfolgen, doch als er nun im Konferenzraum sitzt und miterleben muss, wie Brendan sich an einer Präsentation abmüht, kann er nicht anders, als sich an einem kleinen Scherz zu versuchen.

»Also, äh, wie ihr hier seht, äh …« – Brendans Vortragsstil lässt zu wünschen übrig. Nach wenigen Minuten und Dutzenden »Äh« ist Steffens Geduld erschöpft: »Äh, äh, äh – man merkt, dass du ein Kiwi bist«, verlassen die Worte seinen Mund. Das bringt Brendan endgültig aus der Fassung.

Einige lachen. Doch bei den Kollegen stößt der Gag nicht nur auf Gegenliebe. »Ausgerechnet der *kraut* muss was sagen!«, meint einer. »Immerhin kann der Kiwi ein ›*the*‹ aussprechen!«, ergänzt ein anderer. Keiner der Kommentare wirkt besonders feindselig, aber wie man bei einem internationalen Team erwarten kann, herrscht bald Aufruhr im Raum. Ein Kollege aus Asien lacht zu laut über die Retourkutsche, die Steffen serviert wurde, und auch ein gebürtiger Engländer schaltet sich in die Diskussion ein, die nun den Namen nicht mehr verdient. Für ein paar Minuten ziehen alle übereinander her, am Ende weiß kaum jemand mehr, worum es ursprünglich ging – aber selbst die zugezogenen Queenslander echauffieren sich künstlich über die Sydneysider und ihre (angeblichen) Macken. Aus der bilateralen Stichelei ist nun eine globale Angelegenheit geworden. Steffen ist mittendrin – und versteht nicht, wie er diese Lawine hat lostreten können.

Glücklicherweise beruhigt sich die Situation sehr schnell. So scharf einige der Sprüche am Tisch gewesen sind, so laut wurde auch gelacht. Nach dem finalen Statement eines Ranghöheren, Steffen möge in Zukunft nicht mehr die Vorträge seiner Kollegen sabotieren (ein Statement, in dem noch geschickt das Wort »Blitzkrieg« untergebracht wird), geht es dann weiter. Brendan stottert sich durch den Rest seiner Präsentation, und seine Kollegen driften wieder zurück in ihre Tagträume. Nur Steffen wundert sich immer noch: Ich dachte, die Aussies mögen die Kiwis nicht?!

What a clusterfuck! Was ist da schiefgelaufen?

Wenn der Feind des Feindes ein Freund ist, ist dann nicht auch der Feind eines Freundes ein Feind? Man sollte meinen, ja. Aber nein. So übersichtlich ist die Lage nicht, denn Steffen missachtet die besondere Beziehung, die Australier zu Ausländern haben – zumindest zu einigen von ihnen.

Kurzum: Australier lästern über alle **Ausländer**. Das ist nicht böse gemeint, aber sie glauben, sie leben in dem Land, in dem Milch und Honig fließen, und ziehen gerne über alle anderen her, denen es nicht so gut geht (ob selbst verschuldet oder nicht).

Die größte Zielscheibe für solche Sticheleien sind die Nachbarn aus Neuseeland. Die armen Kiwis kriegen die volle Breitseite, aber glücklicherweise wissen sie, wie man sich zu wehren hat. Zu einem gewissen Grad gilt das auch für die Engländer, die man als Poms (kurz für *Prisoners of Her Majesty*) verunglimpft. In diesem Zusammenhang ist es übrigens völlig normal, dass man sich gegenseitig das *sheep-shagging* unterstellt.

Aber: Diese Sticheleien sind nicht bösartig gemeint, im Gegenteil. Was sich liebt, das neckt sich. Und als Außenstehender sollte man nicht glauben, dass man gefahrlos an diesem Spielchen teilhaben kann. Ein Aussie kann in einem Atemzug einen Kiwi beleidigen, aber wenn eine dritte Partei mitmacht, *kann* er im nächsten Atemzug den Kiwi verteidigen (*muss* aber nicht). Klingt schizophren, ist es auch – stellen Sie sich die Beziehung zwischen den Ländern vor wie eine große Familie. Man geht sich pausenlos auf den Zeiger, aber wenn es ernst wird, steht man eng zusammen. Die Beziehung beider Länder ist also wie die zwischen großem und kleinem Bruder – wobei es im Rahmen des Möglichen ist, dass es den großen Bruder weniger kümmert, was der kleine anstellt, als umgekehrt.

Anders bei so ziemlich allen anderen Nationen. Hier wird auch der fließende Übergang zum **Rassismus** problematisch. Aussies lieben Klischees (der »effiziente Deutsche«), doch daraus werden schnell Vorurteile, die wiederum Nährboden für rassistische Ansichten sind. Deutsche sind *krauts,* weil sie immer Sauerkraut essen; Franzosen sind *froggies,* weil sie immer Frösche essen; Südländer sind *wogs,* weil sie, äh, nun ja, niemand weiß so genau, was *wog* bedeutet, aber man kann davon ausgehen, dass es keine Liebesbekundung sein soll.

Auf diesem Level kann natürlich von Rassismus noch keine Rede sein. Aber in Australien gibt es durchaus das Phänomen des *casual racism* – Stammtischparolen sind wesentlich salonfähiger als in Europa. Man feuert gerne gegen Einwanderer, Asylbewerber oder *aboriginals,* die natürlich für 99 Prozent aller Probleme im Land direkt persönlich verantwortlich sind. Wie gesagt ist der Übergang hier fließend: Selten ist der extreme Rassismus, der auf der Annahme basiert, dass die weiße Rasse die beste ist; häufig ist der bequeme Rassismus, der einer bestimmten Volksgruppe pauschal die Schuld an einem Problem gibt (»Die Libanesen machen nur Stress«).

Was können Sie besser machen?

Steffen hat bereits die Erfahrung gemacht, dass man von Klischees auch profitieren kann. Doch in diesem Fall hat er völlig falsch eingeschätzt, wie kompliziert die Beziehung zum Nachbarland wirklich ist.

Daher: Halten Sie sich mit Äußerungen über Kiwis und Engländer zurück – es sei denn, Sie können so gut einstecken wie austeilen. Dann kann es nämlich amüsant werden!

Wichtig ist, dass Sie die Abneigungen der Australier respektieren, wenn es um Sport geht. Nichts, aber auch gar nichts ist befriedigender, als die Kiwis oder Poms im Rugby, Cricket oder einer sonstigen albernen Sportart zu schlagen. Umgekehrt gibt es auch nichts

Schlimmeres, als zu verlieren. Überlegen Sie sich unter diesen Umständen zweimal, ob sie etwas sagen möchten.

Was den *casual racism* angeht, gibt es, wie man sich denken kann, keine einfache Lösung. Wer mag, kann sein Gewissen beruhigen und laut widersprechen, wann immer er politische Unkorrektheit wittert. Doch eine produktive Diskussion wird darauf nicht folgen (siehe dazu auch Episode 38, wo sich die Kritik gegen die *aboriginals* richtet). Es hilft schon, a) darauf vorbereitet zu sein, dass man früher oder später jemanden kennenlernen wird, der ein sehr vereinfachtes Weltbild pflegt, und b) zu wissen, dass die absolute Mehrheit der Australier – allen bissigen Kommentaren zum Trotz – keinen Hass auf Fremde hegt. Im Gegenteil! Sie sind nur schmerzfreier, wenn es darum geht, andere Nationen zu veräppeln.

35 AUF DER HÖHE

JENNY MACHT GROSSE AUGEN UND LENA ERRÖTET

Jenny kann sich ein breites Grinsen nicht verkneifen.

»So witzig ist das nicht«, meint Lena schnippisch und ein bisschen peinlich berührt – vornübergebeugt, die Hose ein Stück nach unten gezogen.

»Es ist nur eine kleine Zecke«, beruhigt Jenny sie, »und ein bisschen lustig ist es schon. Sei froh, dass es kein Sonnenbrand ist!«

Mehrere Tage hatte es gedauert, bis Jennys Sonnenbrandschmerzen nachgelassen haben; mehrere Tage, in denen sie kaum auf dem Rücken liegen und weder Wasser noch Kleidung auf der Haut ertragen konnte. Zumindest war es eine wertvolle Lektion für sie, kann Lena beobachten, denn seit diesem Zwischenfall trägt Jenny den Sunblocker extra dick auf.

Jenny kann es sich nicht verkneifen, einen konstruktiven Vorschlag zu machen: »Ich würde es vielleicht noch mal Brian zeigen, er wird dir bestimmt helfen wollen …«

Vielleicht war es Zufall, vielleicht war es der Name ihres Sohnes, den Sally gehört hat – jedenfalls steht die Frau des Hauses kurz darauf im Zimmer der Mädels und sieht leicht verwundert, wie Jenny breit grinsend das Hinterteil studiert, das ihr entgegengestreckt wird. Ohne das Grinsen auch nur abzuschwächen, sagt sie: »Lena hat eine Zecke.«

Das ruft Sally auf den Plan, die sich dem Biest professionell widmet. Mit einer Pinzette zieht sie es heraus, vernichtet die Zecke und trägt Teebaumöl auf – und das Ganze tut sie, ohne Lena das Gefühl zu geben, es sei etwas Peinliches passiert. Immerhin fühlt die sich seit einer Viertelstunde wie eine Nebendarstellerin in einem Theaterstück, in dem ihr Hintern die Hauptrolle spielt. Doch fachmännisch verarztet, kann sie ihn endlich wieder einpacken.

Damit steht dann auch einem entspannten Nachmittag nichts mehr im Wege. Lenas Plan war es, ein paar Fotos zu schießen. Die Mädchen wollen nämlich in einer Woche weiterziehen – auf ins nächste Abenteuer!

Lena und Jenny schlendern los, dieses Mal mit reichlich Wasser und Sonnenschutz. Ein paar fantastische Motive warten direkt hinter dem Haus; darunter ein verrostendes Auto und ein Emu, der sich auf die Farm verirrt hat.

Lenas eigentliches Ziel ist aber eines der Windräder. Bei einem der ersten Ausritte hatte sie bemerkt, dass man auf diese Windräder unweit des Hauses relativ leicht heraufsteigen kann – und von dort oben muss die Aussicht umwerfend sein.

Nach einer kurzen Wanderung ist das Windrad erreicht, und Lena macht sich auf, es zu erklimmen, was ihr völlig problemlos gelingt. Oben angekommen bietet sich ein fantastisches Panorama – das Outback, das sonst manchmal ein wenig einengend wirkt, liegt ausgebreitet vor ihr. Komplett flach. Und Lena hat den Eindruck, bis in die Ewigkeit sehen zu können. Ein paar Kühe lümmeln unweit der Wasserstelle, das Haus liegt ein paar Hundert Meter entfernt – ansonsten nichts außer wilder Natur. Hinter ihr knarzt das Windrad leise und während Lena die sanfte Brise ins Gesicht weht, ist für einen Moment einfach alles gut. Es sieht genau so aus, wie sie sich Australien immer vorgestellt hat. Und es ist warm. Und es duftet.

Lena hat keine Ahnung, wie viel Zeit sie letzten Endes auf dem Windrad verbringt, eingeklemmt zwischen den Sprossen. Jenny hat derweil ein merkwürdiges Reptil beobachtet und verfolgt, aber kaum ist es im Busch verschwunden, ist es ihr Ruf, der Lena auf den Boden der Tatsachen zurückholt.

»Und – lohnt es sich?«

»Auf jeden Fall!«, sagt Lena und beginnt mit dem Abstieg. »Das musst du auf jeden Fall fotografieren!«

Mit der Kamera am Rücken macht sich nun Jenny an den Aufstieg. Doch ein Moment der Unachtsamkeit genügt: Ihre Schlappen haben keinen guten Halt auf dem Metall und sie rutscht ein Stück ab. Lena fällt das Herz in die Hose, aber Jenny kann sich gut abfangen. Ganz ohne Folgen bleibt das Malheur aber nicht: An ihrem rechten Arm prangt ein tiefer Schnitt von dem scharfkantigen Metall.

»Scheiße«, lautet Jennys knapper Kommentar. Auch wenn es für den Moment nicht sonderlich weh tut, ist beiden klar, dass der Schnitt zügig verarztet werden sollte. Daher endet die Fotosession an dieser Stelle und beide trotten zurück zum Haus.

Dort angekommen, muss Sally zum zweiten Mal an diesem Tag Krankenschwester spielen. »Das sieht aber nicht gut aus«, befindet sie, während sie die Wunde reinigt. »Ich hoffe, deine Tetanus-Impfung ist noch frisch?«

»Uhm …« Jenny kann beim besten Willen nicht sagen, wann sie die letzte Spritze bekommen hat. Und vor allem, gegen was.

»Schau doch in deinem Impfpass nach«, schlägt Lena vor.

»Ich hab keinen Impfpass.«

»Wieso hast du keinen Impfpass?«

»Natürlich habe ich einen, nur nicht hier. Der ist daheim.«

»Warum hast du den denn nicht mitgenommen?!«

»Wir sind hier in Australien, nicht in Botswana. Konnte ja nicht ahnen, dass man den braucht!«

An dieser Stelle unterbricht Sally die Diskussion. »Hilft alles nichts«, seufzt sie, »damit müssen wir zum Arzt.«

Und das wird für alle Beteiligten nervig. Sally muss fahren. Das heißt für Mike, dass das Abendessen warten muss. Und für die Tochter heißt es, dass sie auf Junior aufpassen muss – was ihr gar nicht in den Kram passt. Aber der Notfall geht eben vor.

Zu dritt machen sich Sally und die Mädels auf, um die Praxis im nächstgelegenen Ort noch während der Öffnungszeiten zu erreichen. Glücklicherweise hat Jenny ihr Handy mitgenommen – sobald es der Empfang zulässt, versucht sie, ihre Eltern zu erreichen. Sie werden ihr hoffentlich verzeihen, auf diese Weise aus dem Bett geschmissen zu werden …

You're cactus! Was ist da schiefgelaufen?

Hier dürfte klar sein, wo der Patzer liegt: Jenny hat die oberste Grundregel des Lebens im Outback (siehe Episode 21), die sie eigentlich mittlerweile verinnerlicht haben müsste, kurzerhand vergessen: Sicherheit geht vor! Das bezieht sich in erster Linie natürlich auf die **Arbeitssicherheit**, gilt aber genauso für die Freizeit.

Wie problematisch das ist, können Sie leicht einschätzen, wenn Sie kurz das letzte Jahr Revue passieren lassen und überlegen, wie oft Sie beim Arzt gewesen sind, wie oft Sie etwas aus der Apotheke gebraucht haben und wie oft Sie sich in irgendeiner Form selbst verarzten mussten, zum Beispiel mit einem Pflaster. Wahrscheinlich kommt dabei eine recht ansehnliche Liste zustande. Und nun fragen Sie sich, was Sie gemacht hätten, wenn es keine Apotheke gegeben hätte und der Arzt nur einmal pro Woche verfügbar ist, in einem Ort, der ein paar Autostunden entfernt liegt.

Zugegeben – in diesem Fall hat Jenny Glück, denn ihr Unfall passiert tagsüber, und im nächsten Dorf ist eine kleine Praxis. Doch ihr Unfall ist lästig und vor allem vermeidbar.

Schlimmer ist in diesem Zusammenhang Jennys laxe Vorbereitung auf die Reise. Angesichts der Lage in den Tropen ist Australien gesegnet, denn es gibt kaum ernsthafte exotische Krankheiten im Land. Keine Malaria, kein Ebola, nur ein bisschen Ross-River-Fieber. Da ist es wirklich nicht zu viel verlangt, wenigstens eine frische Impfung gegen Tetanus zu organisieren, denn die Erreger fühlen sich in dieser Umgebung pudelwohl! Generell ist zu beachten, dass man sich als Nicht-Geimpfter in Australien keine Freunde macht. Kinder, die nicht vollständig geimpft sind, dürfen beispielsweise nicht in die Vorschule, und ihren Familien drohen gar empfindliche Strafzahlungen.

Was können Sie besser machen?

Beginnen wir mit dem zweiten Problem, denn das ist wesentlich einfacher zu lösen. Behandeln Sie Australien einfach wie jedes andere exotische Reiseziel, und lassen Sie von Ihrem Arzt prüfen, ob Sie Impfungen auffrischen müssen. Und dann nehmen Sie Ihren Impfpass mit. Problem gelöst. Natürlich kann man auch erst vor Ort darauf kommen, einen *tetanus shot* zu benötigen, aber das ist womöglich schwieriger und garantiert teurer als daheim.

Aber was ist mit der Sicherheit? Jennys Fehltritt – im wahrsten Sinne des Wortes – illustriert gut ein Problem, mit dem man sich alltäglich konfrontiert sieht. Jeder noch so kleine Ausrutscher kann in dieser Umgebung folgenschwer sein. Je nachdem, wo man sich aufhält und wie sehr man sich verletzt, kann es sein, dass man ausgeflogen werden muss. Und das ist ein teurer Spaß. Ohne Werbung zu machen: Jeder Reisende sollte aus diesem Grund prüfen, ob er nicht eine Zusatzversicherung abschließen sollte. Die Kosten dafür gehen im Gesamtbudget einer Reise völlig unter. Finger weg aber von den unseriösen Versicherungen, die einem gerne im Paket mit der Auslandskrankenversicherung angeboten werden, um alle Risiken des Fluges nach Australien abzusichern wie etwa Verspätung, Annullierung, verlorenes oder verspätetes Gepäck: Laut EU-Verordnung (261/2004) sind zahlreiche dieser Vorfälle ohnehin abgedeckt. Sie brauchen keine Versicherung dafür und haben ohnehin gesetzlichen Anspruch auf Entschädigung, auch wenn man vielleicht erst einmal mit dem Anwalt drohen muss, um ihn durchzusetzen.

Dennoch gibt es einen ständigen Konflikt zwischen Sicherheit und Bequemlichkeit, wenn man im Outback unterwegs ist. Idealerweise trägt man nur dicke Hosen, die gegen Schlangenbisse und Schürfwunden sichern; dazu Arbeitsstiefel, die guten Halt bieten und vor herabfallenden Gegenständen schützen; dazu ein dickes Hemd, das vor Sonne und Kratzern schützt; dazu einen großen Hut und eine große Sonnenbrille sowie Arbeitshandschuhe. Das wäre natürlich der Idealfall – aber bei 40 °C im Schatten sind diese Vorsichtsmaßnahmen nur bedingt realistisch.

Darum muss jeder für sich selbst entscheiden, wo seine Prioritäten liegen. Habe ich es lieber etwas bequemer, oder gehe ich lieber kein Risiko ein? Mit dieser Frage sollten sich vor allem die Backpacker befassen, die arbeitend durchs Land vagabundieren – denn die werden gerne für unliebsame Aufgaben verheizt, bei denen die Risiken größer sind, beispielsweise fürs Obstpflücken an Stellen, an denen es vor Schlangen nur so wimmelt. Doch in Watte einpacken wollen sich die wenigsten, das wäre schließlich uncool – und genau darin liegt das Risiko!

36 BEIM CHEF

STEFFEN FÜHLT SICH GESCHMEICHELT UND HÖRT ZUM ERSTEN MAL DAS WORT »OI«

»Ja, ich weiß. Mh. Ja.«

Bob sitzt am Telefon. Mit einer Handbewegung signalisiert er, Steffen solle schon einmal hereinkommen und es sich in seinem Büro bequem machen.

»Mach dir mal keine Sorgen. Ist einer meiner besten Leute«, versichert Bob seinem Gesprächspartner. Dabei deutet er mit dem Zeigefinger auf Steffen. Anscheinend geht es um ihn – und Steffen hat auch einen Verdacht, wer am anderen Ende der Leitung sitzen könnte. Es muss der Kollege sein, der sich gerade an einem Projekt in Alice Springs abmüht.

»Keine Sorge. Ihr werdet euch blendend verstehen. Er ist ein guter Freund von mir«, versichert Bob. Steffen ist ein wenig verdutzt – und ein wenig geschmeichelt. Bob hat in der Tat das Wort *friend* benutzt. Das wäre Steffen bislang nicht in den Sinn gekommen; zwar versteht er sich prächtig mit seinem Chef, aber ihre Beziehung ist eher oberflächlich. Herzlich und unkompliziert, respektvoll und anerkennend, aber völlig ohne die Tiefe, die Steffen mit einer echten Freundschaft verbindet. Vielleicht ist es aber auch nur Marketing, denkt Steffen, auch wenn ihm nicht ganz klar ist, warum ein Kollege aus der eigenen Firma mit Floskeln bearbeitet werden muss.

Ein paar Minuten später beendet Bob das Gespräch. »Das war Hugh. Er sitzt seit ein paar Monaten an dem Projekt in Alice Springs, du entsinnst dich, wir haben mal darüber gesprochen«, sagt Bob, während Steffen eifrig nickt.

»Ich weiß nicht, ob Hugh nur auf seinem Hintern sitzt und vor sich hin schwitzt oder ob der Kunde wirklich so, sagen wir, kompliziert ist. Aber ich glaube, er könnte ein wenig Hilfe gut gebrauchen.«

Steffen ahnt, was ihn erwartet.

»Und ich denke, du wärst der ideale Typ dafür. Hier ist es gerade etwas ruhiger, und du kannst auf diese Weise noch ein bisschen was vom Land sehen!«

Das klingt erst einmal gut, denkt Steffen. Er ist seit einigen Monaten in Australien und hat das Gefühl, schon eine Ewigkeit hier gelebt zu haben, aber faktisch hat er von Australien noch nichts gesehen. Seine einzigen Geschäftsreisen führten ihn nach Melbourne und Adelaide – doch in beiden Fällen hat er die Innenstadt nicht verlassen. Alice Springs verspricht dagegen … Aufregung.

Als die Details geklärt sind, eilt Steffen zu Mels Büro, um ihr die guten Nachrichten mitzuteilen.

»Zwei Wochen vor Ort – das lässt ein bisschen Zeit für Sightseeing. Außerdem tut es sicher mal gut, andere Luft zu schnappen«, fasst er die Reisepläne zusammen.

»Du klingst schon wie ein echter Stadtmensch!« Mel scheint amüsiert. Und ihr Grinsen wird noch breiter, als Steffen ihr mit einem Anflug von Stolz erzählt, dass Bob ihn anscheinend als *friend* sieht. Ob er das ernst meine?

Mel nickt. »Aber natürlich, warum denn nicht?«

»Na ja, so eng sind wir dann auch wieder nicht. Ich meine … so wie wir zum Beispiel.«

»Ich hatte gehofft, wir seien mehr als Freunde«, antwortet Mel. Und damit bringt sie Steffen aus der Fassung. Natürlich hat er ein Auge auf Mel geworfen – wer hätte das nicht in seiner Situation? –, aber bisher schien es nicht so, als sei Mel an etwas Ernsthaftem interessiert. Und nun so ein … unverhohlenes Angebot?

»Äh, da weiß ich jetzt gar nicht, was ich sagen soll. Ich meine, natürlich habe ich dich, äh, sehr gerne, und ich könnte mir schon vorstellen, dass …«, doch weiter kommt er nicht mit seinem Versuch einer Ansprache. Mel verzieht ihr Gesicht zu einer derart irritierten Grimasse, dass Steffen sich entscheidet, besser nicht weiterzureden.

»Wir sind mehr als das«, sagt Mel schließlich, ohne allzu langes peinliches Schweigen. »Du bist mein *mate!*«, sagt sie, zwinkert Steffen zu und lässt ihn dann mit seiner Verwirrung allein.

Noch bevor er begreifen kann, was hier gerade passiert ist, steckt Brendan seinen Kopf zur Tür herein. »*Oi, mate,* hier bist du ja. Ich brauch mal deine Hilfe …«

Fark! Was ist da schiefgelaufen?

Das Grundproblem gibt es in jeder Sprache: **die falschen Freunde**. Englische Vokabeln, die einem deutschen Wort so ähnlich klingen, dass man annimmt, sie hätten die gleiche Bedeutung. Im unterhaltsamsten Fall vertauscht man dann zwei Worte und verkündet im Brustton der Überzeugung den größten Schwachsinn, der das Gegenüber herzlich amüsieren wird.

Ein paar Beispiele: Erzählen Sie nicht, dass Sie Ihre Ausbildung auf einem *gymnasium* erhalten haben – das steht nämlich im Englischen nur für eine Turnhalle oder ein Fitnessstudio *(gym)*. Verkünden Sie auch nicht, Sie seien ein *genie,* denn das ist nicht das geniale Genie, sondern der Geist aus der Flasche. Und passen Sie auf, wenn Sie etwas pathetisch finden – *pathetic* steht im Englischen fürs Armselige. »*Oi!*« heißt übrigens nichts anderes als »He!«, und falls man Ihnen einmal ein »*Ta!*« entgegenwirft, ist das die Art und Weise, auf die ein fauler Mensch »*Thanks!*« sagt.

Schwieriger wird es aber, wenn das Wort laut Wörterbuch das Richtige ist – aber eine andere Bedeutung dahintersteht. Das lässt sich an keinem Wort besser erläutern als den Freunden. Und da geht es um **die echten Freunde**.

Das englische Wort für Freund ist *friend*. Doch das bedeutet im Englischen nicht das Gleiche wie im Deutschen, und dieser Unterscheid ist nirgendwo stärker ausgeprägt als in Australien.

Friend ist nämlich eine eher oberflächliche Bekanntschaft. Es kann durchaus passieren, dass man jemanden kennenlernt, der schon am Ende des ersten gemeinsamen Abends die Freundschaft ausrufen möchte. Das irritiert die Europäer, in deren Sichtweise Freundschaften Jahre brauchen, um sich zu entwickeln. Da liegt der Verdacht nahe, dass die Aussies verdammt oberflächlich sind.

Sind sie aber nicht. Sie haben nur ein anderes Wort für ihre Freunde, die dicken, die mit ihnen durchs Leben schreiten. Sie nennen sie ihre *mates*, was man am ehesten mit »Kumpel« oder »Kamerad« ins Deutsche zurückübersetzen würde – beides keine Titel, die eine besonders innige und herzliche Beziehung suggerieren.

Doch in diesem Fall kann sich Steffen freuen, dass er für Mel mehr ist als nur eine oberflächliche Bekanntschaft. Zugleich muss er aber feststellen, dass Mel ihn offenbar als »guten Freund« sieht – und das beißt sich mit seinen anderen Intentionen. Worauf er es zumindest mit einem Auge abgesehen hat, ist die Rolle des *boyfriend* – und in dem Zusammenhang ist das Wort *friend* dann doch wieder innig besetzt.

Aber damit ist die Verwirrung noch nicht komplett. Denn: *Mate* ist zugleich die australische Universalanrede, die für jeden und alles verwendet wird, für Freunde und Fremde gleichermaßen. Sie kann freundlich sein oder harsch. Universell eben. Die Schwierigkeit liegt darin, dass von den echten Freunden dann die Rede ist, wenn man von *my mates*, also *meinen* Freunden, spricht und nicht nur von *mate*.

Was können Sie besser machen?

Sollte es Ihnen passieren, dass Sie etwas erzählen, und plötzlich fangen alle an zu lachen oder verziehen das Gesicht, liegt der Verdacht nahe, dass Sie einen falschen Freund gefunden haben. Missverständnis aufklären, darüber lachen, und weiter geht's – das passiert den Besten von uns. Alternativ kann man natürlich auch fleißig Vokabeln lernen!

Wichtig ist aber, die Unterschiede bei den Bezeichnungen *friends, mates, my mates, boyfriend, girlfriend* oder – ganz oberflächlich und wenig schmeichelhaft – *acquaintance* zu verstehen, denn es ist eine Frage von Minuten, bis Sie nach Ihrer Ankunft in Australien das erste Mal mit *mate* angesprochen werden. Und von da an wird es nur noch komplizierter …

37 UNTER EINFLUSS

JENNY VERFLUCHT DEN VERKEHR, UND LENA VERKEHRT MIT DEN FALSCHEN LEUTEN

Nach so langer Zeit fällt den beiden der Abschied nicht leicht. Lena und Jenny blicken auf mehr als drei Monate bei ihrer Gastfamilie zurück, in denen sie nichts weniger waren als ein Teil der Familie. Zwei Töchter und Schwestern mit lustigem Akzent.

Doch kaum haben sie ein paar Kilometer zwischen sich und die Farm, die zu ihrer zweiten Heimat geworden ist, gebracht, überkommt beide wieder die Abenteuerlust. Vor ihnen liegt eine stramme zweitägige Tour durch das Herz des Outbacks, gen Westen bis ins rote Zentrum Australiens und von dort aus nach Darwin, dem *top end* des Kontinents, wo ein – vergleichsweise – luxuriöser *twin room* auf sie wartet.

Als Zeitvertreib für unterwegs erinnern sie sich an die Errungenschaften der Zivilisation, die ihnen in den letzten Monaten vorenthalten gewesen sind. Zwar haben sie nicht alles ernsthaft vermisst, doch die Aussicht auf ein modernes Bad oder einen Supermarkt, der fußläufig zu erreichen ist, wird mit jedem Kilometer verlockender.

Die erste Tagesetappe verläuft noch völlig unspektakulär. Doch sobald Lena am zweiten Tag auf den Stuart Highway einbiegt, der sich von Norden nach Süden mittig durch den Kontinent pflügt, sieht sie sich mit etwas konfrontiert, was sie seit einer gefühlten Ewigkeit nicht gesehen – und erst recht nicht vermisst – hat: Verkehr. Tatsächlich muss sie an der Kreuzung warten und drei Autos vorbeilassen, bevor sie einbiegen kann.

Doch dann wird es für Lena schlimmer, bevor es besser wird. Je näher sie sich an Darwin herantasten, desto dichter wird der Verkehr. Nicht dass sie jemals anhalten oder überholen müssten, aber fast die ganze Zeit ist ein anderes Auto in Sicht. Und als Jenny zahlreiche Stunden und einen Fahrerwechsel später in Darwin zum ersten Mal im dichten Feierabendverkehr wieder an einer Ampel halten muss, wird beiden klar, was an der Abgeschiedenheit des Outbacks so reizvoll war.

»Das braucht echt kein Mensch!«, schimpft Jenny, als sie sich auf der Suche nach ihrem Hostel durch Darwin kämpft. Dass es sich bei Darwin eigentlich um einen verschlafenen Küstenort handelt, der weniger als 150.000 Seelen ein Zuhause bietet, entgeht ihnen dabei völlig. Für sie ist es im Moment nur die größte Stadt und damit das größte Chaos, was im Umkreis von mehr als 2.500 Autokilometern zu finden ist.

Doch letzten Endes navigieren sie zügig durch Darwins kompakte Innenstadt. Als Lena sich nach der langen Fahrt aus dem Beifahrersitz hebt, wird ihr nicht ohne einen Schuss Erleichterung klar, dass dies wohl die letzte ihrer gemeinsamen Autofahrten gewesen ist. Ein Teil von ihr sehnt sich in der Tat nach dem kleinen und so gut vernetzten Deutschland zurück …

Doch vor ihrer Rückkehr liegen noch ein paar gemeinsame Tage in Darwin, die beide voll auskosten möchten. Sie beschauen sich Darwins kleine Auswahl an Sehenswürdigkeiten, gehen nach Herzenslust einkaufen und hängen unverhältnismäßig viel in der Gegend herum, denn die Hitze ist mit jedem Kilometer gen Norden noch ein Stückchen drückender geworden.

»Wie heiß ist es eigentlich?«, fragt Lena bei einer obligatorischen Pause auf einer Parkbank.

»Eben stand irgendwo was von 37 Grad. Fühlt sich aber eher an wie in der Sauna!«

Doch zu den Vorzügen der großen Stadt gehört eben auch ein eigenes Bad, das sich die beiden in ihrem Hostelzimmer gegönnt haben – und nach einer kalten Dusche sieht die Welt wieder ganz anders aus.

Natürlich vergehen Lenas letzte Tage in Australien wie im Flug. Und obwohl man es Darwin auf den ersten Blick nicht zutrauen würde, bietet das Nachtleben so einiges. Daher beschließen die beiden, es am letzten gemeinsamen Abend noch einmal so richtig krachen zu lassen. An einer schicken Strandbar soll es eine tolle Party geben, und ein paar andere Mädels aus dem Hostel wollen auch mitkommen.

Und in der Tat ist die Stimmung großartig. Die Hitze und die ausgelassene Feier sorgen gleichermaßen für großen Durst bei der Menge. Es dauert nicht lange, bis Jenny und Lena schweißüberströmt sind, aber beide amüsieren sich prächtig. Zwei Stunden später trifft schon die Beschreibung »mehr als prächtig« zu.

Nach langer Abstinenz scheint Lena ein wenig das Maß verloren zu haben, wie viel Alkohol sie verträgt, doch noch fühlt sie sich ganz wunderbar angeschwipst. Und ihr ist die Aufmerksamkeit nicht entgangen, die ihr – ebenfalls zum ersten Mal seit Monaten, von Brian mal abgesehen – von den männlichen Gästen entgegengebracht wird. Einer von ihnen, ein Backpacker aus Spanien, ist genau nach Lenas Geschmack. Begeistert erzählt er ihr, wie er erst vor Kurzem in Australien angekommen ist und welche großen Pläne er für die nächsten Monate hegt. Danach tanzen die beiden – erst ausgelassen, dann enger. 76 Minuten nach dem ersten *»Hello«* beschließen sie, der Party für einen Moment zu entfliehen, um am Strand abzukühlen.

Doch auch abseits der Menschenmenge ist es nicht richtig frisch; es ist, als würde sich die Hitze des Tages einfach nicht auflösen wollen. Zumindest geht vom Meer eine ganz sanfte Brise aus, die sich bei einem Strandspaziergang genießen lässt, der unter nüchterneren Umständen als romantisch hätte durchgehen können.

Der Spanier tut derweil sein Bestes, Lena zu beeindrucken. Obwohl er nicht wirklich gut darin ist, stört Lena sich nicht daran. Zumindest impulsiv scheint er zu sein, denn nach einer Weile schlägt er vor, ob sie nicht eine Runde baden gehen sollen.

»Ich weiß nicht …«, zögert Lena.

»Ach, komm schon, ich beiße auch nicht!«, lautet die Antwort des Spaniers. Mit gutem Beispiel geht er voran, entkleidet sich bis auf die Unterwäsche und rennt zielstrebig ins warme Wasser. Mit ein paar Zügen ist er im tieferen Gewässer und scheint sich da pudelwohl zu fühlen.

»So tief ist es nicht, keine Sorge!«, ruft er Lena zu. Und wenn, denkt sie sich, es sind maximal fünfzig Meter. Und hier, an einem geschützten Strandabschnitt, und um diese Tageszeit wird sie ohnehin keiner sehen. Andererseits …

»Wie sieht's aus? Wird aus uns heute noch was?«, schallt es derweil über das Wasser.

Stone the crows! Was ist da schiefgelaufen?

Kleines Rätsel zum Einstieg: Was haben Backpacker in Australien mit Koalas gemeinsam?

Falls Sie auf das Wort Chlamydien getippt haben: richtig! Australische Ärzte weisen immer wieder darauf hin, dass die Krankheit sich gerade unter paarungsbereiten Backpackern prächtig verbreitet. Bei den Koalas ist es nicht anders, wenn auch wesentlich folgenschwerer: Da es keine Apotheke für sie gibt, ist die Infektion existenzbedrohend, denn eine der Folgen ist die Unfruchtbarkeit.

Doch darum soll es gar nicht gehen – noch hat sich Lena ja auf keinen Austausch von Körperflüssigkeiten eingelassen. Also muss es um den **Alkohol** gehen?

Nur bedingt. Australien ist dafür berühmt, dass zumindest ein Teil der Einheimischen sehr gern zum Gebrauten und Gebrannten greift, um die eigene Existenz ein bisschen heiterer zu gestalten. Das mündet oft im *binge-drinking*, also dem Komasaufen, von dem sich andere Reisende dann natürlich inspirieren lassen. Doch Lena ist bestenfalls beschwipst – darum geht es also auch nicht.

Das Fettnäpfchen, wenn man es denn so nennen kann, lauert hier im Wasser. Mal ganz abgesehen von der Frage, ob es eine gute Idee ist, betrunken schwimmen zu gehen. Und Lena müsste es besser wissen, denn als sie ihre Reise in Cairns begonnen hat, konnte sie auch nicht ins Wasser gehen, der Quallensaison sei Dank.

Die **Quallen**, von denen im Regelfall die Rede ist, sind die *box jellyfish.* Es ist nach einhelliger Meinung das giftigste Tier auf diesem Planeten, denn eine Berührung mit einem Tentakel kann ausreichen, um einem ausgewachsenen Menschen einen reichlich unangenehmen Tod zu bescheren. Selbst wenn es dazu nicht kommt, ist es eine äußerst, *äußerst, äußerst,* ***äußerst*** schmerzhafte und unangenehme Erfahrung, eine solche Würfelqualle persönlich kennenzulernen. Bei anderen Spezies – wie zum Beispiel dem Irukandji – ist die Lage kaum besser.

Die Quallen sind aber nicht das einzige Problem. Selbst wenn es einmal keine geben sollte (und das ist in Darwin fragwürdig, denn die Tiere können im hohen Norden zu jeder Jahreszeit auftauchen), werden die meisten Einwohner der Stadt energisch den Kopf schütteln, wenn man sie fragt, ob sie nicht eine Runde im Meer planschen wollen. Sie haben Angst vor etwas anderem: vor Krokodilen.

Zwei Arten von **Krokodilen** sind in Australien heimisch. Zum einen ist es das für Menschen weitestgehend harmlose Frischwasserkrokodil, *freshie* genannt, das Kleintiere und Insekten auf dem Speisezettel hat, aber keine Menschen. Anders ist die Lage bei den riesigen Salzwasserkrokodilen, *salties* genannt, die zu den größten und aggressivsten Krokodilen der Welt zählen. Kurzum: Mit denen möchten Sie nicht baden gehen.

Was können Sie besser machen?

Die Chancen, von einem Krokodil gefressen oder von einer Qualle vergiftet zu werden, sind gering. Wozu also die Panik? Genau wie bei der Arbeitssicherheit ist es eine Frage der persönlichen Risikobereitschaft. Manche sehen das alles etwas lockerer. Und diesen Menschen ist es zu verdanken, dass mit schöner Regelmäßigkeit Berichte in den Zeitungen stehen, wie wieder einmal ein paar Naivlinge vernascht wurden. Darum: Lassen Sie's. Die Erfrischung ist es nicht wert, und Krokodile sind wesentlich heimtückischer, als Sie glauben. Nur weil man gerade keines sehen kann, heißt das noch lange nicht, dass es nicht irgendwo geduldig lauert und auf Ihren Leichtsinn wartet. Krokodile können übrigens für mehrere Stunden die Luft anhalten – zu warten, ob nicht bald eins auftaucht, ist also auch keine Strategie. Beachten Sie in jedem Falle die Hinweise und Warnungen vor Ort!

Bei Krokodilen geht es meistens so schnell, dass es nichts mehr zu tun gibt, außer zu staunen. Ihr Ding ist es, im Wasser zu lauern und dann blitzschnell herauszuschießen, um sich einen Schwimmer oder einen ahnungslosen Spaziergänger zu schnappen, der zu nahe am Ufer steht. Bevor man reagieren kann, ist es auch schon vorbei – das Krokodil wird, sobald es zugebissen hat, nicht mehr loslassen und versuchen, sein Opfer mit der berühmten Todesrolle zu verwirren und zu ertränken. Überlebende gibt es dennoch immer wieder – sie wurden dann etwa »nur« in den Fuß gebissen und konnten sich losreißen oder haben sich erfolgreich gewehrt, etwa indem sie dem Krokodil in die Augen gestochen haben. An Land ist das Risiko geringer – zwar gilt es auch hier, Abstand zu wahren, aber die Chance, dass Ihnen ein hungriges Krokodil hinterherläuft, ist gering. Das ist nämlich gar nicht sein Ding.

Sollte es dagegen zu einem Zusammenstoß mit einer Qualle kommen, hilft nur Essig. Die Mär, Urin helfe ebenfalls, könnte zwar zu einer Spitzenanekdote über Ihren Tod führen, ist und bleibt aber ein Mythos. Essig ist freilich nur die erste Hilfe, die an belebten Stränden bereitgehalten wird – danach geht es bitte sofort ins nächste Krankenhaus.

Daher: Wollen Sie einen *Crocodile-Dundee*-Moment erleben, immer rein ins Wasser! Die Frauen werden beeindruckt sein, wenn Sie ein Krokodil mit bloßen Händen erwürgen. Wer lieber mit vollzähligen Gliedmaßen in die Heimat zurückkehren will, nutzt besser die öffentlichen Schwimmbäder. Praktischer Nebeneffekt: Im Pool gibt es statistisch gesehen auch deutlich weniger weiße Haie.

38 HINTER DEN ERWARTUNGEN

STEFFEN REDET MIT EINEM MANN UND PLANT EINEN AUSFLUG

Steffen kann gar nicht glauben, was Hugh da sagt.

»Wie – du bist seit Monaten hier und warst kein einziges Mal ... draußen? Außerhalb der ... Stadt?« Steffen zögert, als er das Wort »Stadt« benutzt. Alice Springs fühlt sich an wie ein Dorf. Er hat seine Zweifel, ob ein Ort dieser Größe auf einer deutschen Landkarte überhaupt auftauchen würde.

»Wo soll ich denn hin? Gibt doch nix zu sehen da draußen – außer du interessierst dich für Sand.«

»Ja, aber – wird dir nicht langweilig hier?« Steffen ist in der Tat irritiert. Er ist seit einer Woche hier und hat schon das Gefühl, die ganze Stadt/das ganze Dorf auswendig zu kennen.

»Doch. Was glaubst du denn, warum ich hier schon Rabatt kriege?«, witzelt Hugh und schwenkt sein Bierglas. »Das ist der einzige Laden, in dem man sich zumindest ein bisschen amüsieren kann.«

So hatte sich Steffen das erste Feierabendbier nicht vorgestellt. Erfrischend war es, keine Frage; nach den apokalyptischen Temperaturen des Tages ein kühles Bier genießen zu können, war mit das Beste, was Steffen in den vergangenen Wochen zugestoßen ist. Doch eigentlich hatte er erwartet, von Hugh ein paar Tipps zu bekommen, wie und wo er denn das Outback erkunden könne. Und Ayers Rock.

DER STEIN DER WEISEN

Lohnt sich der Trip zu Ayers Rock, oder, wie er korrekt heißen müsste, Uluru? Auch daran scheiden sich die Geister. Man sollte zumindest wissen, dass Uluru nicht so aussieht, wie man es von den Fotos kennt. Die sind nämlich im perfekten Moment aus der perfekten Perspektive bei perfektem Wetter entstanden. Unter den meisten Umständen ist Uluru braun und übersät von zahlreichen Touristen.

Dennoch: Die meisten Besucher bestätigen, dass von dem großen Stein etwas Mystisches ausgeht – und sind froh, den Abstecher gemacht zu haben.

»Ach, das ist auch nur eine Touristenfalle. Ich war als Kind mal da. Ja, ist ein großer Stein – *whoop-di-fucking-doo.*«

»Aber die Aussicht muss doch großartig sein!«

»Das ist es ja – selbst das versuchen sie einem zu vermiesen!« Gereizt stellt Hugh sein Bier ab. »Aus Rücksichtnahme auf die spirituellen Gefühle der *abo* ist es jetzt verboten, den Rock zu besteigen. Das muss man sich mal vorstellen!«

»Es ist verboten?«

»Jau. Und man versucht, dir deswegen ein schlechtes Gewissen einzureden. Tu mir einen Gefallen, wenn du hinfährst, steig bitte rauf, und lass dich von diesem Geschwafel nicht beeindrucken.«

Offenbar hat Steffen einen Nerv getroffen. Hugh – dem ersten Eindruck nach eigentlich ein ganz besonnener, ganz normaler Typ – echauffiert sich über die *aboriginals.*

»Es ist ja nicht nur, dass die einem so was verbieten wollen. Den ganzen Tag sitzen sie hier nur rum und warten darauf, dass sie sich von unseren Steuern betrinken können. Von meinem und deinem

Geld«, sagt er und deutet auf Steffen und sich. »Ich meine, hast du jemals einen *abo* arbeiten sehen?«

So unangenehm es ihm ist, Steffen muss lange nachdenken. In Sydney scheinen sie sehr selten zu sein, und abgesehen von einem, der am Hafen sitzt und mit einem Didgeridoo musiziert, muss er passen.

»Siehst du? Ist nicht leicht mit denen. Die ticken völlig anders. Wie mein Vater immer gesagt hat: 40.000 Jahre waren sie hier, und was haben sie in der Zeit erfunden? Den Stock. Ha!«

Steffen fühlt sich langsam unwohl. Zwar kann er verstehen, dass die Ureinwohner ein ständiges Reizthema unter Australiern sind – selbst Mel hat sich schon einmal abfällig über sie geäußert –, aber im Moment fehlt Hugh wohl der nötige Respekt gegenüber den *aboriginals.* Würde Steffen sich so daheim über Migranten äußern, würde er vermutlich geteert und gefedert wegen schwerer Verbrechen gegen die politische Korrektheit. Also versucht er, das Gespräch auf ein anderes Thema zu bringen. Der Fernseher, der über der Theke hängt, erlöst ihn schließlich – die Nachrichten laufen, und als es bald darauf um Sport und Wetter geht, sind die Äußerungen von eben fast vergessen.

Aber eben nur fast. Als Steffen viel später im Bett liegt und nicht einschlafen kann, muss er noch einmal über das nachdenken, was Hugh vom Stapel gelassen hat. Und er beschließt, lieber noch ein paar andere Leute zu fragen, ob sich die Ausflüge in der Region lohnen. Eigentlich wollte er nicht nur Ayers Rock sehen, sondern auch anschauen, wie die *aboriginals* außerhalb der Stadt leben. Doch ganz so einfach – rein in den Mietwagen und ab dafür – scheint es ja nicht zu sein …

Was ist da schiefgelaufen?

Das Beste zum Schluss: Bei kaum einem Thema ist das Potenzial, sich richtig in die Nesseln zu setzen, größer als bei den Ureinwohnern Australiens.

Das geht schon los beim Namen. Es kursiert auch die Bezeichnung Aborigines – sie gilt aber als politisch nicht korrekt, daher: ***aboriginals*** oder – besser noch – der genaue Name des Stammes, denn *aboriginals* ist streng genommen nur ein Sammelbegriff. Die Australier sind allerdings schon einen Schritt weiter und sprechen im offiziellen Rahmen von *indigenous people.*

Aboriginals sind der Elefant im australischen Raum. Seit mehr als 40.000 Jahren, vielleicht auch deutlich länger, leben sie auf dem Kontinent. Dort haben sie es mit einfachsten Methoden geschafft, die gesamte Insel – also auch die abgelegensten und lebensfeindlichsten Regionen – zu besiedeln. Nebenbei haben sie eine Kultur entwickelt, die anders ist als alle anderen auf der Welt.

Dann kam der weiße Mann und hat alles kaputt gemacht bzw. verbessert, je nach Standpunkt. Man war lange Zeit der Ansicht, *aboriginals* würden ihr Land ohnehin nicht »nutzen«, also nahm man es ihnen weg, ihre Kinder gleich dazu und veranstaltete ein gelegentliches Massaker. Kurzum: ein sehr finsteres Kapitel der australischen Geschichte.

Heute haben *aboriginals* sich viele Rechte erkämpft. Doch das kann nicht über viele offensichtliche Probleme hinwegtäuschen. Der *culture clash* ist viel zu brutal für viele von ihnen, und viele Australier argumentieren, die Ureinwohner würden nicht arbeiten, nur vom Staat (und damit von den Steuern) leben und hätten nichts im Sinn außer dem Suff. Das ist, gelinde gesagt, eine Übertreibung, denn die große Mehrheit führt ein völlig unauffälliges Leben. Doch dass ein Problem existiert, kann niemand leugnen. Als Reisender wird man es vor allem daran erkennen, dass ein schockierend hoher Anteil der Ureinwohner ganz offensichtlich alkoholkrank ist.

Wenn Steffen sich für die einzigartige Kultur der australischen Ureinwohner interessiert, hat er vielleicht schon mal ein Buch über sie gelesen. Und das könnte schon ausreichen, um mehr über sie – und den erbarmungslosen Umgang mit ihnen – zu wissen als viele Aussies. Bei ihnen nämlich wurde das Thema auch in der

der Ausbildung lange totgeschwiegen. Entsprechend allergisch reagierte man, wenn Leute von außerhalb es wagen konnten, sich in den Konflikt einzumischen oder ihn auch nur zu kommentieren.

Heute kann man immer noch damit rechnen, zahlreiche Leute wie Hugh zu treffen, die die Ureinwohner genau so wenig verstehen wie umgekehrt. Für ihn sind sie träumende Trinker und Sozialschmarotzer. Das wiederum führt dazu, dass man über die *aboriginals* schimpft, sie abwertend als *abos* bezeichnet und sogar explizit auffordert, ihre Kultur zu missachten – etwa indem man den Ayers Rock doch besteigt.

Die Frage ist: Würde Hugh es lustig finden, wenn jemand auf seine Kirche klettert? Genau diese Frage stellen sich andere Australier, die den *aboriginals* eher wohlgesonnen sind und sich schämen, dass dieses Volk inmitten eines der reichsten Länder der Welt kein bisschen an dessen Wohlstand und Lebensqualität teilhaben kann.

Insgesamt manövriert sich Steffen ziemlich gut durch die Konversation und merkt, wann ein guter Zeitpunkt für einen Rückzieher ist. Doch geht auch er sehr naiv ans Thema ran, wie seine Vorstellung von der Reiseplanung zeigt. Ein Trip nach Ayers Rock mag sich lohnen, keine Frage, aber außergewöhnlich und exotisch ist anders – die Angebote sind auf den Tourismus im großen Stil zugeschnitten. Und dass man nicht einfach ins Auto steigen und ein paar Meilen später Ureinwohner bestaunen kann, die lustig in ihrem Dorf sitzen, sollte hoffentlich klar sein.

Was können Sie besser machen?

Aboriginals machen nur einen kleinen Prozentsatz der australischen Bevölkerung aus, und sie konzentrieren sich in den Northern Territories. Möchten Sie eine möglichst realistische Vorstellung von ihrer Kultur bekommen, sind sie dort goldrichtig. Wer nur mal schnuppern möchte, findet zahlreiche Touren und Führungen, die einen guten ersten Eindruck vermitteln – für alles Weitergehende muss man aber ein bisschen mehr Einsatz zeigen. Es empfiehlt sich dann, die einschlägige Literatur etwas genauer zu studieren, denn über *aboriginals* wird vergleichsweise viel geschrieben.

Eine detaillierte Abhandlung über all die Fettnäpfchen, die im Umgang mit der Kultur der *aboriginals* lauern, würde ein weiteres Buch füllen. Daher seien an dieser Stelle nur die Regeln angerissen, die der australische Fernsehsender ABC seinen Journalisten vorschreibt, wenn sie mit *aboriginals* in Kontakt treten. Sie geben einen guten Eindruck davon, wie anders diese Kultur tickt:

Die »spannendsten« Gebiete gehören mittlerweile wieder den *aboriginals* – und der Zugang ist prinzipiell verboten, wie große Warnschilder und Hinweise auf den Landkarten verdeutlichen. Landfriedensbruch wird teuer, daher besser rechtzeitig (sprich Monate vorher) eine Genehmigung beantragen.

- Es gilt, heilige Stätten zu respektieren. Das ist gar nicht so einfach, da sehr viele, teils unscheinbare Orte spirituelle Signifikanz besitzen. Dort sollte man nichts auch nur berühren.
- Alkohol (und andere Drogen) sind tabu.
- Es ist unhöflich, jemanden direkt anzusprechen, ihm direkt in die Augen zu schauen oder körperlichen Kontakt zu initiieren. Vom Fotografieren ganz zu schweigen.
- Erwähnen Sie niemals den Namen eines Toten, oder nutzen Sie nichts, was man direkt mit ihm in Verbindung bringen kann. Selbst ein Foto oder eine Tonbandaufnahme eines Verstorbenen sind für die Ureinwohner zutiefst verstörend.

Das dürfte ein Gefühl dafür geben, dass es keine spontane Option gibt, die Kultur kennenzulernen.

Aber wie mit den Australiern und ihrer Haltung zu den *aboriginals* umgehen? Einmal mehr ist es ähnlich wie beim alltäglichen Rassismus: Sie können gerne diskutieren, sich eine Meinung bilden und diese vertreten. Aber erwarten Sie um Himmels willen keine Dankbarkeit für Ihre akademischen Fingerübungen. Rechnen Sie eher damit, früher oder später auf jemanden zu stoßen, dessen Ansichten Sie schockieren werden.

Dennoch: Da die meisten *aboriginals* nur in den Northern Territories überhaupt in großen Zahlen sichtbar sind, sind die meisten Australier auch nicht von den direkten Problemen des Zusammenlebens betroffen. Für sie ist die Situation in etwa so, wie es bei uns mit einer Bananenrepublik wäre, die es aus Versehen in die EU geschafft hat: Auf verschlungenen Wegen ist man davon betroffen, wenn sie pleitegeht, aber faktisch sind die Probleme weit, weit weg. Die große Mehrheit des Volkes hat daher vielleicht keine überschwänglich positiven Worte für die Ureinwohner übrig, aber auch keine starke Meinung, die einen nervös werden lässt. Die meisten Australier erkennen die historischen Ungerechtigkeiten an, fordern aber auch ein gewisses Maß an Selbstverantwortung von den *aboriginals.* Kann man sich auf diesen Standpunkt einigen, kann man auch dem ultimativen Fettnäpfchen ausweichen.

39 DAHEIM, DIE ERSTE

LENA STEHT IM GARTEN UND DENKT ZURÜCK

Irgendwie ging das jetzt alles zu schnell, findet Lena. Da steht sie nun wieder im heimischen Garten in ihrer vertrauten Kleinstadt, in der sie ihre ganze Kindheit verbracht hat, und denkt sich immer wieder: So ganz richtig ist das nicht. Der Flug, der auf dem Hinweg noch so ewig lang erschien, war auf dem Rückweg nicht annähernd lang genug, um in Ruhe über all das nachdenken zu können, was in den vergangenen Monaten passiert ist. Und darüber, wie es Jenny wohl ohne sie ergehen wird, wenn sie die Umrundung Australiens allein vollendet.

Ihre Eltern sind natürlich begeistert, dass »das Kind endlich wohlbehalten zurück ist«, aber ein bisschen fremd fühlt sich Lena dennoch. Weder die Neuigkeiten aus der Verwandtschaft und Nachbarschaft (von ihrer Mutter vorgetragen) noch die Begeisterung darüber, wie schön sich der Garten dieses Jahr entwickelt (von ihrem Vater vorgetragen), können Lena so richtig interessieren. Das Leben daheim ist wieder sehr komfortabel, aber es erscheint ihr ein wenig … banal.

Komisch war es auch mit den Freunden. Erst auf dem Rückweg ist Lena klargeworden, wie sehr sie ihre Freunde vermisst hat. Und auch nach dem ersten gemeinsamen Abend ist es, als wäre sie nie weg gewesen.

Doch egal, wen Lena trifft, irgendwie läuft es stets nach dem gleichen Schema ab. Alle fragen, wie es denn gewesen sei »da unten«. Ob sie mit Kängurus geboxt habe oder von einer Spinne gebissen worden sei. Jedes Mal lautet die Antwort »Toll!« – und jedes Mal beginnt Lena von ihren Abenteuern zu erzählen.

Doch es gelingt ihr nicht so recht, ihrem Publikum klarzumachen, wie toll es wirklich war. Nach zwei, drei Anekdoten haben die meisten genug gehört. »Ich könnte so was nicht …« ist einer der Standardkommentare. Auch bei den Fotos – 1.268 sind es geworden, und die meisten mit einer eigenen Geschichte – ist die Aufmerksamkeit nach einem guten Dutzend erschöpft.

Umgekehrt ist es nicht anders. Lena lässt sich von ihren Freunden auf den neuesten Stand bringen, aber alles, was man ihr erzählt, fühlt sich einmal mehr … ein wenig banal an. Einer ihrer Freunde ist mit seiner Freundin zusammengezogen; eine Kommilitonin hat sich ein neues Auto gekauft, und zwei ihrer Freunde erzählen von einer »echt total geilen« Woche auf Ibiza.

»Und sonst?«, fragt Lena.

»Hm. Nicht wirklich was passiert«, antwortet das Kollektiv. Eine Handvoll Geschichten über feuchtfröhliche Abende kann Lena ihnen noch aus der Nase ziehen – aber das war es dann auch.

Erst ein paar Wochen später hat Lena sich wieder eingelebt. Sie genießt es, wieder im effizienten und leicht spießigen Deutschland unterwegs zu sein, und hat sich auch damit abgefunden, ihre Zeit wieder mit Formalitäten zu verbringen – schließlich steht der Ernst des Lebens vor der Tür.

Nach diesen paar Wochen hat sie das erste Mal die Gelegenheit, sich mit einer Bekannten zu treffen, die vor einigen Jahren einen ähnlichen Trip nach Neuseeland unternommen hat. Sie ist die Erste, die die entscheidende Frage stellt, die Lena auf Anhieb nicht beantworten kann:

»Und? Könntest du dir vorstellen, dorthin zu ziehen?«

Dear lord! Was ist da schiefgelaufen?

Schon vor der Abreise hat Lena durch den Mangel an grundlegender Planung den Grundstein dafür gelegt, dass ihr Trip in Australien wohl eigentlich gründlich in die Hose gegangen wäre (siehe Episode 1). Sie hat aber Glück gehabt und mit Jenny eine erfahrenere Freundin gefunden, mit der sie eine außergewöhnliche Erfahrung nach der anderen sammeln konnte.

Nun ist sie wieder daheim. Aber: Kann denn auch nach der Rückkehr aus Australien etwas schiefgehen? Die Antwort ist: in gewisser Hinsicht schon.

Genauso wie man einen **Kulturschock** erlebt, wenn man in einem fremden Land ankommt und dort unterwegs ist, wartet auch einer daheim, wenn man zurückkehrt. Das Phänomen ist bekannt als der *reverse culture shock* – und Australien ist ein prädestiniertes Land dafür, weil die meisten Reisenden hier länger verweilen und eine wirklich fremde Lebensweise kennenlernen. Eben wie Lena, die ein paar Monate am Stück *abroad* bleibt, allein am anderen Ende der Welt.

Und dann passiert's. Schon bevor man die Heimreise antritt, fragt man sich, was denn wohl daheim alles passiert ist. Sicherlich vieles – und dennoch erwartet man, dass alles beim Alten ist. Langsam arrangiert man sich mit der Vorstellung, Australien hinter sich zu lassen. (Und wenn man sich dann daheim wieder eingelebt hat, ist man mit der ernsthaften Beantwortung der Frage, ob in der Zwischenzeit »viel« oder »wenig« passiert ist, vollkommen überfordert. Wer sich aber verändert hat, ist der Reisende selbst, auch wenn er es kaum merkt.)

Der eigentliche Abschied aus der anderen Heimat kommt im Regelfall viel zu früh. Genau wie Lena ergeht es vielen: Der Heimflug ist viel zu schnell vorbei, die Rückkehr in die Normalität viel zu harsch. Wenn man bei seiner Ankunft daheim dann feststellen muss, dass die Erwartungen an die perfekte Heimkehr in die perfekte Heimat nicht erfüllt werden, droht der volle *reverse culture shock*.

Das Leben daheim ist schnell wieder vertraut – man fällt sofort in alte Handlungsmuster zurück –, aber nicht mehr so aufregend. Reisende berichten von Frustration und Einsamkeit in Folge einer langen Auszeit – oder sie vermissen einfach die Unabhängigkeit, das Abenteuer. Daheim warten dagegen der Papierkram und die Vorbereitungen für Tante Ernas 57. Geburtstag.

Sicher, es ist schön, Freunde und Bekannte wiederzusehen, aber die Euphorie verfliegt schnell, wenn man sie nicht teilen kann. Und die meisten Menschen werden sich einfach nicht so sehr für Ihre Geschichten – wie außergewöhnlich sie auch sein mögen – interessieren, wie Sie erwartet hätten. Von esoterischen Ausführungen über die Sinnsuche einer solchen Reise ganz zu schweigen. Und dann meldet sich das Fernweh.

Man könnte daher sogar argumentieren, dass der umgekehrte Kulturschock schwieriger zu bewältigen ist als der eigentliche Kulturschock. Auch weil er unerwartet kommt. Wie kann man denn bitte nicht gut gelaunt sein, wenn man gerade ein halbes Jahr im Urlaub gewesen ist?

Was können Sie besser machen?

Auch hier liegt der Schlüssel darin, zu wissen, was einen (womöglich) erwartet.

Ein kleiner Trick ist es beispielsweise, sich in Gedanken ein paar Dinge zu notieren, die Ihnen in Australien fehlen. So toll das Land auch sein mag – vielleicht haben Sie mal wieder Lust, Ski zu fahren, ein echtes Gulasch zu essen, bei einem Schneesturm in der Badewanne zu sitzen oder schlechtes deutschsprachiges Fernsehen zu schauen. An all diesen kleinen Dingen, die Sie im Ausland vermisst haben, können Sie sich dann ganz bewusst erfreuen, wenn daheim die Laune im Keller ist.

Darüber hinaus hilft es, sich mit Leuten zu unterhalten, die die gleiche Erfahrung gemacht haben – oder gerade machen. Fast jeder wird jemanden persönlich kennen, der dafür infrage kommt – ansonsten sollte es im Zeitalter des Internets kein Problem sein, jemanden zu finden, der ebenfalls an einem Austausch interessiert ist. Vielleicht sogar jemanden, der weiß, was mit »sich unterwegs selbst finden« eigentlich gemeint ist.

Danach helfen vor allem zwei Dinge. Das eine ist, in Bewegung zu bleiben, das Leben spannend zu halten und nicht sofort wieder in Banalitäten zu ertrinken. Werden Sie Reisender im eigenen Land und in der eigenen Stadt.

Das andere ist: Zeit. Auch wenn man es sich kaum vorstellen kann, wenn man frisch aus dem Ausland heimgekehrt ist – nach einiger Zeit fühlt man sich von ganz allein wieder daheim. So wie Lena, die Australien liebt und niemals, niemals vergessen wird, aber nach einigen Monaten erkennen wird, dass ihre Heimat immer ihre Heimat bleiben wird.

40 DAHEIM, DER ZWEITE

STEFFEN PACKT EINEN GROSSEN KOFFER UND DENKT NACH VORN

Der Abschied fällt ihm schwer. Überraschend schwer.

»Bist du sicher, dass du nicht lieber hierbleiben möchtest?«

Es fällt Steffen nicht leicht, darauf zu antworten, obwohl er genau weiß, was er sagen will.

»Ja. Ich … habe lange genug darüber nachgedacht«, lautet schließlich seine diplomatische Antwort.

»Ich kann es verstehen«, antwortet seine Mutter, aber Steffen sieht sehr genau, dass sie nicht so recht weiß, was sie jetzt machen soll. Einerseits ist sie stolz auf ihren Sohn, der sich in der großen weiten Welt ganz allein durchgeschlagen hat (glaubt sie zumindest), andererseits fällt ihr die Vorstellung sehr schwer, Steffen von nun an bestenfalls einmal im Jahr zu sehen.

Steffens Besuch in der Heimat wird auch zu einer Abschiedsrunde. Genau wie bei der ersten Reise nach Australien geht alles plötzlich sehr schnell. Kaum ist er in Deutschland gelandet und hat ein paar Freunde getroffen und den Papierkram erledigt, ist sein Jahresurlaub auch schon wieder vorbei. Und es ist Zeit, wieder aufzubrechen, zurück in seine neue Heimat.

Sein Vater nimmt es leichter, stellt Steffen fest. »Wir müssen ja nicht warten, bis du dich mal wieder herbequemst«, sagt er, »wir werden dich sicher bald mal besuchen.« Und Steffen antwortet ehrlich, dass er sich darüber sehr freuen würde.

Die Entscheidung, nach Australien auszuwandern, fällt Steffen nicht schwer. Zwar weiß er genau, dass er einiges an seiner Heimat vermissen wird, aber das Leben in Australien fühlte sich einfach … ein Stück süßer an. Bloß ob er das seinen Eltern klarmachen konnte?

»Wir müssen langsam los!« Mel stupst ihn von hinten an und deutet auf die Uhr. »Ich warte im Wagen!«, sagt sie und verabschiedet sich von Steffens Eltern, die zwar nur die Hälfte von dem übersetzen konnten, was Mel sagt, aber durchaus verstehen, dass sie sich sehr gefreut hat, in Deutschland zu Gast gewesen zu sein.

Kaum ist sie aus dem Haus, packt auch Steffen seine letzten Sachen und verabschiedet sich von seinen Eltern – mit einem hoffnungsvollen »Bis bald!«

Im Auto, auf dem Weg zum Flughafen, hängt Steffen seinen Gedanken nach. Erst eine Frage von Mel holt ihn wieder in die Realität zurück.

»Und?«

»Und – was?«

»Na, wie hat es dir gefallen?«, fragt sie. Doch Steffen findet keine Antwort, die er in Worte fassen kann. Komisch war's. Aber ihn selbst interessiert etwas anderes.

»Wie hat es denn *dir* gefallen?«, fragt er.

»Schön war's – aber euer Wetter ist echt das Letzte!«

No worries! Was ist da richtig gelaufen?

Vielleicht nichts. Vielleicht aber auch viel. Das kommt ganz darauf an, wie realistisch Steffens Einschätzung der Lage ist. Ob er die Entscheidung, nach Australien auszuwandern, wirklich auf vernünftiger Basis getroffen hat.

Das Problem ist gut nachvollziehbar. Man sitzt daheim, es nieselt, es ist kalt und das Leben ist nicht schlecht, aber alles andere als aufregend. Das war in Australien alles besser! Warum also nicht ins gelobte Land auswandern? Diesen Schritt wagen jährlich Tausende Deutsche, darunter auch viele, die noch nie in Australien gewesen sind. Das ist zum Schiefgehen verdammt – »Ich hab unterwegs einen tollen Typen kennengelernt« ist ein denkbar ungeeignetes Motiv, die Existenz in der Heimat aufzugeben.

Wichtig ist, die Entscheidung auf ganz realistischer Basis zu treffen. Diese Basis hat man als Urlauber nicht, denn da hat man Zeit und Muße. Der vermutete Alltag ist keiner. Selbst Steffen erlebt nur die halbe Wahrheit, denn die Firma kümmert sich um seine Unterkunft, und er bekommt mit Mel eine Assistentin, die sich um sein Wohlergehen kümmert. Darauf kann man aber nicht immer zählen, denn wer nach Australien auswandert, muss sich zu 90 Prozent mit den gleichen Problemen herumschlagen wie daheim auch – nur in einer anderen Sprache.

Dennoch: Für einige ist es der richtige Schritt. Zum Beispiel für die, die ohne Sonne nicht leben können. Oder für die, die Platz brauchen. Oder für die, die ein einfaches, aber glückliches Leben suchen. *No worries* eben.

Dann gilt es, die Option des Auswanderns ernst zu nehmen. Sicher, Australien nimmt nicht jeden: Hilfreich ist, besondere Fähigkeiten zu haben, die *down under* rar und begehrt sind, oder zumindest viel zu verdienen.

Was können Sie besser machen?

Der erste Schritt ist, realistisch abzuschätzen, ob Sie wirklich Ihre Zukunft in einem anderen Land verbringen wollen. Es mag Ihnen ja gefallen – aber sollen Ihre Kinder in Australien groß werden?

Dazu zählt auch die dringende Empfehlung, mindestens ein volles Jahr in Australien zu verbringen, bevor Sie den großen Schritt wagen. Der einfache Grund: Viele Orte in Australien sind zur idealen Reisezeit sehr reizvoll, zu anderen aber genauso reizlos. Hitze, Kälte, Quallen, Regen, Insekten – irgendwas ist immer, und man sollte zumindest sichergehen, dass man mit dem, was die Natur einem entgegenwirft, klarkommt.

Falls ja, bleibt der zweite Schritt. Hier gibt es zwei Optionen. Entweder man geht die Sache ernsthaft an und macht sich *down under* ein schönes Leben. Oder man findet sich damit ab, dass Deutschland zwar niemals so cool sein wird wie Australien, wo alles *no worries* ist – dass es sich hier aber trotzdem hervorragend leben lässt.

ANHANG

10 DINGE, DIE MAN GETAN HABEN MUSS

1. **Australiens Tierwelt entdecken.** Wer Tiere liebt, ist in Australien richtig: Nichts am fünften Kontinent ist so außergewöhnlich wie seine Fauna. Schließen Sie Freundschaft mit einem Känguru und schauen Sie den frechen Kakadus beim Spielen zu! Kaum ein Land dieser Welt bietet eine so abwechslungsreiche Tierwelt, der man so nahekommen kann.

2. **Das Outback erkunden.** Australien ist ein riesiger Kontinent mit einer Vielzahl an Landschaften – aber das, was das Land definiert und ausmacht, ist das Outback. So schön die Küste auch ist, die Erfahrung, einmal in die endlose Weite des Outbacks zu fahren, sollte man nicht verpassen. Rote Erde unter einem blauen Himmel – und keine Menschenseele im Umkreis von ein paar Kilometern!

3. **Den Sternenhimmel bestaunen.** Nicht nur weil er Kopf steht! Außerhalb der Großstädte ist es in Australien stockdunkel. Dieser Finsternis ist zu verdanken, dass man jede Nacht die Milchstraße bestaunen kann, in einer Intensität, wie es in Europa kaum möglich ist.

4. **Ein Barbecue genießen.** Es wird nicht lange dauern, bis ein netter Australier sie zu einem Barbecue einlädt. Kaum etwas ist so typisch australisch, wie an einem warmen Sommerabend draußen zu sitzen, mit einem kühlen Bier in der Hand und einem saftigen Steak auf dem Teller – und sich des Lebens zu erfreuen. *No worries*, im wahrsten Sinne des Wortes.

5. **Etwas Außergewöhnliches tun.** Logisch, wenn man Gast ist in einem solch außergewöhnlichen Land, sollte man auch die Gelegenheit ergreifen, etwas Außergewöhnliches zu tun. Ziehen Sie ein Känguru groß oder füttern Sie ein paar Fledermäuse. Gehen Sie mit einem Hai tauchen oder tätscheln Sie einen Wal. Retten Sie einem Koala das Leben oder, oder, oder ... Die Möglichkeiten sind unbegrenzt!

6. **Einen Fremden um Rat fragen.** Die großartigsten Wesenszüge der Australier sind ihre bodenständige Offenheit und Hilfsbereitschaft. Haben Sie sich verlaufen, sitzen Sie in der Patsche oder langweiligen Sie sich im Zug? Sagen Sie doch einfach mal »*Hello*« und lassen Sie sich überraschen, wie offen ein ganzes Volk sein kann.

7. **Tasmanien erkunden.** Es passiert den meisten, und die meisten bereuen es: Bei ihrer Rundreise durch Australien wird Tasmanien gerne links (bzw. unten) liegen gelassen. Dabei ist der Abstecher dorthin so lohnenswert wie bei kaum einem anderen Reiseziel im Land, denn die Insel bietet atemberaubende Panoramen, reichlich Abwechslung und eine unglaubliche Tierwelt – und all das ist im kompakten Tasmanien viel leichter zu erkunden als auf dem riesigen australischen Festland.

8. **An den Strand gehen.** Am Strand spielt das Leben. Daher: Nehmen Sie sich ein Badetuch und genießen Sie Ihren freien Tag im Schatten einer Palme. Sonnencreme nicht vergessen.

Und: Wer surfen oder schnorcheln möchte, ist in Australien sowieso goldrichtig!

9. **Sydney besuchen.** Allen australischen Großstädten ist gemein, dass sie eine enorm hohe Lebensqualität bieten. Hier lässt es sich aushalten! Während Melbourne bei den Einheimischen am beliebtesten ist, ist bei den Besuchern aus dem Ausland vor allem Sydney angesagt. Und das zu Recht, denn keine andere Stadt Australiens bietet solch vielfältige Attraktionen und Sehenswürdigkeiten. Natürlich darf ein Foto vom Opernhaus und der Harbour Bridge nicht fehlen, aber das ist erst der Anfang!

10. **In den Pub gehen.** Ob Sie allein gehen und am Ende des Abends ein paar neue Freunde haben oder ob Sie in Begleitung unterwegs sind: Der Abstecher in den Pub ist ein Muss, gerade auf dem Land, wo es die beste (oder einzige) Möglichkeit ist, sich unters Volk zu mischen.

ANHANG

10 HANDLUNGEN, MIT DENEN MAN SICH BLAMIERT

1. **Warnungen nicht ernst nehmen.** Australien ist nicht randvoll mit Warnschildern, weil sie so dekorativ sind. Und obwohl es kein Geheimnis ist, dass der Kontinent nur so überquillt vor giftigen oder gefährlichen Tieren, gibt es immer wieder Unfälle – zumeist aus Naivität. Wenn Ihnen ein Australier sagt, etwas sei gefährlich, glauben Sie ihm, und lassen Sie Vorsicht walten. Denn nichts ist unnötiger, als im Urlaub z. B. vom *dropbear* verstümmelt zu werden.

2. **Mit dem Feuer spielen.** Wenn es eine Sache gibt, mit der Sie sich *down under* garantiert keine Freunde machen, so ist es der leichtsinnige Umgang mit Feuer und Flamme. So manche Unachtsamkeit hat schon zu verheerenden Buschfeuern geführt – darum passen Sie doppelt und dreifach auf, wenn Sie mit offenem Licht hantieren!

3. **Im Pub auf separate Rechnungen bestellen.** Nein, so läuft das *down under* nicht: Im Pub wird abwechselnd eine Runde bestellt und auch bezahlt! Nichts zieht den Groll schneller auf sich als jemand, der zu geizig und kleingeistig ist, wenn es um das liebste Hobby der Australier geht.

4. **Das Thema Ureinwohner ansprechen.** Auf *aboriginals* zu sprechen zu kommen, ist wie russisches Roulette: Es kann gut gehen, muss aber nicht. Die Beziehung der Australier zu den Ureinwohnern ist wahrlich keine leichte – und man wird Ihnen als Außenstehendem nicht dankbar sein, wenn Sie sich in den Konflikt einmischen. Erst recht nicht, wenn bald herauskommt, dass Sie keine Ahnung haben, sondern nur den entsprechenden Wikipedia-Artikel überflogen haben.

5. **Planlos aufschlagen und ziellos umherkreuzen**. Man kann doch immer nach Australien, denken die meisten und liegen damit nur halb richtig. Nichts ist unnötiger, als einen entspannten Aufenthalt zu riskieren, nur weil man zu faul war, sich ein wenig auf die Reise vorzubereiten. Nein, in Australien ist es nicht immer warm. Nein, es scheint nicht immer die Sonne. Nein, nicht überall lauern Krokodile. Und nein, nicht jede Spinne hat es auf Sie abgesehen. Mit ein wenig Vorbereitung gelingt der Trip gleich zehnmal besser – und Sie müssen den Aussies nicht mit albernen Fragen auf die Nerven gehen!

6. **Kritik äußern.** Zugegeben: Die Australier sind sehr stolz auf ihr Land, und gern übertreiben sie auch mal. Das sollten Sie aber keinesfalls als Einladung zur Kritik verstehen, auch in den Situationen nicht, in denen Australier ihre eigene Nation doch mal hinterfragen. Jegliche Kritik, gerade von Fremden, ist nicht gut gelitten.

7. **Auf diese eine Sache zu sprechen kommen.** Man könnte meinen, das dunkelste Kapitel der australischen Geschichte sei der Umgang mit den *aboriginals*. Oder die kruden Versuche einer Rassenpolitik, die gerade mal eine Handvoll Jahrzehnte zurückliegen. Doch empfindlicher reagiert mancher darauf, wenn er damit aufgezogen wird, dass die Nation als reine Sträflingskolonie gegründet wurde.

8. **Die Sonne unterschätzen.** Zum einen glaubt man gar nicht, wie heiß es werden kann. Zum anderen, wie schnell man sich verbrennen kann – selbst dann, wenn es draußen frisch ist. Sonnencreme ist nicht nur eine Option, sondern unverzichtbar. Wollen Sie braun werden, gehen Sie lieber ins Sonnenstudio. Und mit dem Trinken sollte man nicht warten, bis sich der Durst meldet.

9. **Sich im Outback falsch verhalten.** Im Outback funktionieren die Dinge einfach anders. Und ein Moment der Unachtsamkeit kann schwerste Folgen haben. Da sich der Aufenthalt in der Einsamkeit aber lohnt wie kaum ein anderes Erlebnis *down under*, gilt es, achtsam zu bleiben und sich an die Spielregeln im Outback zu halten. Kommen Sie nicht, wenn Sie Angst im Dunkeln haben, Tiere nicht mögen oder Dreck doof finden – es ist kein trendiger Spielplatz für Prinzessinnen, sondern das knallharte Leben.

10. **Alles glauben, was man Ihnen erzählt.** Australier sind immer zu einem Späßchen aufgelegt – und besonderes Vergnügen bereitet es ihnen, Besuchern Horrorgeschichten zu erzählen, etwa von Riesenschlangen und Killerspinnen. Viele dieser Geschichten sind sogar wahr – nur: Gerne versteckt der Aussie auch mal ein Märchen in seinen Erzählungen, um Neuankömmlinge auf den Arm zu nehmen, etwa von gefährlichen Tieren, die es gar nicht gibt ...

GLOSSAR

abo	abwertende Bezeichnung für *aboriginals*
arvo	Slang für *afternoon* (Nachmittag)
barbie	Slang für Barbecue
bastard, bloody	beliebtester Fluch der Australier – verdammter Bastard!
bedbugs	Bettwanzen
box jellyfish	Würfelqualle
brekkie	Slang für *breakfast* (Frühstück)
build-up	unangenehme Jahreszeit im australischen Norden vor Beginn der Regenzeit
BYO	*Bring Your Own* – die Einladung, eigene Getränke mitzubringen
cane toads	Riesenkröten
CBD	*Central Business District*
chemist	Apotheke
Crikey!	umgangssprachlicher Ausdruck der Überraschung (Mensch!)
dorm	Gemeinschaftszimmer im Hostel
EFTPOS	*Electronic funds transfer at point of sale* – die Möglichkeit, mit Karte zu zahlen
esky	tragbare Kühlbox
flat white	Kaffeevariante
freshie	Frischwasserkrokodil
fritter	in Teig ausgebackene Speisen
froggies	abwertende Bezeichnung für Franzosen (Frösche)
fudge	Karamellkonfekt
half-acre	typische Grundstücksgröße (rund 2.000 Quadratmeter)

joey	Känguru-Nachwuchs
kraut	abwertende Bezeichnung für Deutsche (Krautfresser)
liquor store	Schnapsladen
lollies	Gummibärchen
long black	Kaffeevariante
march flies	fiese Haarmücken
mate	Universalanrede
middy	typische Biergröße (285 ml)
Oi!	He!
ONO	*Or Nearest Offer* – Verhandlungsbasis
pie	Kuchen oder Pastete
pint	typische Biergröße (570 ml)
pom	abwertende Bezeichnung für Engländer (*Prisoners of Her Majesty*, Gefangene ihrer Majestät)
riptide	gefährliche Meeresströmung
roadtrains	überlange Straßenzüge
roo-bars	Schutzgitter am Auto, das vor Kollisionen mit Kängurus schützen soll
saltie	Salzwasserkrokodil
shitter	Scheißhaus
shouting	eine Runde ausgeben
smoko	Zigarettenpause
Straya	Slang für bzw. maximal genuschelte Aussprache von *Australia*
Strewth!	Ausdruck der Überraschung
Strine	Slang für bzw. maximal genuschelte Aussprache von *Australian* (bezeichnet auch den Dialekt)
stubby cooler	Neoprenhalter, der Bierflaschen kühl halten kann
sunscreen	Sonnenschutz

supper	warme Mahlzeit, wird nach Lust und Laune für Mittag- oder Abendessen verwendet
Ta!	knappe Version von *thanks* (Dankeschön)
tall poppy	die hohe Mohnblüte, die aus dem Feld herausragt (sich für etwas Besonderes hält) und entsprechend gestutzt werden muss – Symbol für den egalitären Charakter Australiens
tea	Tee oder Abendessen
thongs	Flipflops (nicht, wie im Amerikanischen, String-Tanga)
top end	der hohe Norden Australiens
ute	Slang für *utility truck,* dem üblichen Fahrzeug im Busch
Vegemite	ungenießbarer Brotaufstrich
wanker	Wichser
whippersnipping	Rasentrimmer
wildlife sanctuary	Zoo für einheimische Tiere
wog	abwertende Bezeichnung für südländische Europäer
wwoofing	*Willing Workers on Organic Farms* – Arbeitsprogramm als Alternative zum klassischen Arbeiten für Geld

Der Atlas für Waghalsige, Leichtsinnige und Lebensmüde

Ob malerisch, unberührt oder wild: So manches Reiseziel erweist sich als riskantes Unterfangen. Ideal für diejenigen, die auf der Suche nach Nervenkitzel sind, ihre Versicherung betrügen möchten oder bei deren Schwiegermutter es nach einem Unfall aussehen muss.

»How to Kill Yourself Abroad« nimmt Sie mit auf eine Tour rund um den Globus entlang der gefährlichsten Orte, die Mensch und Natur geschaffen haben. Jenseits der ausgetretenen Pfade erwarten Sie Seen aus purer Säure, angriffslustige Eingeborene, haufenweise Giftschlangen, unsichtbare Giftgaswolken und viele andere Attraktionen, mit denen Reisende ihre Lebenserfahrung vergrößern und ihre Lebenserwartung verkleinern können.

Markus Lesweng
How to Kill Yourself Abroad
Der Atlas für Waghalsige, Leichtsinnige und Lebensmüde

ISBN 978-3-95889-201-9
ISBN 978-3-95889-211-8

CON BOOK.